西部地区小城镇公共服务研究

陈海勇◎著

中国社会出版社

国家一级出版社·全国百佳图书出版单位

图书在版编目（CIP）数据

西部地区小城镇公共服务研究 / 陈海勇著. — 北京：中国社会出版社，2021.12

ISBN 978-7-5087-6617-1

Ⅰ. ①西… Ⅱ. ①陈… Ⅲ. ①小城镇—公共服务—研究—西北地区 Ⅳ. ①D669.3

中国版本图书馆 CIP 数据核字（2021）第 195375 号

书　　名：西部地区小城镇公共服务研究
著　　者：陈海勇

出 版 人：浦善新
终 审 人：王　前
责任编辑：刘云燕

出版发行：中国社会出版社　　　　邮政编码：100032
通联方式：北京市西城区二龙路甲 33 号
电　　话：编辑部：（010）58124846
　　　　　邮购部：（010）58124864
　　　　　销售部：（010）58124845
　　　　　传　真：（010）58124856
网　　址：shcbs.mca.gov.cn
经　　销：各地新华书店

中国社会出版社天猫旗舰店

印刷装订：天津中印联印务有限公司
开　　本：185 mm × 260 mm　　1/16
印　　张：18
字　　数：341 千字
版　　次：2021 年 12 月第 1 版
印　　次：2021 年 12 月第 1 次印刷
定　　价：59.00 元

中国社会出版社微信公众号

— 序言 —

小城镇大问题——20世纪80年代，费孝通先生提出小城镇建设问题，并指出“小城镇建设是发展农村经济，解决人口出路的一个大问题”，这为我们在小城镇的内涵、类别、层次、布局、发展等方面，研究新阶段下的小城镇建设提供了重要的理论参考。

小城镇大战略——进入21世纪，小城镇发展的战略地位逐步凸显出来。第一，发展小城镇是带动农村经济和社会发展的一个大战略。小城镇处于农村之头、城市之尾，是连接农村和城市的桥梁和纽带，发挥着吸纳农村转移人口蓄水池的作用，其特殊地位和作用决定了新阶段发展小城镇是解决“三农”问题的重要途径和载体。要解决农业问题，就要大力发展非农产业；要解决农村问题，就要促进农村的城市化进程；要解决农民问题，就要提高农村转移人口的市民化水平。第二，小城镇建设是新型城镇化战略绕不开的重要话题和焦点问题之一。2000年6月，中共中央、国务院出台《关于促进小城镇健康发展的若干意见》，正式明确了小城镇发展的战略地位；2010年中央一号文件提出，积极稳妥推进城镇化，把加强中小城市和小城镇发展作为重点，从中央层面再次把小城镇作为城镇化的发展重点，作为城乡统筹的重点。第三，小城镇建设对于推动区域协调发展战略具有重要意义。区域协调发展的短板在西部地区，特别是西部的革命老区、少数民族地区和边疆地区。所以，本书将研究的视域落在了西部地区，而且重点聚焦广西、云南、贵州、西藏、青海、宁夏、新疆、内蒙古西部8省区（以下简称西部8省区），就是出于优化发展空间布局、推进区域协调发展、促进东中西部和东北地区共同发展、逐步实现基本公共服务均等化等视角的现实考虑，将加快以人为中心、产城一体、功能完备的西部地区小城镇建设作为有力抓手和重要平衡手段。

然而，我们所研究的西部地区并非仅仅指地理概念，更多强调的是其经济内涵，即相对“欠发达、欠开发”的区域发展特征，表现为产业结构相对不合理、商品经济相对不发达、市场体制相对不健全等一般性特征，表现为“三农”问题较突出、城镇化水平较低、公共服务能力亟待提升等具体性特征。此外，西部地区“欠发达、欠开发”的经济特征，还表现为少数民族人口比重较大叠加发展不平衡性突出、自然资源富集叠加生态环境脆弱、民族文化资源丰富叠加特色发展优势利用不充分等特殊性特征。正是基于小城镇发展的重要战略地位和西部地区发展特征的思考，我们将研究对象指向了西部地区小城镇公共服务，尤其是西部8省区的小城镇公共服务。

党的十八大以来，中共中央、国务院明确要求“优先推进西部大开发”，“加大对革命老区、民族地区、边疆地区、贫困地区扶持力度”，“增强中小城市和小城镇产业发展、公共服务、吸纳就业、人口集聚功能”，“努力实现城镇基本公共服务常住人口全覆盖”。根据上述要求，本书除导论（第1章）外，整体按照“提出问题、分析问题、解决问题”的研究逻辑，从状况研究（第2—5章）出发，对西部地区小城镇发展状况、公共服务对小城镇贡献状况、公共服务供给与需求状况进行了由点及面、由典型到一般的调查研究，提出了西部地区小城镇基本公共服务供给覆盖纵深不足，需求旺盛、典型而特殊，供需矛盾尖锐等问题；进而通过经济学、民族学学科视角，对公共服务供需矛盾的影响因素进行了深入分析（第6—7章）；为实现全国基本公共服务供给均等化、西部地区公共服务供给精准化形成对策建议（第8章），以期为西部地区构建人文型、福利型、特色产业发展型小城镇，提供一个可以参考的行动范本。

本书通过对西部地区（特别是西部8省区）小城镇发展阶段的纵向比较、横向判断并分析得出，目前西部地区小城镇正处于“快速发展、转型发展、提质升级和特色发展”的全面发展阶段。因此，产业发展是小城镇发展的物质基础，城镇建设是小城镇发展的客观要求，人的发展是小城镇发展的核心内容，产城人互动是小城镇发展的根本目标，所有这些又必须以小城镇公共服务的有效供给为前提。提升西部地区小城镇公共服务，要处理好三对关系：一是小城镇建设中的城乡关系；二是小城镇建设中的产城关系；三是小城镇建设中的公共服务供需关系。要处理好小城镇建设中的城乡关系，必须坚持“两手抓”，一手抓继续加强城镇公共服务功能的完善，另一手抓加快推进小城镇公共服务向农村辐射和延伸；要处理好小城镇建设中的城乡关系，则需要重点提升西部地区小城镇的宜居性，在公共服务视域下梯度推进小城镇福利型社会的构建，将民族特殊性应用于发展特色化，在内涵式发展模式下提升小城镇的人文之魂，加快小城镇产业转型升级；要处理好小城镇建设中的公共服务供需关系，则需要运用对立统一的原则、观点、方法，系统、全面、正确认识和把握西部地区小城镇公共服务供给和需求的矛盾，深刻分析其产生的经济条件、民族文化等重要影响因素，反思目前西部地区小城镇公共服务供给中存在的问题及形成原因。由此看来，提升西部地区小城镇公共服务是一项系统工程，要从功能维度提高小城镇公共服务供给能力，要从路径维度创新小城镇公共服务供给机制，要从制度维度加强小城镇公共服务政策保障。

书中关于西部地区小城镇公共服务问题的探讨，继承和发展了小城镇和公共服务的相关理论研究，具有一定的学术价值和应用价值。例如，通过对西部地区小城镇发展阶段、发展路径、发展水平和特点的梳理，揭示了西部大开发中小城镇发展的重大变迁，从经济的原始积累到多元产业的初具规模，进而对公共服务的迫切需求，符合经济社会发展的一般规律，是对已有研究成果的继承；同时，认为小城镇作为公共服务的物理空间，其宜居性和宜产业性也是公共服务的目标属性，以及多学科视域的探究打破传统认识的思维定式，不乏对已有研究的创新和发展；最终形成以五大理念为引领，以宜居性和宜产业性为导向，以“两大功能”建设方案、“三大路径”发展机制、“四大政策”改革措施为主要内容的对策体系，力图达到公共服务与小城镇发展互促互动，产、城、人、文融于一体的发展目标，具有一定的实践参考价值和社会应用价值。

本书的完成，倾注了笔者近10年的心血，其间彷徨过、懈怠过、气馁过、挣扎过，但是每每想到研究机会得来着实不易，每每想到研究是背负了一定社会责任的，唯有坚持和继续潜心研究，才会得到社会的认可。但是，由于西部地区小城镇数以万计、类型多样，以及西部地区小城镇公共服务供给和需求矛盾复杂特殊，给系统、全面、正确研究西部地区小城镇公共服务增添了难度。再者，由于作者水平所限，虽然几经改稿，难免出现纰漏和瑕疵，希望广大读者不吝赐教。

陈海勇

2020年12月20日

— 目录 —

第6章 西部地区小城镇公共服务供需矛盾的经济学探究 …………… 197

第7章 西部地区小城镇公共服务供需矛盾的民族学研究 …………… 224

第1章　导　论

1.1　西部地区小城镇公共服务问题提出

1.1.1　西部地区小城镇公共服务研究背景

“小城镇，大战略”——西部地区小城镇的开发与发展是随着西部大开发进入“第二个发展十年”又一值得广泛关注和重视的社会焦点问题。小城镇处于农村之头、城市之尾，既是工业化的重要载体，又是农业产业化的服务依托；既是加快城镇化进程的重要着力点，又是推进新农村建设的重要途径。西部地区诸多小城镇还是国家水利、矿产能源资源型工业、国防科技工业、高新技术产业、烟酒产业、新生态产业、农副产品加工业和现代服务业发展的主要场所。特别是随着经济体制改革的深化和国内外金融形势的变化，西部地区诸多小城镇又逐渐成为承接东部产业转移和容纳返乡农民工的重要聚集地。由此，各种产业带动和各种新旧经济形式在此形成空间叠加而遇到的各种发展瓶颈、社会矛盾和建设难题亟须化解，以“实现城镇基本公共服务常住人口全覆盖”为重点的小城镇公共服务供给制度机制和实施方案亟待形成和创新，以“产城人良性互动”为目标的西部地区小城镇的发展问题亟须展开承接性研究。

20世纪80年代，是我国小城镇由停滞衰败向复苏复兴转变的阶段。费孝通先生正是基于对此阶段的准确判断和把握，在1983年9月召开的“江苏省小城镇研究讨论会”上作了《小城镇大问题》的长篇发言。发言对小城镇的内涵进行了界定，同时指出，“小城镇建设是发展农村经济，解决人口出路的一个大问题”，并深入分析了小城镇的类别、层次、兴衰、布局和发展等问题。此后，经济学、社会学、地理学等多学科竞相参与小城镇领域的研究，“小城镇”成为理论界和学术界备受关注的热点问题。其中，“中国要不要发展小城镇”一直是学术界争论的核心问题。具体体现为：一方面是鼓励和支持小城镇发展，另一方面是排斥和反对小城镇发展。时至今日这一争论仍然存在[①]。

① 袁中金.中国小城镇发展战略[M].南京：东南大学出版社，2007：2.

党的十五届三中全会通过的《中共中央关于农业和农村工作若干重大问题的决定》指出："发展小城镇，是带动农村经济和社会发展的一个大战略。"2000年6月，中共中央、国务院出台《关于促进小城镇健康发展的若干意见》，针对我国小城镇发展存在的布局不合理、规模盲目扩张、基础设施不配套、城镇功能不健全、城镇管理体制不完善等一系列问题，指出发展小城镇是实现我国农村现代化的必由之路，并从充分认识发展小城镇的重大战略意义、发展小城镇必须坚持的指导原则、发展小城镇要统一规划和合理布局、积极培育小城镇的经济基础、充分运用市场机制搞好小城镇建设、妥善解决小城镇建设用地、改革小城镇户籍管理制度、完善小城镇政府的经济和社会管理职能、搞好小城镇的民主法治建设和精神文明建设、加强对发展小城镇工作的领导十个方面，具体提出促进小城镇健康发展的对策意见。至此，国家和中央正式明确小城镇发展的战略地位。2010年中央一号文件指出，要"积极稳妥推进城镇化，提高城镇规划水平和发展质量，当前要把加强中小城市和小城镇发展作为重点"。这是党的文件再次把小城镇作为我国城镇化的重点，作为城乡统筹的重点。实质上也表明一条清晰的政策思路：要解决农业问题，就要大力发展非农产业；要解决农村问题，就要促进小城镇发展；要解决农民问题，就要保证农村剩余劳动力转移就业。

我国西部地区的小城镇区别于东部小城镇的温州模式和苏南模式等，小城镇数量多且分散，经济发展缺乏典型性和功能性。由于西部地区大中城市的密度较小，实力相对较弱，能够直接得到大中城市辐射的小城镇极少，所以绝大多数西部地区小城镇开发晚、底子薄、市场意识淡薄，缺乏经济增长点，非农产业（特别是工业）基础非常薄弱，缺乏产业支撑和发展特色。西部大开发前10年，民族地区小城镇的经济建设取得了一定的成绩，水利资源开发型小城镇、矿业资源开发型小城镇、国防工业发展型小城镇、服务业优先发展型小城镇、民族旅游文化开发型小城镇等各类小城镇初现雏形。然而，随着步入西部开发新10年，资源开发范围的不断扩大，原有守旧的开发模式和短缺的利益机制给西部地区小城镇的社会建设造成了重大影响，许多与公共服务相关的社会深层次矛盾日渐凸显，进而威胁和谐社会的构建之基。

因此，伴随我国全面深化改革进入攻坚期和深水区，经济发展新常态使"三农"问题出现了新变化，国家新型城镇化战略也对城镇化的发展提出了新要求。在我国全面建成小康社会决胜阶段，西部地区小城镇公共服务的发展还面临许多新情况和新问题。

1.1.1.1 "三农"问题

研究城市化或城镇化，必须以"三农"问题为起点。首先是因为我国目前还是一个农业人口占多数的国家，农业、农民、农村问题仍然关系到经济社会发展的全局。

其次是因为无论讲城市化还是城镇化，都是以人为核心的产业结构、主体身份、就业方式、居住地域等由农村向城市的转变。正如李克强总理所说的，"城镇化不是简单的人口比例增加和城市面积扩张，更重要的是实现产业结构、就业方式、人居环境、社会保障等一系列由'乡'到'城'的重要转变"[①]。最后是因为"三农"问题是一个从事行业、居住地域和主体身份三位一体的问题。因此，"三农"分别对应着城镇化进程中的产业转移、身份转变、空间转换。但是，事物总是发展变化的。随着农村改革进程的推进与深入，"三农"问题正在发生新变化。

一是农业问题。农业是国民经济的基础，关系到中国十多亿人口的吃饭问题。改革开放以来，家庭联产承包责任制的建立和农产品提价、工农产品价格"剪刀差"缩小，激发了广大农民的积极性，解放了农业生产力，促进粮食产量快速增长。全国粮食总产量接连跨上新台阶，确保了国家粮食安全，吃不饱饭的问题彻底成为历史。党的十八大以来，以习近平同志为核心的党中央高度重视粮食生产，一再强调，把中国人的饭碗牢牢端在自己手上。粮食综合生产能力在前期连续多年增产、起点较高的情况下，再上新台阶。2012年我国粮食产量首次突破12000亿斤大关，2015年我国粮食产量再上新台阶，突破13000亿斤，之后的几年一直保持在这个水平上。2018年全国粮食总产量为13158亿斤，比1949年增长4.8倍，年均增长2.6%[②]。然而，粮食连续增产的背后同样存在一定隐患。中国科学院植物研究所方精云院士认为，粮食产量连增凸显的社会经济问题主要包括国产粮生产成本高、粮食库存短期难以消化、农民持续增收受阻、饲料用粮缺口增加、劳动密集且资源粗放的粮食生产不可持续等。简言之，我国农业产业结构发展失衡问题长期积累日渐凸显，农业产业结构亟待优化；传统农业发展方式相对落后与现代农业发展要求极其不适应，农业现代化水平亟待提高。

二是农民问题。"三农"问题是一个整体，核心是农民问题，因为农业是一种产业，是农民从事的职业；农村是农民聚居生产生活的社区。所以要解决"三农"问题，第一位的是要解决农民问题，只有把农民问题解决好，农业问题、农村问题才能顺利解决[③]。但是，实践中往往把农业问题摆在第一位，从而忽视了农民问题这个核心。具体表现为：一方面在我国整体经济形势发展良好的前提下，城乡差距并没有得到实质性缓解（见表1–1），农民在社会主义改革和建设中分享到的成果并不多；另一方面越来越多的农民离开土地，农民工数量持续增加（见表1–2）。农民工问题成为近年来国

① 李克强.认真学习深刻领会全面贯彻党的十八大精神 促进经济持续健康发展和社会全面进步[M] // 十八大报告辅导读本. 北京：人民出版社，2012：22.

② 国家统计局.农业生产跃上新台阶 现代农业擘画新蓝图：新中国成立70周年经济社会发展成就系列报告之十二[R/OL].（2019–08–05）. http://www.stats.gov.cn/tjsj/zxfb/201908/t20190805_1689117.html.

③ 陆学艺."三农"新论：当前中国农业、农村、农民问题研究[M]. 北京：社会科学文献出版社，2005.

家和社会关注的焦点。2011年以来农民工数量继续增加，国家统计局调查结果显示：2018年农民工总量为28836万人，比上年增加184万人，增长0.6%。农民工增量比上年减少297万人，总量增速明显比上年回落1.1个百分点。在农民工总量中，在乡内就地就近就业的本地农民工11570万人，比上年增加103万人，增长0.9%；到乡外就业的外出农民工17266万人，比上年增加81万人，增长0.5%。在外出农民工中，进城农民工13506万人，比上年减少204万人，下降1.5%①。

表1-1　2013—2018年全国城镇与农村居民人均可支配收入比较

年度	城镇居民人均可支配收入（元）	农村居民人均可支配收入（元）	城镇与农村居民人均可支配收入比
2013	26467	9430	2.81
2014	28844	10489	2.75
2015	31195	11422	2.73
2016	33616	12363	2.72
2017	36396	13432	2.71
2018	39250.8	14617	2.69

注：数据来源于《中国统计年鉴 2019》。

表1-2　2011—2018年全国农民工总数及增速

年度	农民工总数（万人）	比上一年增长（%）
2011	25278	4.4
2012	26261	3.9
2013	26894	2.4
2014	27395	1.9
2015	27747	1.3
2016	28171	1.5
2017	28652	1.7
2018	28836	0.6

注：数据根据《2015 年农民工监测调查报告》和《2018 年农民工监测调查报告》整理。

① 国家统计局. 2018年农民工监测调查报告[R/OL].（2019-04-29）. http://www.gov.cn/shuju/2019-04/29/content_5387627.htm.

2014年7月，《国务院关于进一步推进户籍制度改革的意见》（以下简称《意见》）明确指出，取消农业户口与非农业户口性质区分和由此衍生的蓝印户口等户口类型，统一登记为居民户口，体现户籍制度的人口登记管理功能，建立与统一城乡户口登记制度相适应的教育、卫生计生、就业、社保、住房、土地及人口统计制度。《意见》还提出，全面放开建制镇和小城市落户限制，在县级市市区、县人民政府驻地镇和其他建制镇有合法稳定住所（含租赁）的人员，本人及其共同居住生活的配偶、未成年子女、父母等，可以在当地申请登记常住户口。此后，全国30个省份（除西藏自治区以外）陆续出台各自的户籍制度改革方案，均提出“取消户口性质区分”。这意味着自1958年开始、在中国存在了半个多世纪的“城里人”和“乡下人”户口身份识别将不复存在。户籍制度的改革必然要求统筹推进工业化、信息化、城镇化和农业现代化同步发展，推动大中小城市和小城镇协调发展；必然要求统筹户籍制度和相关经济社会领域改革同时进行，合理引导农业人口有序向城镇转移，有序推进农业转移人口市民化。

三是农村问题。农村的稳定关系到整个国家和社会的稳定；农村的发展关系到全国经济社会发展的大局；农村的改革关系到全面深化改革的战略全局。然而，目前我国广大农村在经济社会发展中仍然存在一系列问题。

农村产权问题。这是农村问题的核心，其中土地问题又是农村产权问题的核心。按照现行法律规定，农村土地承包经营权和宅基地使用权是法律赋予农户的用益物权，集体收益分配权是农民作为集体经济组织成员应当享有的合法财产权利。农村的改革必须坚持以保护农户的合法权益为前提，加快推进农村土地确权、登记、颁证，依法保障农民的土地承包经营权、宅基地使用权。推进农村集体经济组织产权制度改革，探索集体经济组织成员资格认定办法和集体经济有效实现形式，保护成员的集体财产权和收益分配权。建立农村产权流转交易市场，推动农村产权流转交易公开、公正、规范运行。坚持依法、自愿、有偿的原则，引导农业转移人口有序流转土地承包经营权。所以，现阶段不得以退出土地承包经营权、宅基地使用权、集体收益分配权作为农民进城落户的条件。

农村公共产品供给问题。目前，公共产品供给不足仍然是制约农村经济社会发展的主要因素。广大农村基础设施建设和公共服务供给较过去有所改善和提升，但是基础设施滞后、公共服务短缺依然是农村发展落后的真实写照。从区域发展水平比较来说，西部地区明显落后于中东部地区，农村公共产品供给不足尤为突出。

农村生态环境问题。过去农村给我们的印象是阡陌交通、山清水秀、如诗如画，美得令人心醉。但是，随着农村人口的快速增长、资源的粗放式开发、污染的日益严重，农村的青山绿水越来越少，农耕文明的如诗画面渐行渐远，自然和谐的生态环境危机重重。有人讲“城市的今天，就是农村的明天”。所以，农村发展在憧憬城市文明带来的高效、便捷和舒适的同时，不要丢掉自身独有的自然、和谐与宁静。

新农村建设问题。社会主义新农村建设实施以来广大农村发生了一定改变，农村基础设施较以前有所改善，农民居住环境及条件得到改变。但是，目前农村经济社会整体仍然表现为发展活力不足和农民持续增收乏力。党的十六届五中全会提出的“社会主义新农村建设”目标——实现工业与农业、城市与农村协调发展，还远远没有达到。因此，新形势新任务必然要求新农村建设与新型城镇化战略高度契合，真正实现统筹城乡、城乡一体化发展。

总之，“三农”问题的重要性没有变，只是伴随着新型工业化和新型城镇化战略的实施，其具体内容和要求发生了相应改变：农业发展方式亟待改变，农业现代化水平亟待提高；户籍制度改革虽然已经全面放开建制镇和小城市落户限制，但需要相应经济社会领域改革的全面跟进，解决农业转移人口的市民化待遇，推进以人为核心的城镇化才是根本；以土地为核心的产权制度改革、以教育和就业为基本的公共服务均等化，以基础设施建设和生态保护为重点的开发战略及新阶段的精准扶贫工作，是农村改革、发展、稳定的基本要求。

1.1.1.2　西部大开发战略

1999年9月，党的十五届四中全会正式明确提出国家要实施西部大开发战略。自2000年1月西部大开发战略正式启动到2020年全面建成小康社会目标的实现，恰好是20年时间。其中，将2000年至2010年称为西部大开发的前10年，将2011年至2020年称为西部大开发的新10年或者叫作新一轮西部大开发。西部大开发战略前10年，正好与我国国民经济和社会发展的“十五”“十一五”时期重叠。这一阶段战略重点主要集中在加快基础设施建设、搞好生态环境保护、加快科技和教育发展等方面，并且取得了巨大成就。实施西部大开发战略以来，特别是“十五”时期，西部地区经济增长最快，发展效益最好，综合实力提高最为显著，城乡居民得到实惠最多，为继续推进西部大开发战略奠定了重要物质基础和良好发展环境①。

“十一五”时期西部地区综合经济实力显著增强，2010年主要经济指标比2005年翻了一番以上。基础设施建设取得突破性进展，综合交通运输网骨架初步形成，新增公路通车里程与铁路营业里程分别达到36.5万千米和8000千米。生态建设和环境保护成效显著，重点生态工程进展顺利，主要污染物排放量明显减少，环境质量进一步改善。

---

① 资料来源于国家发展和改革委员会发布的《西部大开发“十一五”规划》。

特色优势产业快速发展，资源优势逐步转变为经济优势，自我发展能力显著增强。社会事业取得长足进步，“两基”攻坚计划全面完成，社会保障覆盖面进一步扩大。人民生活水平明显提升，城乡居民收入比2005年分别增长80.0%和85.7%，城乡面貌发生历史性变化[①]。

进入“十二五”时期，西部大开发依然要把基础设施建设和生态环境保护作为重点，同时还要加大“三农”投入力度；推进新型城镇化战略，统筹城乡，坚持大中小城市和小城镇协调发展，提高城镇化的水平和质量；加快推进以保障和改善民生为重点的社会事业建设，建立覆盖城乡居民的公共服务体系等方面的工作。其中，《西部大开发“十二五”规划》明确了小城镇发展的重点，即要求大力发展一批基础条件好、发展潜力大、吸纳人口能力强的中心镇，适当扩大人口规模和容量，因地制宜推动小城镇整合。以特色产业为依托，建设一批交通节点型、旅游度假型、加工制造型、资源开发型、商贸流通型等特色鲜明的小城镇，形成层次分明、结构合理、互动并进的城镇化发展格局。启动实施百县中心镇建设工程，加大投入力度，加强县城和中心镇基础设施建设。积极稳妥推进户籍管理制度改革，支持符合条件的农业转移人口在城镇落户，并享有与当地居民同等权益[②]。

“十三五”时期，紧紧围绕2020年全面建成小康社会的总要求，经济社会发展水平与全国差距明显缩小，城镇化质量明显提高，按常住人口计算的城镇化率达到54%以上；创新驱动发展能力显著增强，一批有代表性的创新型城市和区域创新中心基本形成；转型升级取得实质性进展，具有西部特色的优势产业体系基本形成；基础设施进一步完善；生态文明建设和绿色发展理念深入人心，生产生活方式加快向绿色、循环、低碳转变；公共服务能力显著增强。西部大开发新阶段对推进新型城镇化要求，积极开展国家新型城镇化试点和中小城市综合改革试点工作，依托相邻重点城市、特色优势资源、重要边境口岸与对外贸易通道等，培育发展一批特色小城镇[③]。

1.1.1.3 新型城镇化战略赋予新的要求

党的十八大报告提出要走中国特色的新型城镇化道路。2013年12月中央城镇化工作会议提出，要加快推进农业转移人口市民化、提高城镇建设用地利用效率、建立多元可持续的资金保障机制、优化城镇化布局和形态、提高城镇建设水平和加强对城镇化的管理等六大任务。2014年国务院出台的《国家新型城镇化规划（2014—2020年）》，明确了新型城镇化的重点就是推进以人为核心的城镇化，实现大中小城市与小城镇的

---

① 资料来源于国家发展和改革委员会发布的《西部大开发“十一五”规划》。

② 资料来源于国家发展和改革委员会发布的《西部大开发“十二五”规划》。

③ 资料来源于国家发展和改革委员会发布的《西部大开发“十三五”规划》。

协调发展，使城市规模结构更加完善，中心城市辐射带动作用更加突出，中小城市数量增加，小城镇服务功能增强。概言之，党的十八大以来的新型城镇化战略对小城镇建设提出了新的要求，在转型、升级、提质三个方面对小城镇发展提出了更高的要求。具体而言，新型城镇化区别于传统城镇化主要表现在发展阶段、发展模式、发展动力、发展目标等方面的不同。学者段进军、钟旭东、倪方钰等认为，新型城镇化要实现由“化地”到“化人”的转变，要实现由外生城镇化模式到内生城镇化模式的转变，要实现由投资出口驱动到消费驱动的转变，要实现由“非均衡型”城镇化到“均衡型”城镇化的转变，要实现由“一维”经济目标到经济、社会和生态“三维”目标的转变①。对于当前的小城镇发展而言，同样面临着发展阶段、发展模式、发展目标等方方面面的转型。但是，小城镇如何转型、转向哪里、转型的着力点是什么，这些是我们首先需要解决的问题。笔者认为，小城镇发展应该坚持以人为核心，以加强和提升小城镇服务功能为重点，由外延式发展向内涵式发展转变，分类指导并特色发展。

新型城镇化还要求建立科学的城镇化发展水平衡量指标体系。过去单纯靠城镇化率（常住人口城镇化率或户籍人口城镇化率）并不能全面反映城镇化发展水平，必须建立新的指标体系，全面、科学、客观、准确反映我国城镇化发展水平。《国家新型城镇化规划（2014—2020年）》提出，新型城镇化的主要指标包括城镇化水平、基本公共服务、基础设施和资源环境等方面，将农民工随迁子女接受义务教育比例、职业技能培训覆盖率、基本养老保险覆盖率、基本医疗保险覆盖率、保障性住房覆盖率、城市基础设施和环境质量都纳入指标体系，这些指标能从不同侧面对新型城镇化发展进行度量②。

对于西部地区来说，新时期新型城镇化发展任务重，必须有重点地发展好小城镇，积极做好县城和重点镇基础设施提升工程，努力提高小城镇的公共服务水平和能力。

1.1.1.4 经济发展新常态赋予新的要求

新型城镇化就是要走转型升级和提高质量的城镇化发展道路，就是按照新常态的指引走可持续发展之路。新常态是习近平总书记对当前中国经济在速度、结构和动力等方面的科学判断。习近平总书记在2014年中央经济工作会议上指出，经济发展进入新常态，正从高速增长转向中高速增长，经济发展方式正从规模速度型粗放增长转向质量效率型集约增长，经济结构正从增量扩能为主转向调整存量、做优增量并存的深度调整，经济发展动力正从传统增长点转向新的增长点。2015年中央经济工作会议强

① 中国改革发展研究院.人的城镇化：40余位经济学家把脉新型城镇化[M].北京：中国经济出版社，2013.

② 国家统计局.关于“以科学的指标准确反映我国城市化真实水平”建议的答复（摘要）[Z/OL].（2015-11-18）. http://www.stats.gov.cn/tjfw/jytadf/rddbjy/2015/201511/t20151118_1277641.html.

调，推进供给侧结构性改革，是适应和引领经济发展新常态的重大创新，是适应国际金融危机发生后综合国力竞争新形势的主动选择，是适应我国经济发展新常态的必然要求。李克强总理亦曾在2014年的推进新型城镇化建设城点工作座谈会上强调，新型城镇化是关系现代化全局的大战略，是最大的结构调整，事关几亿人生活的改善。那么，新型城镇化如何适应经济发展新常态，走健康持续发展之路？党的十八届五中全会提出的“创新、协调、绿色、开放、共享”五大理念给出了最好诠释，即用创新的精神推进新型城镇化，促进农业现代化、新型工业化、新型城镇化和信息化“四化”协调发展，积极破解城乡二元结构，优化农村产业结构，催生新兴产业，促进农业现代化、提高农民生产和收入水平，进而扩大消费、释放更大内需潜力，为中国经济平稳增长和持续发展增加动能。

西部地区小城镇发展必须坚持“创新、协调、绿色、开放、共享”五大发展理念的引领，以人为本，推进以人为核心的城镇化，提高城镇人口素质和居民生活质量，把促进有能力在城镇稳定就业和生活的常住人口有序实现市民化作为首要任务。要优化布局，促进大中小城市和小城镇合理分工、功能互补、协同发展；要坚持生态文明，着力推进绿色发展、循环发展、低碳发展，尽可能减少对自然的干扰和损害，节约集约利用土地、水、能源等资源；要传承文化，发展有历史记忆、地域特色、民族特点的美丽城镇①。

1.1.2　西部地区小城镇公共服务研究意义

基于上述研究背景的分析，加强西部地区小城镇公共服务不但是国家战略布局中的应有举措，亦是中国目前经济社会发展的客观要求。因此，关于西部地区小城镇公共服务研究具有重要的理论价值和重大的现实意义。

1.1.2.1　理论价值

国内、国外小城镇及其公共服务研究为西部地区小城镇公共服务研究提供了必要的理论参考和学术借鉴；反之，西部地区小城镇公共服务研究以期为丰富小城镇理论研究贡献绵薄之力。

一是通过查阅大量文献和史料，并对之进行梳理，进而总结西部地区小城镇发展阶段、现状特点，力图丰富现有的理论研究和填补该领域的研究空白。

二是通过大量的实地调研和实证分析，系统总结西部地区小城镇公共服务的供需现状及矛盾，以期对小城镇公共服务的相关理论研究有所突破。

---

① 资料来源于2013年12月习近平在中央城镇化工作会议上的讲话。

三是运用经济学、民族学等学科理论知识，试图多领域多学科综合研究西部地区小城镇公共服务供需矛盾及原因，希望对该领域的基础理论研究能够有所创新，并为其提供新的研究范式和思考逻辑。

四是希望在小城镇公共服务对策思考的理论研究方面有所突破和创新，聚焦全文分析总结的西部地区小城镇公共服务存在的问题及原因，形成有针对性并符合西部地区客观实际的对策建议。

1.1.2.2　现实意义

从现实意义来讲，开展西部地区小城镇公共服务研究是中央和国家战略在时间和空间布局后的客观结果，同时也是经济社会发展形势的必然要求。

一是时空战略布局的客观反映。从时间维度上讲，自中华人民共和国成立以来，中国的小城镇发展历经曲折；但随着新型城镇化战略的提出，小城镇开始逐步进入转型发展和提质升级的新阶段。西部地区小城镇如何在新的历史阶段按照新型城镇化的发展要求，积极顺承全国小城镇整体发展趋势，并实现自身的跨越式发展，这不仅是研究要解决的首要问题，也是研究所要解决的重大现实问题。

从空间布局上讲，优化布局是新型城镇化的应有之义，是公共服务均等化的内涵所在，亦是加强西部地区小城镇发展和提升公共服务水平的必然要求。因此，关于西部地区小城镇公共服务研究既符合中央和国家关于新型城镇化的战略布局，又符合西部地区城乡统筹、区域协调发展的现实需要。

二是经济社会发展形势的必然要求。按照表面观察，全国经济社会发展地区、区域、城乡发展不平衡仍较明显，这是对我国现阶段宏观经济社会发展形势的整体判断，其对应解决的是“怎样发展和如何发展”的问题。具体到小城镇，同样存在发展的不平衡性。通过对西部地区小城镇公共服务的研究，立足于小城镇公共服务的地区、区域、城乡比较分析，立足于西部民族地区小城镇发展现状、公共服务供需现状、供需矛盾及原因分析，并试图将提升西部地区小城镇公共服务水平和质量，作为解决地区、区域、城乡协调发展的一把“钥匙”。这样的研究思考是对宏观经济社会发展形势的客观反映，在实践中亦应具有重大的现实意义。

在对宏观经济社会发展形势整体判断的基础上，要解决的问题就应该是“为谁发展”。《国家新型城镇化规划（2014—2020年）》明确提出，重点推进以人为核心的城镇化，增强小城镇的服务功能。因此，关于西部地区小城镇公共服务的研究，不但符合新的历史时期解决“三农”问题的客观要求，还符合推进以人为核心新型城镇化的战略要求，更符合体现社会主义本质、践行中国共产党执政为民理念的现实需要。

1.2 研究综述

在公共服务研究领域中，小城镇公共服务研究属于相对薄弱环节，西部地区研究成果则更加寥若晨星。相对而言，因中国经济社会发展和现代化程度较高的地区多集中于中东部地区，发达地区公共服务理应较之西部地区获得较多的重视。迄今为止，专项研究西部小城镇公共服务的论文、专著数量有限。当然并非指学术界并未涉及西部地区小城镇公共服务研究，而是指其在学术研究的地位与其在国家、社会进步中的应有作用不相称。西部地区公共服务均等化、政府在公共服务中的作用等方面的学位论文、专著有一定分量的研究；然而，既有的研究存在部分分歧，现有资料利用价值有待提高。因此，西部地区小城镇公共服务研究虽不是研究的处女地，却是有待开发的学术沃土。

笔者拟在对西部地区小城镇发展现状和小城镇公共服务基本现状研究的基础上，通过大量的实证分析，深入研究西部地区小城镇公共服务的区域比较发展水平及现阶段西部地区小城镇公共服务的特殊性需求与影响因素，并分学科分专业对西部地区小城镇公共服务供需矛盾进行系统研究，最终形成提升西部地区小城镇公共服务能力的具体对策建议，以期对既有研究进行适当补充。

通过前期对相关研究成果和文献的搜集、整理、汇总发现：已有研究理论方面建树较多，可分为宏观方面的小城镇研究理论与中观层面的西部地区研究理论。进入21世纪后，伴随着中国社会转型，理论界、学术界加强了对公共服务领域的研究且成果显著。现将相关理论研究作如下梳理。

1.2.1 小城镇相关研究综述

目前，学术界关于小城镇的研究主要集中于小城镇概念、功能、作用，以及与城镇化、工业化的关系和卫星城建设等方面。

1.2.1.1 小城镇内涵及归属研究

小城镇是介于大中城市、农村村庄之间的一种人类聚居地的称呼，“主要是从事非农业的生产活动的人口的聚居场所”①。目前，国外对小城镇定义尚未达成共识。瑞士、日本、加拿大等国以居住人口数量作为界定标准。因各国人口总量不同，标准存在差异。日本以2万~15万人的居民点定义为小城镇，瑞士则以5000人口为界限。加拿大因人口较少，把300~10000人的居民点作为小城镇界定指标。澳大利亚与上述国家不同，

① 冯小双，孟宪范. 中国社会科学文丛：社会学卷（上册）[M].北京：中国政法大学出版社，2005：1243.

直接把农村社区界定为小城镇；美国则将小城镇视为高度自治的地方政府，不以人口多寡为指标，满200人即可申请为小城镇。

国内学术界对小城镇定义存在一定分歧，主要集中于小城市和规模较大的农村集镇是否应纳入小城镇。分为以下几种[①]：①小城镇指包括20万人口以下的小城市、工矿区、县城、建制镇和农村集镇；②小城镇"包括国家已批准设镇建制的县镇和未设镇建制的农村集镇"，是指县城和县城以下的比较发达的集镇或公社所在地；③按国家现行的行政建制规定，凡是设镇建制的即为小城镇；④小城镇是"泛指人口两三万至五万以下的小城市和人口三至五千人或稍少于这个数字的集镇而言的，它可以包括小城市、卫星城、工矿区、县城、建制镇和集镇"；等等。

小城镇定义存在分歧的同时，归属问题同样存有争议。部分专家认为小城镇属于城市，反对者则力主将小城镇纳入农村。另有部分专家指出小城镇既不属于城市，亦不属于农村，是"构成城乡的接合部"，"如果允许划出两个系统的话，我们认为小城镇在全国城市体系中处于最低的水平上，但数量最多；在小地区的局部范围内，小城镇一般是该系统中地位最高的中心点。由此看来，小城镇一般是两个系统相交或位于两个系统的重叠位置上"[②]。笔者认为，小城镇归属与定义的不明确性对小城镇研究影响较小。

1.2.1.2　小城镇功能与作用研究

改革开放以来，伴随着小城镇作用日益重要，小城镇功能探讨进入新阶段。顾毅指出小城镇对促进经济发展，补充农村地区文化产业发展不足，推动郊区教育、医疗、卫生等行业具有积极作用；王富喜强调小城镇具有集聚产业、补充大城市辐射力不足、协调区域发展的重要作用；姚士谋认为小城镇对于扩展工业化，促进第三产业发展具有积极作用；等等。

1.2.1.3　小城镇与工业化、城镇化互动关系研究

伴随经济发展和城镇化加速，大中城市持续扩张的同时，小城镇成为实现城镇化、工业化的另一条途径。学界指出小城镇在工业化和城市化中作用明显，"我国的城市化绝不是大城市化，更不是人口高度集中，而是城镇数量的巨大发展，小城镇人口在市镇人口中所占的比重成倍增长和经济的加速发展，以及小城镇建设的逐步完善"[③]。

在此基础上，学术界对小城镇在城市化、工业化中作用存在3种不同意见：各种城

---

① 冯小双，孟宪范. 中国社会科学文丛：社会学卷（上册）[M].北京：中国政法大学出版社，2005：1243.

② 同①.

③ 张琢. 现代中国社会学1979—1989[M].成都：四川人民出版社，1992：95.

市按一定比例分配，将小城镇作为实现城市化重要步骤；小城镇是农村向城市过渡阶段，“在有条件的地方，小集镇必然发展成为小城镇，小城镇必将发展成为小城市，甚至中等城市，个别的还能发展为大城市”①；还有一部分专家认为人口向城市集中并非经济发展客观规律，城市化应是城乡居民共同分享经济增长收益。

1.2.1.4 卫星城镇作用研究

卫星城镇，“就是指大城市在发展过程中，其规模的扩大导致环境恶化、住房紧张、交通拥挤等多种城市病，为对大城市进行调控，通过在大城市周边规划新城镇以疏散大城市的人口、产业，这种旨在调控大城市规模的新城镇即为卫星城”②。

卫星城镇作为小城镇特殊组成部分，关于其作用与发展，学术界予以高度关注，并给出了不同的看法和意见。其中，一部分学者对卫星城镇的作用和发展持否定观点，例如钟荣魁指出，在一定时期内中国大陆不宜继续发展卫星城。主要原因有：“一是卫星城建设并未实现疏散大城市人口的目的。北京最大的卫星城通县（今通州区）15年所增人口只有4.2%来自市区。上海7个卫星城有16万人来自市区，而安家卫星城的人口仅有4万，约占市区人口的0.6%。二是卫星城经济效益极其低下。上海市区迁往卫星城的多数企业，工人不安心，班次开不足，设备利用率低，百元固定资产创造的价值不及市区企业的一半。”③还有学者认为卫星城并不能有效解决“城市病”。

另外，一部分学者则对卫星城镇作用和发展持肯定和积极的态度，认为卫星城镇一般是由区域中心镇转变而来，这些中心镇可以凭借优越的区域位置、便捷的交通条件、良好的产业基础、配套的城建设施、集中的公共服务，在功能建设领域，构筑区域性生态宜居中心，全面推进城镇功能社区建设，完善供热、供气、排水、排污、公交、绿化等市政设施，打造高品位、高标准的特色宜居卫星城；卫星城镇可以构筑区域性公共服务中心，打造覆盖城镇组团的行政服务网络，充分发挥卫星城市对教育、卫生、文化等公共服务资源要素的集聚作用，打造各类公共产品供给的区域高地；同时构筑区域性综合交通中心，加快各类城市主干道建设步伐，不断增强卫星城市与区域外的交通对接能力，完善内部路网，形成主干道、次干道、支路三级城市交通体系。

1.2.2 公共服务相关研究综述

西方古典经济学对公共产品供给理论和公共服务问题的研究已有很深的造诣。近年来，许多欧盟国家、韩国、日本、泰国，甚至经济欠发达的印度等国在萨缪尔森理

① 张琢. 现代中国社会学1979—1989[M]. 成都：四川人民出版社，1992：92.

② 侯景新，李天健. 城市战略规划[M]. 北京：经济管理出版社，2015：284.

③ 张琢. 现代中国社会学1979—1989[M]. 成都：四川人民出版社，1992：96.

论的基础上，对公共服务的定义、制度安排、多级服务体系和多元供给模式等问题进行了专门研究并作出许多有益的实践。国内学术界关于公共服务的研究成果颇丰，主要分为公共服务的定义及分类研究、公共服务的供给机制研究、公共服务的体系及绩效考核研究等几个方面。其中，迟福林、汪玉凯、李祖华等学者关于“公共服务”的研究比较权威，他们从宏观上分析了现阶段中国公共服务的突出矛盾与政府责任。

1.2.2.1　公共服务定义与分类研究

公共服务是伴随现代经济学而产生的重要概念，各方专家对其定义多达十余种。联合国根据公共服务职能不同将其分为普通公共服务与公共安全、经济服务、社会服务等。哈维·罗森强调“具有非竞争性和非排他性的公共产品（public goods），提供公共产品即是为了让公众享受公共服务，由于市场失灵的缺陷，公共服务的提供是政府的基本责任，因此公共服务是政府为公众提供的具有非竞争性和非排他性的服务，包括教育、卫生、社会保障、公共基础设施、生态环境等方面”。国内学者马庆钰则认为“公共服务应为公法授权的政府和非政府公共组织以及有关工商企业在纯粹公共物品、混合公共物品以及特殊私人物品的生产和供给中所承担的责任”①，“范围包括纯粹公共物品、混合性公共物品、带有生产的弱竞争性和消费的弱选择性的私人物品的生产和供给”②。

1.2.2.2　公共服务供给机制研究

公共服务供给机制因国家体制不同而存在差别，但世界各国大多以政府和市场作为供给主体，伴随市场竞争机制引入公共服务领域，政府和市场在公共服务供应中出现双重失灵。基于此，西方学者开始将供应主体问题作为研究重点。

一是公共服务供给主体多元化研究。随着政府部门不断膨胀，公共服务出现质量下降、效率降低等问题。西方部分学者指出，政府在供应公共服务的同时应在部分领域引入市场竞争体制，以委任代理等方式将部分公共服务交由私人公司承担，形成供应主体多元化。美国知名学者埃莉诺·奥斯特罗姆指出，“公共服务的复杂秩序需要分权的多中心治理体制和多元化的公共服务供给主体。”乔治·理查森则指出，公共部门与非营利部门应建立合作关系，力图实现资源优化组合，最终达到提高服务质量的目标。

二是公共服务供给主体地位研究。周义程指出公共服务应构建一主多元体制，将政府置于主导地位，市场处于补充地位，在保障总量供应的同时，确保质量持续提高③。

① 马庆钰，杨庆东.公共服务的理性及其运作框架[J].国家行政学院学报，2005(02)：19-22.

② 谷艳艳.城市旅游公共服务体系构建与质量评价：以上海市为例[D].上海：上海师范大学，2011.

③ 周义程.公共服务供给主体选择的悖论及其消解策略[J].公共行政，2005(11).

沈荣华持相近观点，力主在引进市场竞争机制前提下，确保政府主体供应者地位。刘绛华则坚持公共服务供应中，政府与市场属于平等地位，具体由哪方面供应由公共服务对象投票决定[①]。罗玉林则以污水处理为着眼点，从具体问题出发，提出正确处理政府与市场关系，尽快实现供应主体多元化。政府则应发挥宏观调控职能，充分发挥价格调节作用[②]。蔡辉明则力主以公共绩效为评价体系，解决中国大陆公共服务政府供应与民众需求不平衡问题[③]。

1.2.2.3 公共服务体系及绩效考核研究

绩效考核是公共服务研究的重点内容。学术界有关公共服务的绩效考核分为四大类，即政府部门绩效评估、行业机构绩效评估、专项绩效评估和基层服务机构绩效评估[④]。伴随公共服务区域差距、城乡差别逐渐增大，绩效考核与均等化成为相互促进的两方面。傅小随、胡冰以深圳市为样本，对公共服务绩效评估重要性进行探讨。经过调研，傅小随、胡冰提出“需要建立政府公共服务绩效评价机制和效果跟踪反馈制度，进一步明确各级政府和公共服务供给组织在推进基本公共服务均等化过程中的职责，将基本公共服务的水平作为重要的绩效考核指标，并确立有效的问责机制，提高评估的科学性和监督的有效性”[⑤]。严陆根则将绩效考核提高到“政府重要的监管工具”地位，指出“它是政府制定社区公共服务政策的主要依据，为社区公共服务业的发展指明了方向”[⑥]，进一步指出完善考核体制有利于推动公共服务发展。俞雅乖指出在全国进入城市化新阶段，提高公共服务水平关键在于“不断增加对农村公共产品供应，进一步完善农村公共服务体系，提高建设层次”[⑦]。在此过程中，上级政府应加强对基层政府评估考核，加强公共服务均等化评估，最终将其纳入政府政绩考核体系，作为政绩标准进行考核。

1.2.3 小城镇公共服务研究综述

1.2.3.1 国内外小城镇公共服务研究的总体情况

国内外不同领域的专家学者对小城镇公共服务给予了多学科多维度的关注。社会

① 刘绛华. 论我国社会公共管理方式的转型[J]. 求实，2005(11)：64–68.

② 罗玉林. 城市公共物品供给的问题研究[D]. 重庆：重庆大学，2008.

③ 蔡辉明. 地方政府公共服务有效供给的困境与出路[J]. 福州党校学报，2011(3).

④ 董丽. 基本公共服务质量评价问题研究[D]. 长春：吉林大学，2015.

⑤ 傅小随，胡冰. 深圳基本公共服务均等化研究[M]. 深圳：海天出版社，2014.

⑥ 严陆根. 中国社区经济与管理[M]. 北京：中国发展出版社，2014.

⑦ 俞雅乖. 农村公共服务供给：模式创新与城乡均等化[M]. 北京：中国人民大学出版社，2014.

管理学界的专家们从社会利益分化的角度来探求小城镇公共服务供给中关注“民生问题”的原因，力图寻求解决途径；经济学界以西方公共产品供给理论为基础，经济专家从财政支出和转移支付的角度寻找有效对策发展小城镇；法学界专家们对法制建设在小城镇公共服务中的作用进行了深入的研究。这些学者从不同学科、不同层次、不同角度的前沿钻研和辛勤劳作，为进一步研究提供了丰富而重要的理论支持。但值得注意的是，国内对“小城镇的公共服务”问题的研究尚需进一步深入、开拓和完善。其中，“四多四少”现象比较突出：一是全国性一般现象研究多，对西部地区的小城镇的专门研究少；二是城乡一体化过程中，东部小城镇发展问题研究多，西部小城镇的主体功能性开发研究少；三是西部大开发前10年经验总结多，西部开发新10年西部地区小城镇公共服务面临的新问题研究少；四是西部小城镇发展规划研究多，资源经济、打工经济等作用下的社会管理问题研究少，特别是当前国内外形势下失地纠纷、失业上访、群体性暴力事件时有发生，农村剩余劳动力和返乡农民工逐渐增多，围绕“小城镇”公共服务而产生的政府、市场和社会的关系问题、社会治理问题、社会冲突问题、社会风险问题、社会公正问题、社会福利问题等化解机制研究更是少之又少。从总体上看，国内关于“西部地区小城镇的公共服务”研究还处于起步阶段，并且这些研究大多“忽略了”中国西部地区正在倾全力进行的水利、矿产、人力、民族文化等“资源开发”中凸显的深层次矛盾对当地“公共服务”的综合影响，“忽略了”资源掠夺性开采与因生态恶化、经济基础薄弱、贫困程度深、教育水平低、社保覆盖面窄、就业困难，以及基本公共设施欠缺而形成的人们对“民生性”公共服务极度渴望与其自身供给能力极其缺乏的西部地区小城镇的公共服务供给这一典型、特殊问题的交叉研究。

1.2.3.2 小城镇公共服务研究的新领域及热点问题

国内外已有研究成果为本书提供各异的研究视角和理论指导，同时现阶段研究形成的学术链成为本书研究延伸的基石。

一是特殊类型小城镇公共服务研究。小城镇公共服务属于小城镇发展问题之一，小城镇在发展中如何完善公共服务，成为现阶段研究稍显薄弱的环节。而小城镇公共服务与其本身功能的健全息息相关。国内外小城镇研究兴起的同时，有关特殊类型小城镇研究成果开始涌现。20世纪初，国内外学界对旅游型、矿业型小城镇建设研究予以适当重视。1931年，经济学家赫泰林将资源型城市纳入“可耗尽资源的经济学”。20世纪50—60年代德国经济进入高速发展阶段，伴随经济总量的膨胀，经济结构转型悄然开始。德国鲁尔区矿业城镇如何走出资源枯竭，实现经济成功转型的案例成为学术界的热门议题。20世纪60年代以后，西方经济逐步进入滞胀期，部分资源型城市因矿产减少逐步衰落。西方学界对此颇为关注，如何实现矿业城镇转型避免经济衰退成为研究的热点问题。1971年，加拿大学者Lucas Rex对矿业城镇发展进行了深入探讨。他将矿业城镇分为建设期、人员雇用期、过渡期和成熟期4个阶段，提出矿业城镇应多元化发展，避免出现矿产减少，城镇衰落的局面①。Bradbury补充了衰退期和消亡期。20世纪80年代之后，学者们开始对资源型城镇的发展是否与人们早先建立的发展模式相吻合提出了质疑，研究的内容和方法也有了一定的创新，理论上出现了资本积累与国际化理论和依附理论②。

旅游业属于新兴产业之一，伴随第三产业在经济发展中的作用日益突出，旅游城镇逐步出现，国外学术界关于旅游型城镇的研究亦逐渐深入展开。但是，在研究范畴方面，国外城市与城镇的区别比较模糊，针对旅游小城镇的概念界定更是模棱两可③。从已有研究成果来看，学者们对旅游城镇的公共服务设施体系、公共服务设施配置标准、公共服务设施配置的影响因素、公共服务设施空间优化等方面，给予了更多关注。

二是小城镇公共服务均等化问题研究。在宏观方面讨论西部地区公共服务的同时，学术界对西部地区公共服务具体问题讨论逐渐深入，公共服务均等化成为议题之一。均等化问题是中国政府根据公共服务中区域分配不均衡提出的。财政部部长楼继伟曾指出，“实现公共服务均等化有利于消除不平衡引起的地区间的差距，实现地区间和谐均衡的发展，与社会主义的本质要求是相符的”④。常修泽则指出，公共服务的均等不仅局限于机会均等，更重要的在于结果均等⑤。傅道忠则认为，公共服务均等化在于公共服务中应尽可能使每个成员享受基本均等的服务，居民不能因为居住地区的差别而受到差异的服务⑥。随之，学术界对公共服务区域差别研究亦不断深入。国家发展和改革委员会宏观经济研究员丁元竹提出，“公共服务均等化是指政府要为社会公众提供基本的、在不同阶段具有不同标准的、最终大致均等的公共物品和公共服务”⑦。王翠芳则认为，中国财政支出不仅存在区域差别，城乡差异同样明显，农村公共服务供给量相对不足⑧。陈全功、程蹊则以量化指标为依据指出，西部地区公共服务供给水平实际

---

① Rex L. Minetown, Milltown, Railtown:Life in Canadian Communities of Single Industry[J].University of Toronto, 1971.

② 杨玲.矿业城市研究综述[J].资源产业经济.2005(5).

③ 刘文博. 皖南旅游型小城镇公共服务设施配置优化研究[D].安徽建筑大学，2016.

④ 刘明中.推进基本公共服务均等化的重要手段：财政部副部长楼继伟答本报记者问[N].中国财经报，2006-06-07(2).

⑤ 常修泽.逐步实现基本公共服务均等化[N].人民日报，2007-01-31.

⑥ 傅道忠.实现基本公共服务均等化的财政思考[J].现代经济探讨，2007(5).

⑦ 中国财政学会民族地区财政研究专业委员会2007年年会暨第15次全国民族地区财政理论讨论会纪要，2007-11-30，http：//www.crifs.org.cn.

⑧ 王翠芳.如何实现城乡公共服务均等化[J].中国经济周刊，2007(18).

低于东部地区，甚至达不到全国平均水平，并指出“不仅总量上存在差距，在基本公共服务的构成中也存在差距，西部地区与东部地区最大的差距体现在基本医疗和基础，其次是财政支出和基础道路设施。这种‘均等化’水平量化结果恰好反映当前我国各地区基本公共服务水平的‘不均等化’现象”①。

对于解决公共服务非均等化的对策建议，学术界给予了不同解释。迟福林认为，“要推进政府转型，强化政府在公共产品供给中的主体地位和主导作用，加快建立公共财政体制，建立以公共服务为导向的干部人事制度，加强改革协调和营造有利于全面推进改革的氛围”②。黄伟、高玉在阐述东西部公共服务差距的同时，建议在合理划分中央政府和西部地区政府的事权财权、完善发达地区对“两欠”地区的对口支援、强化西部地区公共服务体系建设三个方面采取措施③。

综上所述，公共服务研究与小城镇研究成果相对丰硕，西部地区公共服务研究稍显薄弱，而西部地区小城镇公共服务的研究成果则少之又少。笔者拟从西部地区小城镇公共服务入手，将其纳入西部开发和新型城镇化战略的大环境大背景中予以探讨，在揭示公共服务对社会发展重要性的同时，将公共服务共性与西部地区特性相结合，探索出符合公共服务共性和西部小城镇特点的可持续发展道路。

1.3 相关理论

通过梳理小城镇、社会建设和公共服务的相关理论，对这些理论“取其精华、去其糟粕”借鉴运用，为研究提供必要的理论支撑和参考。

1.3.1 小城镇发展相关理论

目前，国内外关于小城镇发展的理论主要包括集聚理论、区域循环累积因果理论、区域比较优势理论、增长极理论、城市化理论等。

1.3.1.1 集聚理论

所谓集聚理论就是通过集约式发展进而带来规模效应，是指在特定区域内聚集更多的人，共同使用公共设施和公共服务等，以期达到既节约土地、资本等生产要素，

---

① 陈全功，程蹊. 民族地区的基本公共服务均等化：涵义、现状水平的衡量[J].中南民族大学学报（人文社会科学版），2008(9).

② 迟福林. 加快建立社会主义公共服务体制的思考[J]. 福建行政学院福建经济管理干部学院学报，2006(5).

③ 黄伟，高玉. 少数民族地区公共服务建设的难点及对策[J]. 新视野，2010(5).

又带来规模效应的理论。20世纪末，中国常住人口城镇化率超30%，进入城镇化加速发展时期。但是，城镇化发展过程中的环境破坏、资源浪费、资本流失等问题日益严重。学术界把集聚理论引入新型城镇化发展研究之中，提出加快城镇化发展方式转变，坚持走集约高效、绿色低碳发展之路。中央在要求积极稳妥推进城镇化的同时，也要求提高城镇规划水平和发展质量，把加快中小城市和小城镇发展作为重点。所以，小城镇发展的集聚理论也渐渐进入理论学者的研究视域。集聚理论为小城镇公共服务，特别是公共服务能力研究提供了必要的理论参考。

1.3.1.2 区域循环累积因果理论

循环累积因果理论，是由著名经济学家缪尔达尔在1957年提出的，后经卡尔多、狄克逊和瑟尔沃尔等人发展并具体化为模型。缪尔达尔等认为，在一个动态的社会过程中，社会经济各因素之间存在着循环累积的因果关系。

区域循环累积因果理论由循环累积理论引申而来，具体是指经济发展过程首先是从一些较好的地区开始，一旦这些区域由于初始发展优势而比其他区域超前发展时，这些区域就通过累积因果过程，不断积累有利因素继续超前发展，导致增长区域和滞后区域之间发生空间相互作用。市场加剧了区域间的不平衡，具有初始发展优势的地区在未来一段时期内会发展更快，与落后地区的差距也会越来越大。在当前的市场经济条件下，循环累积效应具体表现为回流效应和扩散效应。回流效应是指落后地区的资金、劳动力向发达地区流动，导致落后地区要素不足，发展更慢；扩散效应是指发达地区的资金和劳动力向落后地区流动，促进落后地区的发展。因此，这一理论为研究我国区域经济发展提供了必要的理论参考，同时也为研究不同地区不同类型的小城镇发展提供了有力的理论支撑。

1.3.1.3 区域比较优势理论

区域比较优势理论来源于英国经济学家大卫·李嘉图的比较优势理论。比较优势理论是大卫·李嘉图在其代表作《政治经济学及赋税原理》中提出的。该理论认为，国际贸易的基础是生产技术的相对差别（而非绝对差别），以及由此产生的相对成本的差别。每个国家都应根据“两利相权取其重，两弊相权取其轻”的原则，集中生产并出口其具有“比较优势”的产品，进口其具有“比较劣势”的产品。

比较优势理论最初主要是针对国际贸易领域，后来被应用到不同区域发展研究之中，由此形成了区域比较优势理论。这一理论认为，不同区域在选择何种产业发展时，应按照比较优势原则，通过发展特色产业实现地区经济发展。因此，对不同小城镇的产业选择来说，同样要按照比较优势的原则进行差异化发展。

1.3.1.4 增长极理论

增长极理论是由法国经济学家佩鲁1950年首次提出的，该理论被认为是西方区域经济学中经济区域观念的基石，是不平衡发展论的依据之一。增长极理论认为，一个国家要实现平衡发展只是一种理想，在现实中是不可能的，经济增长通常是从一个或数个“增长中心”逐渐向其他部门或地区传导。因此，应选择特定的地理空间作为增长极，以带动经济发展。所以，增长极既可以是产业增长极，也可以是城市增长极。在新的经济社会发展条件下，小城镇有望成为新的经济“增长点”，即潜在的经济增长极。

1.3.1.5 城市化理论

1933年德国地理学家克里斯泰勒提出了“中心地学说”。该学说认为，任何城镇都有向其他周围地区提供商品和服务的职能，即中心地职能。城市化理论以中心地学说和增长极理论为支撑，强调小城镇作为一个相对低级别中心地或者相对次要“增长极”存在的价值。由此判断，大城市要发展成为高级别的中心地或者主要的“增长中心”，就需要从小城镇和农村汲取大量的资源。换言之，城市化过程就是指人口、资金、资源等生产要素不断从相对低级别中心地或者相对次要“增长极”向高级别的中心地或者主要的“增长中心”转移和集聚的过程。

相对于城市化的过程就是逆城市化。逆城市化理论是城市化理论的反向思考，即人口、资金、资源等生产要素不断从高级别中心地或者主要“增长中心”向相对较低级别中心地或者相对次要的“增长极”转移的过程。逆城市化理论认为，随着城市规模的扩大，“城市病”的问题也因此凸显，由此开始了一个由城市人口向郊区乃至农村流动的逆城市化过程，这使得以人口集中为主要特征的城市化由此发生逆转。20世纪70年代以来，发达国家出现了“逆城市化”现象，主要表现为大城市人口停止增长甚至减少，人口和其他资源的流向开始转向中小城市，特别是大城市周围的郊区小城镇。

上述理论为我们客观、全面、准确分析西部地区小城镇发展阶段、发展现状、发展路径、发展模式和发展特点，提供了必要的研究范式和理论参考。

1.3.2 社会建设相关理论

笔者根据中央关于社会建设问题的有关要求和中国经济社会所处的特殊发展时期，以及我国西部地区小城镇公共服务实证研究的目的，把社会建设理论主要聚焦于社会治理理论、社会冲突理论、社会风险理论、社会公正理论和社会福利理论。

1.3.2.1 社会治理理论

20世纪80年代西方掀起了新公共管理运动，社会治理理论正是诞生于这一运动过程中，并主张消解政府垄断公共事务的权力，倡导由政府、市场、公众共同参与社会公共事务的管理，从而达到公共利益的最大化，实现整个社会的和谐发展。首先，社会治理理论从揭示治理与统治的本质区别入手，主张社会治理主体多元化，认为社会治理的主体既可以是政府、公共机构，也可以是私人机构，还可以是公共机构和私人机构的合作。其次，社会治理理论主张社会管理工具和途径的多元化，认为应通过整合新旧管理方式方法，运用多元的社会管理手段提高政府办事效率。最后，社会治理理论主张治理的诉求多元化，主张要实现各尽所能的良好治理，就必须让治理的各个主体参与权力的分享①。

从社会治理理论视角分析小城镇公共服务，可以作出以下几点假设：一是公共服务的供给主体并不一定是政府和公共机构；二是可否通过新方法、新技术、政府改革和社会服务的有效结合，使更多的社会组织和个人参与公共服务，促进公共服务的社会化；三是可否实现多元利益诉求的协调统一，更好地满足社会公众的公共服务需求。这些都是我们在研究中必须重视和解决的关键问题。

1.3.2.2 社会冲突理论

马克思主义认为，人类社会内部两股力量的冲突推动了自身发展。一是生产力与生产关系的冲突；二是两个阶级力量间的相互冲突。从社会冲突理论视角认识和解决中国转型时期社会建设问题，为我们开辟了新的研究维度。

20世纪50年代结构功能主义衰落，随之兴起的社会冲突理论日益受到社会学家的关注。社会冲突理论认为不和谐是社会的固有特征，并以此为理论基础，认为可以通过社会秩序的调整来缓解冲突，并在冲突与缓解的互动中寻求社会的发展，以及保持社会一种动态的平衡与和谐。社会冲突理论关注广泛的社会冲突，而不限于阶级冲突和可以用经济利益的差异来解释的冲突，在承认社会冲突普遍性的同时，将社会秩序与社会和谐作为研究落脚点，并建设性地认为社会冲突具有社会整合的功能，强调以理性沟通、积极疏导的方式而不是以暴力的方式去解决冲突，最终推动社会变迁与社会进步，故而社会冲突理论对我国社会建设实践有着重要的借鉴意义②。

1.3.2.3 社会风险理论

社会风险理论更准确的表达是风险社会理论。自1986年德国社会学家乌尔里希·贝

---

① 汪寅. 治理理论下的社会组织管理探讨[J]. 经济研究导刊，2011(24).

② 彭远春，黄景. 社会冲突理论对我国社会建设实践的启示[J]. 实事求是，2010(4).

克发表《风险社会：新的现代性之路》以来，“风险社会”成为人们审视20世纪末期以来人类社会发展走向的一种基本视角[①]。风险社会理论对现代性进行了建设性的反思批判和扬弃，既反对现代科学理性的无限扩张所造就的宏大叙事，又不完全同意后现代思潮对个性的极力张扬进而全面解构现代性的倾向和主张。所以，吉登斯认为风险社会并不与现代社会相隔离，只是现代社会的新阶段，与工业现代化阶段相区别，风险社会是“反思性现代化”阶段[②]。

在日益全球化的现代社会中，随着人类干预自然、影响社会的能力不断加强，风险也在急剧增加。“风险社会”理论的最早提出，始于切尔诺贝利核电站事故，但真正让人类正视这一理论，是“非典”、禽流感、新冠肺炎这些全球突发性事件所带来的社会恐慌，表明现代社会“风险是无时不有，无处不在的”。风险分为自然风险和社会风险，自然风险如地震、海啸、洪水、泥石流、雪崩、干旱等突发自然灾害带来的风险；社会风险则是指社会因素影响和作用的风险，除了前面提到的“非典”、禽流感等是社会风险，像金融风暴（危机）所引发的社会失业、城镇化伴生的失地农民增加所造成的就业危机等，同样也是社会风险。

我国社会转型时期的社会风险既具有现代化社会风险的普遍特征，又具有中国转型社会风险的特殊表现。因此，社会风险理论的研究开启了转型时期中国社会建设的新视角。

1.3.2.4 社会公正理论

社会公正是社会成员对社会是否“合意”的一种价值评判，其实质是要求经济、政治、文化等各种权利在社会成员之间合理分配，每个人都能得到其所应得的；各种义务由社会成员合理承担，每个人都应承担其所应承担的。而要实现这种合理的分配与承担，就要形成与之相适应的制度体系。从这个意义上说，社会公正既体现为一种价值理念，也体现为一种制度安排；既可视为一种原则和标准，也可视为一种状态和结果[③]。

学术界运用社会公正理论分析社会建设问题，主要解决和谐社会构建、城乡统筹发展、区域协调发展、社会公平分配等诸领域的问题。我们在研究小城镇公共服务问题时，也可以借鉴已有的社会公正理论视角下的社会建设研究成果，重点解决小城镇社会建设中的公正、公平问题。

---

① 李诚. 我国转型期社会风险及其治理的理论思考：基于风险社会理论的分析[J]. 学术界，2011(3).

② 庄友刚. 跨越风险社会：风险社会的历史唯物主义研究[M]. 北京：人民出版社，2008：58.

③ 任理轩. 理性看待当前的社会公正问题[N]. 人民日报，2011-02-16.

1.3.2.5 社会福利理论

现代意义上的社会福利产生于工业革命之后，是工业化、城市化和现代化的产物。在资本主义早期，人们就对社会福利进行了广泛探讨，形成了不同的社会福利主义流派。各流派争论的主要焦点包括福利供给的原因、主体、客体、内容和方式途径等问题。当代社会福利理论研究的主要问题是国家（政府）、市场及社会三者在福利体系中的作用、地位、职责。由此我们可以把社会福利理论概括为以国家（政府）、市场及社会三者在福利体系中的作用和担当何种角色为主要研究对象的理论。

当代由于经济危机的周期性爆发和自然灾害的时有发生，社会普遍达成了"福利共识"，主张由国家建立健全的社会保障体系，弥补市场缺陷，以应对危机、灾害给人们带来的损失和伤害。社会主义国家主张国家应该提供一种覆盖广泛的社会福利，通过再分配来调节社会的不平等①。我国作为社会主义国家，也是通过社会再分配来发展中国特色的社会福利事业，加强以改善民生为重点的社会建设。

1.3.3 小城镇公共服务相关理论

城市规划、公共产品、社会公平和公共服务均等化理论是目前小城镇公共服务研究需要认识和了解的几个重要理论。

1.3.3.1 城市规划理论

城市规划是城市建设的核心议题之一，规划对公共服务具有指导性作用，小城镇建设同样存在类似情况。1929年，美国建筑师佩里提出"邻里单位"理论，他以小学辐射半径为尺度，将该范围内居民设为一个单位，即所谓"邻里"。邻里单位以位于四周交通线为界，形成相对安定的居住区域，内部设有较完备的公共服务设施。几个邻里单元形成一个邻里单位，公共服务设施由邻里单元向邻里单位递增，城市次中心设有各类公共服务设施，覆盖邻里单位，形成"城市次中心—邻里单位—邻里单元"的等级化层次分布。1933年，德国专家克里斯泰勒经过实际调研发现不同地区存在功能相似的中心区，中心地区因市场、交通等因素形成，由此他提出中心地理论。与佩里相似，克里斯泰勒将中心地等级由高到低分为不同层次，中心地等次表现为该中心地对周围地区的影响力。等级较高的中心区服务设施相对完善，拥有较大的辐射范围，对等级较低中心区产生较大的影响。层次较低中心区占地规模较小，服务水平处于较低地位。

与克里斯泰勒同时期的美国专家伯吉斯提出城市功能区以同心圆法则分布，即中

① 陈立周. 当代社会福利理论之争及其发展趋向[J]. 武汉科技大学学报（社会科学版），2011，13(3)：298-302.

心商业区、过渡性地区、低级住宅区、中产阶级住宅区、高级住宅区等依次分布。伴随城市发展，新城区逐渐出现，城市功能区分布逐步打破同心圆分布，商业用地、工业用地、农业用地、公共事业占地交错分布，尽管表面打破同心圆模式，然而这种状况实质为过渡形态，反映出一定层次性。

事物之间存在关联性，部分理论并非起源于小城镇研究，或者并不完全是用于小城镇规划，却因原理相近而适用于小城镇，溢出效应即是其中之一。溢出效应“是指一个组织在进行某项活动时，在开展顺利的前提下不仅会得到预期的效果，而且会对组织之外的人或社会产生程度不同的影响。现今溢出效应主要包含经济溢出效应和技术溢出效应”①。美国经济学家阿罗是较早对溢出效应进行探索的学者，他认为技术溢出效应有利于行业生产效率的提高。

城市规划中溢出效应表现为大城市与小城镇互动效应和公共服务设施作用的扩散，大都市通过技术、人才、知识的溢出对小城镇产生辐射，促进小城镇基础设施建设、人才结构优化。与此同时，小城镇公共服务设施如使用得当，则不仅可以充分发挥其本身作用，并且对周围环境产生积极影响，带动周边相同或相似产业发展，形成良性互动。

表1-3　城市规划理论带给公共服务设施建设的启发

理论名称	引申观点
中心地理论	按照一定的等级序列对公共服务设施进行设置，较高等级的中心地概括了低等级中心地的所有公共服务职能
空间集聚与扩散理论	公共服务设施应首先按照空间相对集聚的原则布置，集聚一定规模时服务半径会向外扩大，带动周边设施发展，其自身也会形成更高层次的设施类型
溢出效应理论	通过建设几类完善的公共服务设施，发挥最佳使用效率，服务半径扩大至周边，激发其他服务设施的建设，创造团体经济效应和社会效应
空间圈层结构理论	区域中心区的公共服务设施功能对周边地区产生辐射力，并在一般情况下符合因空间距离而产生的圈层等级差异

资料来源：李爽．皖江城市带小城镇公共服务设施优化配置研究 [D]. 武汉：华中科技大学，2014.

1.3.3.2　公共产品理论

公共产品与公共服务都具有非排他性的特点。公共产品是“这样一些产品，无论每个人是否愿意购买它，它们所带来的好处不可分割地散布到整个社区中”②。萨缪尔森的论述简单而明朗地阐述出公共产品的特点，即非排他性和消费的非竞争性。非排他

① 申鹏飞.湖南省小城镇公共服务设施优化配置研究[D]. 武汉：华中科技大学，2013.

② 保罗·萨缪尔森.经济学[M]. 北京经济学院出版社，1996：570.

性指社会成员中任何人无法阻止他人获得对公共产品的无偿消费；消费的非竞争性即任何享受者获得公共产品收益对其他社会成员获得此类公共产品益处无影响。根据上述两个特点，公共产品分为纯公共产品和准公共产品。18世纪，休谟最早提出公共产品的概念。1919年瑞典学者林达尔正式使用公共产品一词。第二次世界大战以后，西方学术界对公共产品的讨论逐渐深入，逐步将公共产品生产和供应分离，认为公共产品生产可以由私人、政府、市场承担。特别是20世纪80年代以来，伴随新公共管理运动，新公共服务理论开始出现。该理论的出现源于对公共行政管理理论研究热潮的反思。学术界指出新公共管理运动忽视政府作用，对人的社会性估计不足，造成公共产品公益性削弱。随着批判的深入，美国教授登哈特夫妇出版《新公共服务——服务，而不是掌舵》一书。登哈特夫妇指出，公共产品服务于民，而不是服务于顾客。在实施过程中，政府应鼓励公民积极参与公共政策制定和公共产品的生产。在管理公共产品过程中，政府需尽可能满足民众利益与诉求，将自身放置于服务的角色，而不是管理与控制社会。尊重公民、关心公民，将人置于核心地位，即“服务，而不是掌舵”。总而言之，新公共服务理论核心部分是“政府应当以人为本、关注社区、注重服务；政府应当明确自己的职能是服务而不是掌舵，应该将公共利益的实现作为目标；政府要有战略性的思考，在行动上要重视民主性；行政官员应当明确自己的角色和责任，服务于公民”①。

公共产品具有产品的基本特征，在管理、经营之外，公众需求对其具有决定性作用，公共需求为民众整体需要的公共服务。同时，因民族、年龄、区域、性别等方面的差异，公共需求存在不同程度的差异。西方学术界根据经济学思想将公共需求由低到高进行分类，要求政府在提供公共服务之时，关注其高低层次的搭配，根据群众需求及时供应公共物品。因公共物品排他性弱，难以及时了解群众真实需求，易造成公共物品投入的浪费。为避免此弊端，西方经济学术界提出社会调查、投票、满意度调查等方法进行公共产品需求的调查，揭示民众需要的公共物品和不同群体需求的区别。

1.3.3.3　社会公平理论

小城镇公共服务理论属于较宏观研究，对西部地区公共服务建设具有一定的指导意义。然则，事物在具有共性的同时，本身也具备不同于其他事物的特性，西部地区在此体现较为明显。如何把握西部地区小城镇公共服务发展的特点，成为本书研究的重要问题之一。

学术界对西部地区公共服务理论探索中较重视公平问题。中国东西部发展水平落

---

① 周碧琴. 民族地区公共服务均等化研究[D]. 重庆：西南财经大学，2014.

差较明显，特别是教育、医疗等方面差距较大。所以，学术界在总结该地区公共服务理论的同时，将公平置于重要地位。效率与公平是人类社会进步与稳定的基石。公平更多体现于分配领域，是对社会成员之间关于利益配置状况的考察，是“对一定的社会关系进行规范和评价的标尺”①。效率则是经济学含义，其要求企业的资本、劳动力等生产要素投入与产出之间的关系得到兼顾，又要求社会资源得到优化配置，社会财富得到最大限度增加。改革开放以来，中国学术界对两者关系进行了大量和深入的研究。

生产领域公平与效率存在难以权衡的矛盾，公共服务领域则应以公平为重。这是因为公共服务是维护社会稳定与平衡发展的基石，政府提供公共服务的实质是社会资源的二次分配。正如罗尔斯《正义论》所言，“自由应当建立在平等的基础上以及分配正义应当建立平等分配物品的基础上”②。罗尔斯认为，经济等方面的分配不公平可以在机会均等与社会中最弱势群体利益满足之后实现。与此同时，罗尔斯坚持机会平等高于差别原则。其中，机会均等包含教育、社会保障等公共服务项目。对于西部民族地区而言，教育公平成为公共服务公平问题的重中之重。

1.3.3.4 公共服务均等化理论

所谓公共服务均等化理论就是指全体公民在享受公共服务的机会和结果上是大体均等的。这一理论最初提出受英国经济学家庇古的国民收入均等化思想启示颇深。庇古开创了福利经济学的完整体系，为实现福利最大化目标，他提出了两个基本命题，即国民收入总量越大，社会经济福利就越大；国民收入越均等化，社会经济福利就越大。由于公共服务是由国民收入形成的，所以公共服务的分配对国民收入的分配将起到重要作用，能够增进社会福利，促进社会福利最大化，特别是政府财政收入占GDP比重较高的时候；并且公共服务资源一般是由政府掌握，政府通过公共财政手段予以配置。

笔者认为，公共服务均等化（更多时候是指基本公共服务的均等化）的终极目标是应当使人与人之间所享受到的基本公共服务均等化，这种均等化不但包括不同地区间的均等，还应包括城乡间和人与人之间的均等。按照国务院印发的《“十三五”推进基本公共服务均等化规划》对基本公共服务均等化内涵的概括，公共服务均等化是指全体公民都能公平可及地获得大致均等的基本公共服务，其核心是促进机会均等，重点是保障人民群众得到基本公共服务的机会，而不是简单的平均化。基本公共服务满足人的基本尊严的需要，应该与公民的生存权、发展权、劳动就业权、教育文化权、环境权等紧紧“挂钩”，而不应以户籍、职业、居住地、收入及消费水平的强弱而分

① 程鹏. 主体功能区划分下民族地区基本公共服务均等化的路径研究[D]. 南宁：广西民族大学，2010.

② 陈一溥. 小城镇公共服务设施配置标准研究[D]. 长沙：中南大学，2013.

轩轾[①]。

各种理论从互异的角度对公共服务，尤其是为小城镇公共服务研究提出新的方案，对西部地区小城镇公共服务研究均具有重要的指导意义。这些理论有利于开阔研究视域，避免将目光局限于西部小城镇一隅，而是放眼全国乃至全球进行有效的对比研究；而且运用上述理论并细心体会其对中国西部小城镇的适用性，该过程不仅是理论应用的探索，同时是对西部地区小城镇公共服务自身特点的探求。

1.4 概念界定

根据研究的范围、主要内容和核心问题，以及要解决的主要问题，需要对西部地区、小城镇、公共服务等重点概念予以厘清和界定，这是研究的前提。

1.4.1 西部地区

按照《中国城市建设统计年鉴》对城市统计分组有三种分类方法。分类一，按自然地理位置划分，东部地区包括北京、上海、天津、河北、辽宁、山东、江苏、浙江、福建、广东、广西和海南12个省、自治区和直辖市；中部地区包括山西、内蒙古、吉林、黑龙江、安徽、江西、河南、湖北和湖南9个省和自治区；西部地区包括重庆、四川、贵州、云南、西藏、陕西、甘肃、宁夏、青海和新疆10个省、自治区和直辖市。分类二，按区域经济带划分，东部地区包括北京、天津、河北、辽宁、上海、江苏、浙江、福建、山东、广东和海南11个省和直辖市；中部地区包括山西、吉林、黑龙江、安徽、江西、河南、湖北和湖南8个省；西部地区包括内蒙古、广西、重庆、四川、贵州、云南、西藏、陕西、甘肃、宁夏、青海和新疆12个省、自治区和直辖市。分类三，同样按区域经济带划分，但是把东北三省辽宁、吉林、黑龙江单列。东部地区包括北京、天津、河北、上海、江苏、浙江、福建、山东、广东和海南10个省、直辖市；中部地区包括山西、安徽、江西、河南、湖北和湖南6个省；西部地区包括内蒙古、广西、重庆、四川、贵州、云南、西藏、陕西、甘肃、宁夏、青海和新疆12个省、自治区和直辖市。

因此，中国“东、中、西”三大地区的划分更多强调的是一种经济内涵，而非完全的地理概念。按照国家统计局2014年统计口径，将我国大陆31个省、自治区、直辖市分为三大地带，东部地区包括北京、天津、上海、辽宁、河北、山东、江苏、浙江、

① 卢洪友. 基本公共服务均等化：理论及其制度路径[N]. 中国社会科学报，2012-09-06.

福建、广东、海南11个省和直辖市；中部地区包括山西、河南、吉林、黑龙江、安徽、江西、湖南、湖北8个省；西部地区按常规分类包括华北地区的内蒙古，西北的宁夏、陕西、青海、甘肃、新疆，西南的重庆、四川、云南、贵州、西藏，中南的广西12个省级行政区。根据《国务院办公厅转发国务院西部开发办关于西部大开发若干政策措施实施意见的通知》的相关规定，湖南省湘西土家族苗族自治州、湖北省恩施土家族苗族自治州、吉林省延边朝鲜族自治州也划为西部地区，享受西部大开发中的优惠政策。本书所研究的西部地区主要是指重庆市、四川省、贵州省、云南省、西藏自治区、陕西省、甘肃省、宁夏回族自治区、青海省、新疆维吾尔自治区和内蒙古自治区、广西壮族自治区12个省级行政区。其中：考虑到西部地区民族特殊性，将少数民族人口较多的内蒙古、广西、云南、西藏、贵州、青海、宁夏、新疆8省区作为重点研究对象（后文均简称为“西部8省区”）。

1.4.2 小城镇

“小城镇大战略”，在中国现代化建设进程中，特别是在城镇化战略推进过程中，小城镇可谓使用频率较高的词语。那么何为“小城镇”，其内涵如何界定。目前，无论是在国家层面，还是在学术研究中，关于小城镇的内涵都没有形成统一的看法，存在多种解释。

有的学者认为，小城镇是指区别于大、中城市和农村村庄的具有一定规模、主要从事非农业生产活动的人口所居住的社区，包括国家已批准的建制镇和尚未设镇建制的相对发达的农村集镇①。有的学者按照城市的定义，认为小城镇当数空间规模最小的非农业人口的居民点，它是我国城镇体系之尾，乡村发展之头，是农村和城市的边缘地带；是土地集中利用、人口和社会经济集聚发展等城市特征形成的过渡空间②。有的学者则提出小城镇应该严格区别于大中城市和农村村庄。如潘文明在其博士学位论文《民族地区小城镇建设研究——以内蒙古陈巴尔虎旗为例》中指出，小城镇是具有一定经济基础和相当的人口规模的，“非单一”农业生产活动人口所聚居的地区，“它包括国家已批准的建制镇和尚未设镇建制的相对发达的农村集镇（在西部民族地区一般为苏木和乡的政府驻地）”。梅克保在其硕士学位论文《中国小城镇建设的战略与管理模式研究》中同样提到，小城镇是指区别于大中城市和农村村庄的、具有一定规模的、主要由从事非农业生产活动的人口所聚居的社区。小城镇包括三个层次：第一个层次是县城；第二个层次是建制镇；第三个层次是集镇，是行政乡辖区范围内的若干村服

① 纪泽民. 新农村建设背景下的小城镇发展战略分析[J]. 农村经济，2007(2)：84.

② 孔凡文，徐玉梅. 论中国小城镇发展速度与质量[J]. 农业经济，2007(10)：11.

务的小集镇，一般由集市发展而成，多为乡政府所在地，是农村一定区域的经济、文化和生活服务中心。孔祥智、盛来运主编的《中国小城镇发展报告（2009）：城乡统筹视角下的小城镇发展研究》一文将当前的理论工作者和实际工作者关于小城镇的不同看法概括为四种观点：小城镇是小城市、建制镇和集镇三者之和；小城镇只包括小城市和建制镇；小城镇就是建制镇；小城镇只包括建制镇和集镇。通过对这四种观点的分析，笔者重新界定了小城镇的边界范围，将小城镇具体界定为乡镇级行政单位所辖区域与城区、镇区、集镇相重合的地域。此概念主要强调了小城镇不应该包括乡镇范围内农民居住和从事各种生产活动的区域[①]。

中国城市规划学会城市与区域规划学会委员、小城镇学会委员、高级规划师晏群主张对小城镇的界定，要将"镇域"和"镇区"两个概念区分开来，小城镇应指行政建制"镇"的"镇区"；对小城镇的界定，主张范围的选择应该具有一定的灵活性，针对不同地区小城镇发展情况、设置情况，在明确小城镇专指行政建制"镇"的"镇区"的大前提下，应该允许不同地区、不同部门对小城镇的涵盖范围有适当上延下伸的灵活选择[②]；对小城镇的界定，主张"建制镇"应该成为行政建制镇"镇区"部分的专称。

综合上述观点、看法，本书所研究的小城镇主要是指具有一定规模、一定经济聚集作用和公共服务功能的区域，包括县城（县级行政机关政府所在的镇）、国家已批准的建制镇和尚未设镇建制的相对发达的农村集镇（一般为乡政府驻地）。本书的主要研究范畴包括建制镇（包括县城），对集镇，特别是民族乡不作重点研究，但考虑到西部地区公共服务的特殊需要，研究过程中对民族乡的研究会有所涉及。

1.4.3　公共服务

法国公法学者莱昂・狄骥最早明确提出公共服务这一概念，并对其进行了界定。狄骥认为："任何因其与社会团结的实现与促进不可分割、而必须由政府来加以规范和控制的活动，就是一项公共服务，只要它具有除非通过政府干预，否则便不能得到保障的特征。"[③]我国学者卢映川、万鹏飞等将公共服务界定为："政府为促进、发展和维护公民权益，运用法定权力和资源，面向全体公民和某一社会群体，组织协调或直接提供以共同享用为特征的产品和服务供给活动。"[④]还有学者认为，公共服务是政府为满

① 孔祥智，盛来运.中国小城镇发展报告（2009）：城乡统筹视角下的小城镇发展研究[M]. 北京：中国农业出版社，2010.

② 晏群.小城镇概念辨析[J].规划师，2010，26(8)：118-121.

③ 莱昂・狄骥. 公法的变迁：法律与国家[M].郑戈，冷静，译. 沈阳：辽海出版社，1999：53.

④ 卢映川，万鹏飞，等.创新公共服务的组织与管理[M]. 北京：人民出版社，2007：3.

足社会公共需要而提供的产品和服务的总称，是由以政府机关为主的公共部门生产的，供全社会所有公民共同消费、平等享受的社会产品[①]。总之，学者们从不同的角度对公共服务作了不同的界定。

但是，从上述的学者对公共服务的界定中可以看出，公共服务主要的生产和供给主体是以政府为主的公共部门，公共服务的内容是满足社会公共需要的产品和服务，公共服务的受益对象（享用者）是全体公民和某种社会群体（或组织）。笔者认为，公共服务是政府的基本职能之一，也是建立服务型政府的基本要求和重要内容。公共服务是指由以政府为主要生产和供给主体的，以满足全体公民及社会群体（组织）公共需要为目标的产品和服务的总称。对西部民族地区小城镇来说，公共服务则指的是政府为满足社会公共需要所生产、供给的产品和服务的总称。具体而言，公共服务主要包括两大方面：一是为增加物质资本和土地活力的硬件服务（主要指基础设施），二是为提高劳动者生产力的软件服务（主要指基本公共服务）。

我们在前面把小城镇主要界定为建制镇，但对于公共服务主要的生产和供给部门政府来说，这里的“政府”不单单指西部地区“镇”一级政府，还应该包括镇级以上各级政府，其中也包括中央政府。如此强调，是为了正确认识和解决西部地区小城镇发展中特有的热点、难点问题，切实提高其公共服务能力的逻辑思考。

1.5 研究的重点、基本观点和创新之处

1.5.1 重点难点

对西部地区数量庞杂的小城镇公共服务需求和供给进行比较研究需进行大量的实地调查和取证；对西部开发新10年小城镇发展的“多元化”把握既是研究的重点又是研究的难点，还是解决一系列公共服务问题的关键；各种经济形式在西部小城镇发展中形成空间叠加而产生的各种社会矛盾亟须化解，其所需的公共服务理论、机制和实施方案亟待形成，亦是本书研究的重点和难点。

1.5.2 基本观点

西部小城镇发展中的公共服务问题是西部开发新10年的重要社会问题之一，加快小城镇发展是西部城镇化和工业化进一步提速的关键。随着中国进入经济发展转型期，

① 李军鹏. 公共服务型政府建设指南[M]. 北京：中共党史出版社，2006：19.

受高地价、高劳动力成本和高税收的影响，大中城市不断排斥附加值相对偏低的劳动密集型产业，为西部小城镇发展创造了溢出效应。

西部小城镇的公共服务问题是一个复杂的、系统的、长远的社会性大工程。西部大开发新10年，整体经济社会发展步入转型时期。小城镇发展作为经济社会发展的重要内容，必须顺应新的经济社会发展形势，同时实现转型升级发展。因此，新阶段小城镇的公共服务问题不但关乎政府、市场和社会之间的关系，而且是关乎公平与效率、关乎社会和谐和社会稳定的重要问题，所以西部地区小城镇建设要根本解决这些问题，必须树立科学的新发展理念，妥善处理经济发展与社会建设的关系问题，加强社会建设；必须从功能维度、路径维度、制度维度形成西部地区小城镇公共服务发展的具体方略和对策建议。本书主要基本观点如下。

1.5.2.1 小城镇大战略

为了解决好“三农”问题，全面建成小康社会，推进新型城镇化战略，顺应经济发展新常态，对于现阶段西部民族地区来说，加快小城镇建设是一个有力的抓手。其中，产业发展是小城镇发展的物质基础，城镇建设是小城镇发展的客观要求，人的发展是小城镇发展的核心内容，产城人互动是小城镇发展的根本目标，所有这些又必须以小城镇公共服务的有效供给为前提。

1.5.2.2 西部地区小城镇正处于全面发展阶段

通过对西部地区小城镇发展阶段的纵向比较、横向判断，认为目前西部地区小城镇正处于“快速发展、转型发展、提质升级和特色发展”的全面发展阶段。

1.5.2.3 西部地区小城镇公共服务应该坚持“两手抓”

小城镇是“一只脚已经踏进城市，另一只脚还留在农村”，那么，西部地区小城镇公共服务就应该坚持“两手抓”。一方面，继续加强城镇公共服务功能的完善；另一方面，加快推进小城镇公共服务（特别是基础设施和基本公共服务）向农村辐射和延伸。这是推进小城镇统筹、协调发展的应有之义，亦是推进公共服务均等化的必然要求。

1.5.2.4 重点提升西部地区小城镇的宜居性

宜居性和宜产业性是研究西部地区小城镇公共服务的两个重要维度。重点提升西部地区小城镇的宜居性，即在公共服务视域下梯度推进小城镇福利型社会的构建，将民族特殊性应用于发展特色化，在内涵式发展模式下提升小城镇的人文之魂。将“福利性”和“人文性”作为小城镇宜居属性的基本要义，使之成为西部地区小城镇的身份标签。

1.5.2.5 小城镇公共服务供给和需求是矛盾的两个方面

本书把公共服务的供给和需求比作“一个硬币的两面”，喻指公共服务供给和需求是既对立又统一的。因此，西部地区小城镇公共服务能力的提高，必须以满足公共服务需求为前提，必须以有效化解小城镇公共服务供需矛盾为路径选择。现阶段，西部地区小城镇既具有一般性公共服务需求，又具有其自身特殊的公共服务需求；小城镇公共服务供需矛盾既具有一般性影响因素，又具有特殊性影响因素。

1.5.2.6 西部地区小城镇公共服务是一项系统工程

笔者认为，提升西部地区小城镇公共服务要树立正确的发展理念及战略目标，要从功能维度提高小城镇公共服务供给能力，从路径维度创新小城镇公共服务供给机制，从制度维度加强小城镇公共服务政策保障。

1.5.3 创新之处

首先，鉴于目前国内外关于西部地区小城镇公共服务的跟踪性研究相对较少，西部地区小城镇公共服务研究将建立在大量的实证和典型案例研究基础之上；另外，系统研究和动态分析相结合的方法是研究的方法创新所在，即把公共服务作为系统来进行动态分析。其次，对当代国外公共服务与社会建设理论新观点的引入，从公共产品和公共服务理论、社会治理理论、社会冲突理论、社会风险理论、社会公正理论、社会福利理论等方面对西部地区小城镇公共服务问题进行研究，也为研究注入了新的亮点。再次，综合运用经济学、社会学和民族学多学科系统分析目前西部地区小城镇公共服务供需矛盾亦是研究的一大创新之处。最后，与已有研究成果相比较，把现阶段西部地区小城镇发展阶段概括为快速发展、转型发展、提质升级和特色发展的全面发展阶段的论断，以及另辟蹊径从功能维度、路径维度和制度维度形成西部地区小城镇公共服务发展的对策建议，凸显研究的创新特色。

第2章　西部地区小城镇发展状况研究

由于西部地区小城镇发展是我国小城镇发展的重要组成部分，其发展必然离不开全国大环境的影响，所以关于其状况研究首先必须把握好全国小城镇发展的整体环境和背景，其一要从纵向准确分析和判断西部地区小城镇发展的历史阶段，其二要从横向分省区、分区域比较和总结西部地区小城镇发展的一般性特征和特殊性状况。这些既是研究的前提和基础，又是研究深入展开的逻辑起点。

2.1　全国小城镇发展总体情况

唯物辩证法认为，整体与部分是辩证统一的，二者既相互区别，又相互联系。整体由部分构成，部分是整体中的部分，整体的发展会影响到部分，部分的发展同样对整体具有重要作用。按照此原理，全国小城镇发展是整体，西部地区小城镇发展是部分，必须用全局和统筹的观点、方法认识全国和西部地区小城镇的发展。

2.1.1　发展阶段

中华人民共和国成立以来，伴随着中国经济重心和战略部署的调整，中国小城镇的发展也经历了初步发展、停滞萎缩、恢复与快速发展和质量提升四个不同阶段。

2.1.1.1　初步发展时期（1949—1957年）

这一时期中华人民共和国刚刚成立，恢复国民经济是重心，各项事业百废待兴。这一时期又恰值第一个五年计划实施阶段，国家战略部署是优先发展工业，农村进行土地改革，调整生产关系。中央按照这样的生产力布局，对原有的城镇体系进行调整。一方面，批准设立了136个城市，作为国民经济恢复时期的工业基地；另一方面，通过调整农村生产关系，促进农村经济社会发展。因此，该阶段城镇化水平得到了一定程度的提高，不少小城镇得到了恢复与发展。据统计，1949年我国建制镇只有2000个左右，1954年发展到5402个，年均增长30%；1949年城镇人口5765万，1957年增加到9957万人，城市化率由1949年的10.6%发展到1957年的15.4%。①

这一时期，国家规范了镇的行政建制。国务院于1955年6月9日通过了《关于设置市、建制镇的决定》，明确了设镇的标准；于1956年11月7日又通过了《关于城乡划分标准的规定》，要求各级政府根据有关标准对已有城镇进行审查，调整取消不够标准的乡镇。1955年底，全国的建制镇减少到4487个②，到1956 年底减少到3672个③。

2.1.1.2 停滞萎缩时期（1958—1978年）

这一时期受盲目片面经济政治形势的影响，国民经济和经济社会发展长期处于停滞阶段，小城镇发展同样长期处于停滞萎缩状态中。首先，经济领域实行单一计划经济体制，特别是在农村片面强调“以粮为纲”，经济结构单一，商品经济不发达，进而制约了小城镇的发展，建制镇数量不增反而缩减。“‘大跃进’、大炼钢铁”盲目招工进城，带来了城镇人口膨胀，物资供应紧张等难题。国家又开始压缩城镇人口，减少城镇数量。其次，政治领域在1958年以后，实行了“政社合一”体制，加强了行政管理机构的设置，兴建了一批社队企业，一定程度上推动了小城镇的发展。但在1964年国务院提高了建镇条件，撤销了一大批不符合标准的镇。截至1965年底，全国建制镇数量减少到3146个，比1955年减少了1341个，比1956年减少了526个。1965年城镇人口比重仅为14%左右。1966—1976年，小城镇发展由于受“文化大革命”的影响，再度出现萎缩和倒退。一部分2万人口以下的小城镇被撤销，到1978年建制镇仅有2176个，比1955年减少了2311个，减少一半以上④。

2.1.1.3 恢复与快速发展时期（1979—1999年）

这一时期分为前后两个阶段：前半段为中国小城镇恢复发展阶段，是从1979年到1983年；后半段为小城镇的快速发展阶段，是从1984年到1999年。

前半段，党的十一届三中全会召开，重新确立了以经济建设为中心的发展战略，同时提出实行改革开放。在这样的历史背景下，农村商品经济得到了发展，经济结构、人口结构发生了一定变化，小城镇在经历了长达20年之久的停滞萎缩之后，开始逐步复苏进入恢复发展阶段。1979年9月，党的十一届四中全会通过《中共中央关于加快农业发展若干问题的决定》，要求有计划地发展小城镇建设和加强城市对农村的支援，明

① 吴康，方创琳. 新中国60年来小城镇的发展历程与新态势[J]. 经济地理，2009，29(10)：1605-1611.

② 国家统计局. 新中国六十年统计资料汇编[G]. 北京：中国统计出版社，2010.

③ 同①.

④ 同①.

确提出了发展小城镇的意义和基本思路。1980年12月，国务院批转《全国城市规划工作会议纪要》提出要控制大城市规模、合理发展中等城市、积极发展小城市，依托小城镇发展经济。这一系列重要文件的通过与实施，表明了小城镇重要的发展地位与作用。按照这些文件要求，从1979年至1983年，镇作为城乡之间的桥梁和纽带，逐步得以复苏，在政社分开、建立乡镇政权的过程中，恢复了一批镇的建制，建制镇进入了一个带有补偿性的发展时期①。1983年相比较1978年全国增加了792个建制镇，平均每年增加158个，截至1983 年底，全国共有2968个建制镇，城镇人口22274万，城市化率21.63%②。

后半段是从1984年到1999年，中国小城镇发展步入快车道。这一时期小城镇发展动力十足，既有1979年到1983年前期的积累，为后来的快速发展奠定了基础，又有国家宏观政策的推动，为快速发展保驾护航；还有乡镇企业的异军突起，是快速发展的内在动力。

首先，从建制镇的数量变化看。1984年底，全国共有建制镇7186个，比1983年的2968个增加了4218个，一年间增长了142%。1984年至1999年，16年间增加了12570个镇，平均每年增加786个。全国小城镇1999年比1983年增加了16788个，增长了567%；1999年镇数为19756个，是1983年的6.66倍。

表2-1　1984—1999年全国乡镇区划　　单位：个

年份	乡镇区划总数	镇数	乡数
1984	106439	7186	85290
1985	104900	9140	82450
1986	84018	10718	61417
1987	81025	11103	58739
1988	65345	11481	45195
1989	65419	11873	44624
1990	65188	12084	44397
1991	63391	12455	42654
1992	54830	14539	33827
1993	54863	15805	32445
1994	54605	16702	31463
1995	53360	17532	29502

① 吴康，方创琳. 新中国60年来小城镇的发展历程与新态势[J]. 经济地理，2009，29(10)：1605-1611.

② 国家统计局. 新中国六十年统计资料汇编[G]. 北京：中国统计出版社，2010.

续表

年份	乡镇区划总数	镇数	乡数
1996	51336	18171	27056
1997	50967	18925	25966
1998	50999	19216	25712
1999	50750	19756	24745

注：数据来源于《新中国六十年统计资料汇编》。

其次，从乡镇区划发展轨迹分析看。1984—1999年，全国乡镇区划中建制镇的发展变化与乡的发展变化是相反的两条曲线。建制镇的发展是一条渐渐上升的曲线，镇的数量在不断增加；乡的发展是一条渐渐下降的曲线，而且下降速度之快，也正好印证了此阶段小城镇的快速发展（见图2-1）。

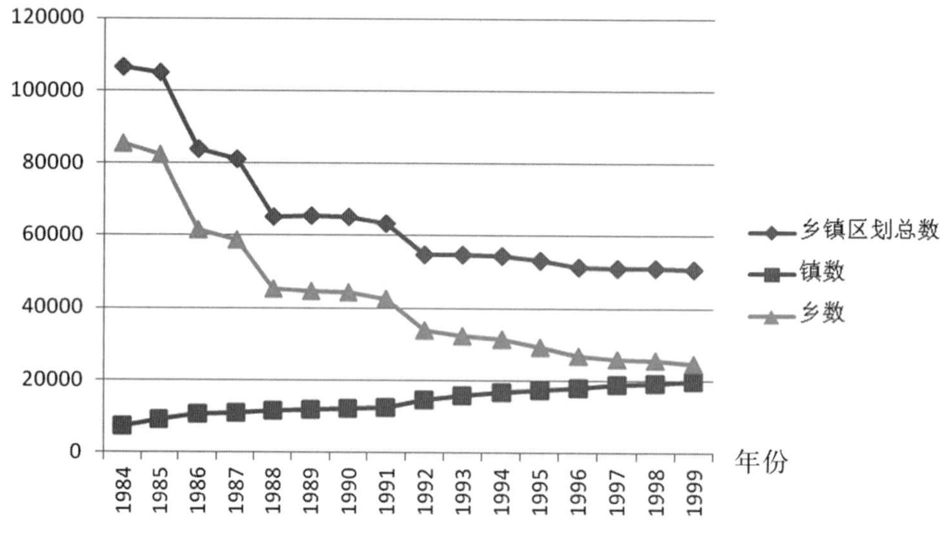

图2-1　1984—1999年全国乡镇区划发展轨迹

注：数据来源于《新中国六十年统计资料汇编》。

再次，从国家宏观政策看。在这一阶段，国家高度重视小城镇的发展。“小城镇、大战略”，就是把小城镇放在国家经济社会发展战略位置的一个形象描述。确定了小城镇的战略地位与作用，国家发布与实施了一系列政策法规，来推动小城镇的发展。1984年，国务院通过《关于农民进入集镇落户问题的通知》并转批民政部《关于调整建镇标准的报告》，放宽建制镇户籍管理限制，降低建镇标准，确立以乡建镇的新模式，有力地推动小城镇的迅速发展。1995年4月，由国家体改委、建设部、公安部、国家计委等11家部门联合下发了《小城镇综合改革试点指导意见》，对小城镇综合改革的目标、原则、内容、组织实施作了具体说明，并确定52个国家级试点小城镇进行小城镇综合改革试点。1998年，《中共中央关于农业和农村工作若干重大问题的决定》中又首次提出“小城镇、大战略”问题，确立了小城镇在我国城市化过程中的重要作用。此后，在《关于国民经济和社会发展第十个五年计划纲要的报告》中再次提出要有重点地发展小城镇，并明确了发展小城镇是推进我国城镇化的重要途径[①]。

最后，从乡镇企业发展来看。随着经济体制改革的不断深化，市场经济体制的逐步建立，中国的乡镇企业如雨后春笋般蓬勃发展起来。1985年，全国有乡镇企业1221.16万个，1989年增加到1865.63万个，1999年则增加到2070.70万个，15年间增加了849.54万个，年均增加56.64万个。乡镇企业实力不断加强，1985年全国乡镇企业总产值2758.39亿元，1990年企业总产值达到8161.61亿元，1999年企业总产值为115323.28亿元，是1985年的41.81倍[②]。乡镇企业数量与实力的不断提高，增强了小城镇发展的内在动力。

2.1.1.4　质量提升时期（2000年至今）

这一时期刚好重叠于西部大开发战略实施和城镇化加速发展阶段。2000年、2001年和2002年全国小城镇数量分别为20312个、20374个、20601个。从2003年开始，小城镇数量开始逐渐减少，2008年全国小城镇减少到19234个。2009年至今，全国小城镇数量又经历了小幅度的增加，2009年19322个，2010年19410个，2011年19683个，2012年19881个，2013年20117个，2014年20401个，2015年20515个，2016年20883个，2017年21116个。

表2-2　2000—2017年全国乡镇区划　　单位：个

年份	乡镇区划总数	镇数	乡数
2000	49668	20312	23199
2001	45303	20374	19341
2002	44850	20601	18639
2003	44067	20226	18064
2004	43258	19883	17451
2005	41636	19522	15951
2006	41040	19369	15306
2007	40813	19249	15120

① 吴康，方创琳. 新中国60年来小城镇的发展历程与新态势[J]. 经济地理，2009，29(10)：1605-1611.

② 根据《中国乡镇企业年鉴 1991》和《中国乡镇企业年鉴 2001》有关数据计算得出。

续表

年份	乡镇区划总数	镇数	乡数
2008	40828	19234	15067
2009	40858	19322	14848
2010	40906	19410	14571
2011	40466	19683	13587
2012	40446	19881	13281
2013	40497	20117	12812
2014	40381	20401	12282
2015	39789	20515	11315
2016	39862	20883	10872
2017	39888	21116	10529

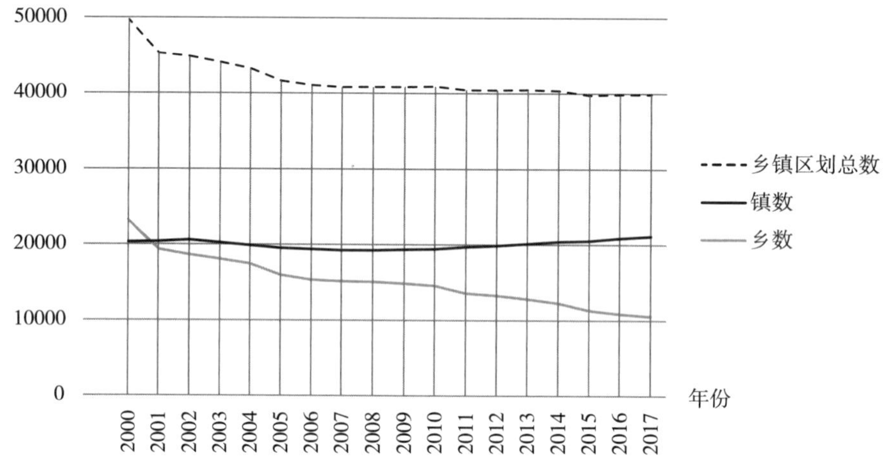

图2-2　2000—2017年全国乡镇区划发展轨迹

从图2-2可直观发现，2000年以来，我国小城镇数量基本保持在20000个左右，最少的2008年有19234个，最多的2017年有21116个，10余年间极差值为1882，相对于以往小城镇数量增减程度来说，小城镇发展步入了稳步发展与质量提升阶段。这是因为该阶段国家政策层面对小城镇发展提出了具体要求。2000年6月13日，中共中央、国务院发出《关于促进小城镇健康发展的若干意见》，对小城镇发展的原则、发展方向提出了具体要求，强调发展小城镇要统一规划合理布局，要积极培育小城镇的经济基础，要充分运用市场机制搞好小城镇建设，要妥善解决小城镇建设用地，要改革小城镇户籍管理制度，要积极探索适合小城镇特点的新型城镇管理体制等。力争经过10年左右的努力，将一部分基础较好的小城镇建设成为规模适度、规划科学、功能健全、环境整洁、具有较强辐射能力的农村区域性经济文化中心，其中少数具备条件的小城镇要发展成为带动能力更强的小城市，使全国城镇化水平有一个明显的提高。

为了更好地说明2000年以来我国小城镇发展已进入质量提升阶段。本书随机选取了2003年、2004年、2007年、2009年和2011年全国建制镇相关统计指标进行比较。

表2-3　全国建制镇经济社会发展指标平均水平

年份	总户数（户）	总人口（人）	通电的村（个）	乡镇企业数（个）	学校数（个）	体育场馆（个）
2003	10008.6	36424.3	20.3	529.1	15.5	0.3
2004	10220.4	37006.3	20.0	508.3	14.8	0.3
2007	11366.6	40358.3	20.4	450.6	13.1	0.4
2009	11948.9	41559.7	20.0	396.9	11.8	0.5
2011	12946.6	43959.4	20.3	407.5	10.8	0.5

注：根据 2004 年、2005 年、2008 年、2010 年和 2012 年《中国建制镇统计资料》相关数据计算得出。

从表2-3可知，2000年以来我国小城镇的人口规模在不断扩大，公共服务水平在不断提高，生产生活环境在不断改善，小城镇正朝着内涵式发展方向前进，小城镇发展由数量扩张向质量提升转变。

2.1.2　发展路径

详察我国小城镇发展历史，综观我国小城镇发展实践，其发展主要有以下几种路径。

2.1.2.1　“自上而下”与“自下而上”发展路径

这两种路径主要是根据小城镇发展动力来进行划分的。通过对中国小城镇发展阶段的分析可知，中华人民共和国成立以来我国小城镇的发展受国家经济重心和发展战略影响较大。此外，由于农村商品经济的不断繁荣，乡镇企业蓬勃发展，吸引资金、技术、劳动力等生产要素向小城镇集聚，从而推动了小城镇的发展。

所谓“自上而下”的发展路径，是指小城镇的发展主要是根据国家发展战略及经济重心的要求，制定加强小城镇发展的政策法规、实施意见等来推动小城镇发展的方式及途径。例如中华人民共和国成立初期国家战略部署是优先发展工业，农村进行土地改革，调整生产关系，并且中央对原有的城镇体系进行调整，推动了我国小城镇初步发展。党的十一届三中全会以来，国家调整了发展战略，转变工作重心，以经济建设为中心，使得农村商品经济得到了发展，经济结构、人口结构发生了一定变化，小城镇在经历了长达20年之久的停滞萎缩发展之后，开始逐步复苏进入恢复发展阶段。1979年9月党的十一届四中全会通过《中共中央关于加快农业发展若干问题的决定》，1980年12月国务院批转《全国城市规划工作会议纪要》，1984年国务院通过《国务院关于农民进入集镇落户问题的通知》，以及《关于国民经济和社会发展第十个五年计划纲要的报告》和2000年6月13日中共中央、国务院发出的《关于促进小城镇健康发展的若干意见》等政策法规、实施意见，有力地推动了我国小城镇的发展。

所谓“自下而上”的发展路径，是指由于农村商品经济的兴起与繁荣，带动了乡镇企业的快速发展，吸引资金、技术、劳动力等生产要素向小城镇集聚，从而推动小城镇的快速发展。改革开放以来，由于我国经济体制改革的不断深化，市场经济体制的逐步建立，使得乡镇企业如雨后春笋般蓬勃发展起来。乡镇企业的发展增强了我国小城镇内在发展动力。在此种发展路径中，“农民是小城镇建设和发展的主体，创业是小城镇建设和发展的源发和推动力量，乡镇企业的发展是小城镇建设发展的经济基础，而地方政府则主要行使政策引导和社会管理职能[①]”，如通常提到的“温州模式”“珠江模式”等。

现阶段，小城镇正处于由数量扩张向质量提升转变阶段。小城镇建设应坚持“自上而下”与“自下而上”发展路径相结合，“自上而下”发展路径主要是提供政策支持，建立良好发展环境；“自下而上”发展路径主要是加快小城镇产业发展，改善基础设施，提升城镇综合功能，增强小城镇内在增长动力。

2.1.2.2 外延式与内涵式发展路径

外延与内涵是逻辑学中关于概念逻辑结构的两个方面。外延是指一个概念所概括的思维对象的数量或范围；内涵是指一个概念所概括的思维对象本质特有属性的总和。所以，小城镇外延式发展路径是指一个地区小城镇发展主要以城镇数量、辖区范围的增减为发展趋向的城镇化道路。在中华人民共和国成立以来的很长一段时间里，我国小城镇发展均属于外延式发展，小城镇的发展只是数量上的变化，城镇质量提升不明显，城镇功能不健全，基础设施落后等现象严重。有研究表明，小城镇经济实力的增长与小城镇空间扩张范围之间存在规模不变的关系[②]。因此，对一个地区来讲，小城镇的外延式发展对推动经济社会发展的贡献不大；对小城镇自身来讲，外延式发展对经济实力的提高作用并不大。

① 张文辉. 创业导向的小城镇发展路径研究[J]. 理论探讨，2010(12).

② 孔祥智，盛来运. 中国小城镇发展报告（2009）：城乡统筹视角下的小城镇发展研究[R]. 北京：中国农业出版社，2010.

小城镇内涵发展路径是指一个地区小城镇发展采取因地制宜、立足自身优势，努力实现小城镇发展与产业、市场紧密结合，注重城镇功能建设，坚持科学、可持续发展的道路。2000年以来，我国小城镇发展逐步由注重数量扩展的外延式发展路径向完善城镇功能、加强基础设施建设、提高公共服务水平的内涵式发展路径转变。特别是中共中央、国务院《关于促进小城镇健康发展的若干意见》制定执行后，对小城镇发展质量提出了更高的要求。

2.1.2.3　小城镇发展的几种具体路径

一是城市辐射型小城镇发展路径。此类小城镇一般是地理条件优越，离大都市较近，发展动力主要来源于优越的区位条件。发展路径是根据自身的区位条件、经济资源及发展现状，充分发挥土地资源及人力成本低廉优势，承接大都市的产业转移，实现产业的不断聚集。北京、上海、广州、成都等经济发达的大都市周边的小城镇发展多是依靠这一路径，例如珠江三角洲、闽南三角洲“半小时经济圈”就是城市辐射型小城镇发展的典型。

二是工业产业集群型小城镇发展路径。此类小城镇发展路径是基于现有的产业基础及发展优势，不断强化主导产业，将产业链向两端延伸，实现产业集群的纵向发展，不断提升小城镇的工业化水平。随着工业化程度的不断提高，产业的不断聚集，会带动人口的聚集及城镇规模的扩大，实现乡镇企业与城镇化协调互助发展[①]。这一路径的典型案例是广东珠三角模式，通过产业聚集带动人口聚集，大力发展县镇企业和民营企业，以集中地中心镇为依托，发展专业镇。

三是农业产业型小城镇发展路径。此类小城镇依托当地的特色农业资源，大力发展以农产品深加工、精加工为主导的产业体系，促进龙头企业发展壮大，扩展产业链受益面，带动农民增收致富。如山东省的小城镇发展，就是加大镇级政府管理体制改革的力度，大力发展现代营销业，创造名优品牌，同时强化镇级政府统揽全镇经济、社会发展的综合能力，重视物流、电子商务等服务行业的发展，以农业产业化和服务业产业化来带动该类小城镇发展。

四是商贸流通型小城镇发展路经。此类小城镇依托当地特色产品生产基地，大力发展交通网络，以实现商品的快速全面集聚。特点是以专业的产品批发市场建设为支点，能对生产和消费起一定的引导作用，并通过批发市场自身的营运活动，为利益相关者提供各种便利的交易服务[②]。如河北省的白沟、安国、高阳、定州等县域商贸业小城镇，就是作为工业产品商贸基地、药材商贸基地、生态蔬菜商贸基地等，通过发展

---

① 马喜珍，吴伟. 保定市县域小城镇发展路径研究[J]. 河北软件职业技术学院学报，2013，15(2)：12–15.

② 同①.

专业市场、运输物流业和农村服务业，走商贸流通发展之路。

五是生态旅游型小城镇发展路径。此类小城镇依托自身良好的生态旅游资源和现有的公路铁路交通网络，通过优化旅游线路，逐步形成多元化的游览体系，大力发展观光农业和旅游业；同时加快餐饮、住宿、交通、休闲、娱乐、健身等相关旅游服务产业配套发展，从而推动小城镇发展。如贵州省近年来着力打造的民族风情小镇，正是基于全省生态旅游观念的不断深化，交通条件的不断改善，提出的生态旅游型小城镇发展路径。

六是服务型小城镇发展路径。针对部分小城镇农村服务功能短缺、公共基础设施建设滞后等问题，其发展路径应以培育农村服务功能、加强公共设施建设为重点，以服务城镇居民及农民的生产生活为目标，加大教育、医疗等公共服务设施建设的投入。通过服务设施建设规模不断增加，吸引人才不断聚集，从而提高公共服务能力，并最终成为农村公共产品供给和配置的组织中心，成为农村综合性服务职能的小城镇。

2.1.3 发展状况

我国小城镇发展状况包括小城镇发展的新变化新特点，以及存在的问题等内容。

2.1.3.1 新变化新特点

一是承接产业转移的能力越来越强。交通基础设施的完善促成了小城镇区位优势的逐步形成。一系列区域性基础设施的建设和完善，加快了一大批原本交通不便的小城镇区位优势的迅速形成，一方面使得在一些交通枢纽点和区域性交通干道沿线崛起了一批新小城镇；另一方面普遍提高了小城镇的交通通达能力，极大地促进了小城镇的发展[①]。近年来小城镇交通基础设施建设得到飞速发展，2007年全国建制镇公路里程为171.68万千米，占全国总里程的47.91%；2011年底全国建制镇公路里程为224.98万千米，占同期全国总里程的54.79%。2011年较2007年公路里程增加了53.30万千米，占全国公路总里程的比重也提高了近7个百分点[②]。数据分析可知，2000年至今，小城镇交通等基础设施的逐步完善，使小城镇区位优势逐渐形成，小城镇投资环境大有改善。

另外，小城镇土地、劳动力相对于经济发达的大城市，成本均比较低，可以吸引大量外商进入小城镇投资建厂。东南沿海和经济发达的大中城市由于自身产业升级的需要，投资和产业梯度转移开始向小城镇延伸。

二是发展的专门化程度越来越高。20世纪90年代以来，金融、物流等生产性服务

① 吴康，方创琳. 新中国60年来小城镇的发展历程与新态势[J]. 经济地理，2009，29(10)：1605-1611.

② 根据《2008年中国建制镇统计资料》《2012年中国建制镇统计年鉴》和中华人民共和国国家统计局网站有关数据计算得出。

业在发达城市迅猛发展，同时为小城镇的加工制造产业提供了信息、技术资金等方面支持。在与发达城市的互动发展过程中，小城镇生产的专门化程度越来越高，涌现出一批特色产业的小城镇，形成了大量“一镇一品”的专业化小城镇。浙江省的“块状经济”、珠三角的“专业镇”就是其中的典型代表。

三是对城镇化进程的贡献率越来越大。小城镇作为吸纳农村剩余劳动力就业的“蓄水池”，创造了大量的就业岗位，同时聚集了较大比例的外部投资。2006年建设部组织的“重点镇百镇调研”表明，小城镇的工业投资中，外部投资占了57%，其中外商及中国港澳台投资占50%，国内大中城市企业的投资占7%，部分小城镇已发展成为跨国或跨区域投资的目的地①。因此，小城镇已经成为我国城镇化进程中最具活力的组织部分和主导力量之一②。有研究估计，2000年小城镇对城市化的贡献率为42%~45%，1985—2000年，城镇化水平每年提高0.83个百分点，城市的发展平均每年贡献了0.37个百分点，而小城镇发展平均每年贡献了0.46个百分点③。2007—2011年全国城镇人口增加了8446万人，年均增加2111.50万人；其间小城镇镇区人口增加了5344.18万人，年均增长1336.05万人。对2007—2011年城镇人口增加的总数与年均增加人口数两个指标进行比较分析，小城镇对我国城镇化的贡献率平均为63.27%，比2000年提高了20%左右，所以说，小城镇在城镇化进程中的贡献率越来越大④。

2.1.3.2　存在问题

一是小城镇同质化发展现象明显。小城镇发展中的“同质化”现象就是指发展模式、运营手段、建筑风格、市场开发、品牌打造等方面互相模仿并逐渐趋同的现象。江南的许多小镇包括周庄、同里等均依托相同的水乡文化打造水乡古镇，以致其中多数古镇建设发展模式雷同，缺乏特色，形成了近距离、低水平的重复建设，并最终导致古镇之间的“同质化”竞争。同时，许多旅游小镇运营手段基本一致，都是凭借一定景点吸引游客，然后在景点周围建度假村、温泉、游乐场等经营项目，城镇是一条街道两排店铺，经营的商品几乎全国一个样，地方特色不明显。

二是小城镇地区发展不平衡。从区域发展比较来说，全国小城镇地区发展极不平衡。一般讲，东部地区小城镇经济社会发展水平要普遍高于中西部地区小城镇。

三是小城镇发展规模偏小。目前，我国大多数小城镇人口规模较小，人口城镇

① 建设部课题组. 新时期小城镇发展研究[M]. 北京：中国建筑工业出版社，2007.

② 吴康，方创琳. 新中国60年来小城镇的发展历程与新态势[J]. 经济地理，2009，29(10)：1605-1611.

③ 袁中金.中国小城镇发展战略[M].南京：东南大学出版社，2007.

④ 根据《2008年中国建制镇统计资料》《2012年中国建制镇统计年鉴》和中华人民共和国国家统计局网站有关数据计算得出。

化明显滞后于土地城镇化，人口城镇化率偏低。根据《中国县域统计年鉴2015（乡镇卷）》统计数据测算，2014年底全国平均每个建制镇约有常住人口3.81万，平均每个建制镇建成区常住人口约有1.19万，以此推算全国建制镇平均城镇化率应该不及30%[①]。

四是小城镇产业结构有待优化。近年来随着农村改革的深入，非农经济得到长足发展，农村产业结构逐步优化。但是，大多数小城镇第三产业发展比较滞后，第三产业占比偏低。根据2014年第三产业从业人员情况判断，2014年全国20338个建制镇共有从业人员43915.7万。其中：第一产业从业人员有18892.7万，第二产业从业人员有13243.1万，第三产业从业人员有11779.9万。从上面数据分析，目前我国小城镇第三产业还不够发达，特别是服务业发展相对滞后。由此导致多数小城镇吸纳农村剩余劳动力的能力有限，同时阻碍城镇人口规模的扩大和城镇化速度的加快。

五是小城镇发展方式亟待转变。许多学者把小城镇比作农村转变到城市的过渡形态，即小城镇是“一只脚跨进了城市，另一脚还留在农村”的建制镇，所以小城镇在发展方式上既有城市经济的一面，也有农村经济的普遍特征。一方面，近年来多数小城镇二、三产业发展迅速，从业人员逐渐增多。2014年与2013年相比较，二、三产业从业人数增加了368.2万人。另一方面，多数小城镇第一产业比重依然很大，从业人员最多；而且城镇公共服务功能水平不高、发展方式粗放、生态环境破坏严重是许多小城镇发展中普遍存在的问题。

笔者之所以不吝笔墨描述全国小城镇发展的状况，旨在将西部地区小城镇发展置于全国新型城镇化战略大局之中，力图达到整体与部分的辩证统一，为研究提供必要的逻辑方法和研究基础，最终达到全面准确客观分析西部地区小城镇发展状况的研究目的。

2.2　西部地区小城镇发展状况分析

全面准确客观把握西部地区小城镇发展状况，不但是西部地区小城镇公共服务研究的逻辑起点，还是西部地区小城镇公共服务研究顺利进行的重要基础。

2.2.1　西部地区小城镇发展阶段

受全国小城镇发展大环境的影响，西部地区小城镇在发展阶段上既与全国有着吻

① 笔者用全国建制镇建成区平均常住人口与建制镇平均常住人口的比值推算2014年建制镇平均城镇化率为31.23%，由于建制镇建成区常住人口包括一部分乡村人口，所以当年城镇化率应该低于这一比值。

合的时期，也有自己的特殊发展时期。笔者认为，自中华人民共和国成立到1978年，西部地区与全国小城镇发展阶段基本吻合；自1978年党的十一届三中全会以来，西部地区小城镇在发展阶段上有别于全国，出现新的变化和特点。

2.2.1.1 初步发展和停滞萎缩阶段（1949—1978年）

从1949年中华人民共和国成立到1966年“文化大革命”发动，这一时期西部地区同样受基本国情、西部地区具体实际以及国家经济社会发展战略影响，小城镇得到恢复发展，但调整变动多且发展相对缓慢。例如，广西壮族自治区这一时期建制镇的调整变动比较多。1954年设置21个区级镇，146个乡级镇，共有167个镇；1955—1956年，设置20个区级镇、126个乡级镇，共有146个镇；1958年公社化运动，撤销区级镇，设置相当于公社一级的镇48个，1959年增设至83个镇，1960年调整为64个镇，直至1962年增设到104个镇；1963年，恢复区级镇21个，公社级镇76个，共有97个镇。1963年，根据中共中央、国务院《关于调整市镇建制、缩小城市郊区的指示》精神，对全自治区镇建制进行了调整。经过调整，至1965年设镇111个（含当年划归广西的钦州专区5个县直辖的6个镇）①。

新疆维吾尔自治区在这一时期建制镇同样调整变化大，但是数量增加较少。1949年后，新疆维吾尔自治区人民政府在民主建制中，在全疆设镇27个。1956年3月29日，自治区根据国务院关于设置市、镇的有关规定，结合新疆的实际情况，对设镇的条件作了下列规定：凡具有一定数量的工商业，人口在2000人以上的县驻地或较大的集镇、边卡、关口等均可设镇；人口不足2000人，但已成为当地政治、经济、交通中心，有必要设镇的可设置；工矿区够条件的亦可设镇。根据以上条件和各地的申报，至1956年底，自治区陆续批准在全疆设置52个镇。1958年人民公社化后，有12个县人民政府驻地先后撤销镇建制。全疆镇的数量下降到40个，其中只有10个称镇人民委员会，另30个改为镇公社，失去了设镇的意义。自治区于1965年6月10日作出了《调整自治区镇建制的工作安排》，对全疆的镇作了大幅度的调整，撤销个别不应设的镇，恢复了一批镇，新建了一批镇。经过调整，自治区共有57个镇②。

同时期西部地区其他省区建制镇发展情况亦基本相同。贵州省解放初期设有160个镇，1958年1月调整撤销8个镇，保留78个城关镇和乡级镇；人民公社时期，政社合一，大部分镇被撤销③。云南省由于地处边陲、交通闭塞、经济发展滞后，其城镇建设尤其

① 广西年鉴编辑部. 广西年鉴（1985）[M]. 南宁：广西人民出版社，1985.

② 新疆维吾尔自治区地方志编纂委员会，新疆维吾尔自治区民政厅. 新疆通志：民政志[M]. 乌鲁木齐：新疆人民出版社，1992.

③ 数据来源于贵州省地方志全文数据库，http://dfz.gznu.cn/tpi/sysasp/include/index.asp。

是小城镇建设长期处于落后状态。中华人民共和国成立之初，全省仅有3个城市，即昆明、个旧、下关，有一定规模的小城镇几乎没有，党的十一届三中全会以后，小城镇发展才明显加快[①]。

从1966年“文化大革命”发动到1978年党的十一届三中全会召开，这10余年间西部地区城镇化停滞不前，城镇规划工作也被停顿下来，建制镇发展处于停滞萎缩状态。例如，这一时期的广西壮族自治区10年间建制镇始终维持1965年设置的111个建制镇，直到“文化大革命”后经自治区批准新设立3个镇，全区共有114个镇[②]。新疆维吾尔自治区在1977年由于设市和县改市行政区划调整工作的进行，1965年设置的57个建制镇减少为47个。

2.2.1.2 恢复调整和加快发展阶段（1978—1999年）

从1978年到1984年，随着“文化大革命”结束，国家经济重心的转移，改革开放的实行，特别是农村经济社会的发展，西部地区小城镇发展进入恢复调整阶段。这一时期，党中央和国务院开始重视小城镇发展，把发展小城镇作为实现中国城市化的重要途径，作为深化农村改革的新要求。为了进一步做好小城镇工作，促进其健康发展，民政部于1984年3月召开小城镇发展座谈会，要求各省、自治区把小城镇建设作为一件大事来抓，使小城镇在建立社会主义市场经济体制过程中发挥更重要的作用。

西部各省区按照中共中央、国务院以及民政部小城镇发展座谈会的有关指示精神，针对建制镇中存在的问题进行了全面调整。例如，广西壮族自治区从1979年至1980年对全区镇建制进行了全面调整，定为相当于公社一级的镇92个，相当于大队一级的镇27个，共有119个镇；1983年至1984年初，全自治区设置公社级镇101个，相当于大队一级的圩镇（农村集市较大的镇集镇）24个，共有125个镇。到1984年底，广西共建立了262个镇[③]。新疆维吾尔自治区党委和人民政府规定凡县人民政府驻地未设镇的都要设镇。农村的重要巴扎、交通要道上的大站，凡有一定工商业基础，聚居人口在2000人左右的均可设镇；人口不足2000人的大工矿区、边境商埠亦可设镇。全疆各地于1984年结合政社分开，建立乡政权工作，申报并经民政厅批准设镇57个。其中县人民政府驻地设镇15个，在工矿区、边境商埠、交通要冲以及常居人口2000人以上的农村集市设镇42个[④]。

---

① 张秋云. 云南小城镇建设与发展研究[D]. 昆明：昆明理工大学，2011.

② 广西年鉴编辑部. 广西年鉴（1985）[M]. 南宁：广西人民出版社，1985.

③ 同②.

④ 新疆维吾尔自治区地方志编纂委员会，新疆维吾尔自治区民政厅. 新疆通志：民政志[M]. 乌鲁木齐：新疆人民出版社，1992.

同期，西部其他省区按照《国务院批转民政部关于调整建镇标准的报告的通知》，结合政社分开，逐步恢复镇的建制，对建制镇进行相应调整。贵州省1978年以后政社分开，镇的建制逐步得到恢复，截至1983年底，全省共有115个镇；1983年以后，为适应新的经济社会发展要求，贵州建立了一大批新镇；到1984年底，全省共有386个镇[①]。内蒙古自治区在“文化大革命”结束以后，各盟市实行市管县体制，旗县逐步撤销人民公社，恢复原来的乡（苏木）镇建制。按照第三次人口普查数据，1982年，内蒙古城镇人口已发展到556.1万，占总人口的 28.8%，全自治区有102个建制镇[②]。云南省在党的十一届三中全会以后，城镇建设走上良性发展轨道，各级政府逐步重视到小城镇在经济社会发展中的重要作用。1979年3月召开全省城市规划工作会议，传达贯彻全国第三次城市工作会议精神，布置全省第一批城镇规划任务，中断近20年的城镇规划工作开始恢复。自1983年开始，先后经国务院批准，将开远、曲靖、玉溪、昭通、楚雄、保山、畹町等县镇升格为城市。在以市带县的经济体制下，形成新的城镇格局[③]。

从1984年到1999年，西部地区小城镇开始加快发展，特别是进入20世纪90年代，各省区建制镇数量明显增加。

首先，1984—1989年，小城镇数量有所增加，但增加幅度不明显。乡镇区划比较，各省区均是乡的建制比重很大，镇的建制比重较小。1985年贵州省建制镇390个，1989年建制镇395个，年均增加1个；1985—1989年各年乡占乡镇总数的比重分别为90.04%、89.99%、89.97%、89.97%、89.88%，1985—1989年各年镇占乡镇总数的比重分别为9.96%、10.01%、10.03%、10.03%、10.12%（见表2-4）。

表2-4　1984—1989年贵州省乡镇区划调整情况　　单位：个

年份	乡	镇
1984	3917	386
1985	3914	390
1986	3915	392
1987	3918	393
1988	3918	393
1989	3509	395

注：数据来源于《贵州年鉴》（1986—1990 年）；1988 年无乡镇区划数据，沿用 1987 年数据。

① 数据来源于贵州省地方志全文数据库，http://dfz.gznu.cn/tpi/sysasp/include/index.asp。

② 商文磊. 内蒙古牧区小城镇建设发展的问题和对策：以正蓝旗小城镇建设为例[D]. 北京：中国农业科学院，2007.

③ 云南省地方志编纂委员会，云南省建设厅. 云南省志：城乡建设志[M] .昆明：云南人民出版社，1996.

1984年广西建制镇262个，1989年建制镇329个，年均增加不到14个；1985—1989年各年镇占乡镇总数的比重分别为21.59%、21.65%、19.94%、21.33%、24.00%（见表2-5）。

表2-5 1984—1989年广西壮族自治区乡镇区划调整情况

单位：个

年份	乡	镇
1984	962	262
1985	966	266
1986	966	267
1987	1088	271
1988	1073	291
1989	1042	329

注：数据来源于《广西年鉴》（1987—1990年）、《广西经济年鉴》（1985—1986年），各年乡的建制数据均包含民族乡在内。

同期，西部其他省区小城镇发展情况如下：1989年，西藏自治区有建制镇30个，乡895个，建制镇占乡镇总数的比重为3.24%。1989年，宁夏回族自治区有建制镇49个，乡246个，建制镇占乡镇总数的比重为16.61%。1989年，新疆维吾尔自治区有建制镇126个，乡677个，建制镇占乡镇总数的比重为15.69%。

其次，1990—1999年，随着西部地区农村改革的推进，特别是1992年社会主义市场经济体制的建立，西部地区小城镇也开始迎来第一次数量扩张时期。西部各省区具体发展情况如下：

广西壮族自治区：1990年末，全区建制镇有358个。截至1999年底，全自治区建制镇增加到733个，增加1倍多，年均增加37.5个。其中，1993年增加最快，比1992年增加153个，比上一年增长41.92%。乡的建制对应从1014个减少到628个，减少386个，年均减少38.6个。1993年、1994年乡的建制减少最快，都比上一年减少144个，分别比上一年减少14.36%和16.76%（见表2-6）。

表2-6 1990—1999年广西壮族自治区乡镇区划调整情况

单位：个

年份	乡	镇
1990	1014	358
1991	1003	365
1992	1003	365
1993	859	518
1994	715	589
1995	738	624

续表

年份	乡	镇
1996	693	668
1997	673	688
1998	660	703
1999	628	733

注：数据来源于《广西年鉴》（1991—2000 年）。

西藏自治区：1990年末，全自治区建制镇有31个。1999年末，全自治区建制镇增加到34个。乡的建制对应从899个减少到872个，减少27个（见表2–7）。

表2–7　1990—1999年西藏自治区乡镇调整情况　　单位：个

年份	乡	镇
1990	899	31
1991	--	--
1992	897	31
1993	897	31
1994	--	--
1995	890	34
1996	890	35
1997	890	35
1998	872	34
1999	872	34

注：数据来源于《西藏统计年鉴》（1991—2000 年）；“--”代表数据无法查证。

贵州省：到20世纪90年代，贵州省镇的建制数量快速增加，1992年全省达到653个，比1991年增加157个，增长31.65%。此后镇的建制逐年小幅增加，截至1999年底，全省共有镇685个，比1990年增加290个。1990年底，全省建制镇和乡占乡镇总数的比重分别为10.12%和89.88%，1999年底，建制镇和乡占乡镇总数的比重调整为46.79%和53.21%，乡镇数基本相当。乡的建制在1991年减少最为迅速，比1990年减少1389个，减少幅度之大，相当于上一年的39.58%（见表2–8）。

表2–8　1990—1999年贵州省乡镇区划调整情况　　单位：个

年份	乡	镇
1990	3509	395
1991	2120	496

续表

年份	乡	镇
1992	810	653
1993	803	661
1994	788	675
1995	786	675
1996	786	675
1997	788	676
1998	783	680
1999	779	685

注：数据来源于《贵州年鉴》（1991—2000 年）。

青海省：20世纪90年代，青海省乡镇调整幅度不大。1994年底，全省乡和镇的建制数量分别为404个和35个，到1999年底，分别调整为391个和49个（见表2-9）。

表2-9　1990—1999年青海省乡镇区划调整情况　　单位：个

年份	乡	镇
1990	--	--
1991	--	--
1992	--	--
1993	--	--
1994	404	35
1995	404	37
1996	404	38
1997	403	39
1998	391	49
1999	391	49

注：数据来源于《青海年鉴》（1991—2000 年）；“--”代表数据无法查证。

宁夏回族自治区：1990年底，宁夏回族自治区乡和镇的建制数分别为246个和49个，到1999年底，全自治区乡和镇的建制数分别调整为231个和69个（见表2-10）。

表2-10　1990—1999年宁夏回族自治区乡镇区划调整情况　　单位：个

年份	乡	镇
1990	246	49

续表

年份	乡	镇
1991	247	50
1992	241	57
1993	242	58
1994	234	66
1995	231	67
1996	230	69
1997	231	69
1998	231	69
1999	231	69

注：数据来源于《青海年鉴》（1991—2000 年）。

新疆维吾尔自治区：1990年底，新疆维吾尔自治区建制镇126个，到1999年底，全自治区有建制镇186个，年均增加6个，年均增长率为4.76%。1990年底，全自治区乡的建制数是677个，到1999年底，乡减少到624个，年均减少5.3个（见表2-11）。

表2-11　1990—1999年新疆维吾尔自治区乡镇区划调整情况　　单位：个

年份	乡	镇
1990	677	126
1991	674	126
1992	675	127
1993	670	132
1994	652	149
1995	685	159
1996	680	165
1997	680	169
1998	630	177
1999	624	186

注：数据来源于《新疆统计年鉴》（1991—2000 年）。

内蒙古自治区：1990年，内蒙古共有16个城市，其中4个地级市，11个县级市，有255个建制镇。1996年底，全自治区有建制镇207个，乡641个。到2000 年第五次人口普查内蒙古1999年（见表2–14）有建制镇429个，比1990年增加174个①。

云南省：1990年，云南全省行政区划包括7个地区、8个自治州、2个省辖市、9个地州辖市、85个县、29个自治县、4个市辖区和1550个乡镇②。根据国家统计局第一次农业普查数据，1996年底全省乡镇总数为1445个，乡1196个，镇249个。镇区总人口946084人，镇均人口3800人；镇区土地面积400平方千米，镇均面积1.61平方千米③。到1999年底，云南全省建制镇增加到423个，乡的建制数减少到1134个④。

综合分析，1999年底，西部内蒙古、广西、云南、西藏、贵州、青海、宁夏、新疆8省区建制镇共有2179个，占同期全国建制镇总数的11.03%。此时期西部地区中宁夏回族自治区、西藏自治区、新疆维吾尔自治区和青海省小城镇发展相对较为缓慢。同时，西部地区乡与镇的行政区划调整亦呈负相关关系——镇的建制数量的增加对应着乡的建制数量的减少，即小城镇加快发展的过程亦是撤乡并镇的过程（见表2–12）。

表2–12　1999年西部8省区乡镇建制情况　　单位：个

省份	乡	镇
内蒙古	--	429
广西	628	733
云南	1134	423
西藏	872	34
贵州	779	685
青海	391	49
宁夏	231	69
新疆	624	186
合计	4659	2179（不含内蒙古）

注：1999 年底，由于西部民族 8 省区缺少内蒙古自治区乡的建制数，因此合计的乡的建制数应该小于实际乡的建制数。

2.2.1.3　规模扩张和转型发展阶段（2000—2010年）

2000年，由于西部大开发战略的实施为小城镇发展注入了新的动力，所以西部地

① 商文磊. 内蒙古牧区小城镇建设发展的问题和对策：以正蓝旗小城镇建设为例[D]. 北京：中国农业科学院，2007.

② 根据《云南年鉴1991》计算整理得出。

③ 数据来源于国家统计局网站，http://www.stats.gov.cn/tjsj/pcsj/nypc/dycnypc/200308/t20030826_39912.html.

④ 云南省统计局. 云南统计年鉴（2000）[M]. 北京：中国统计出版社，2000.

区小城镇正式开启规模扩张和转型发展时期。

一是2000—2004年，西部地区小城镇规模迅速扩张发展阶段。此时期由于党中央和国家再次突出强调小城镇发展战略，以及西部大开发战略的实施，为西部地区小城镇的扩张发展提供了新的动力和契机。此时期西部地区小城镇发展的显著特点是规模迅速扩张，建制镇数量大幅增加。

二是2005—2010年，西部地区小城镇进入转型发展阶段。改革开放以来，西部地区小城镇主要以规模扩张的外延式发展方式为主。根据第一次全国农业普查统计数据和2008年中国建制镇统计资料计算分析：2007年与1996年相比较，内蒙古、广西、云南、西藏、贵州、青海、宁夏、新疆8省区建制镇总数增加1210个，1996年底镇区人口741.96万，2007年底镇区总人口2278.98万，人口增加1537.02万，人口城镇化增长了207%。但是，上述8省区建制镇镇区占地面积却从1996年的4061平方千米增加到2007年的18701.13平方千米，面积扩大了4.61倍，土地城镇化增长了361%（见表2-13）。由此可见，西部地区小城镇此时期土地城镇化快于人口城镇化，规模扩张特征仍较为明显。

表2-13　1996年底、2007年底西部8省区建制镇镇区基本情况比较

地区	2007 年底建制镇镇区基本情况			1996 年底建制镇镇区基本情况		
	个数（个）	镇区年末总人口（万人）	镇区占地面积（平方千米）	个数（个）	镇区年末总人口（万人）	镇区占地面积（平方千米）
内蒙古	458	418.89	3991.60	191	120.22	1180
广西	702	580.48	1887.55	574	234.99	1031
贵州	691	435.03	2042.19	604	168.93	886
云南	580	532.77	3043.72	249	94.61	400
西藏	140	38.10	4774.01	30	16.84	52
青海	137	54.63	621.48	28	12.94	72
宁夏	94	82.61	430.89	41	12.75	75
新疆	229	136.47	1909.69	104	80.68	365
合计	3031	2278.98	18701.13	1821	741.96	4061

注：表中1996年底数据为国家统计局第一次农业普查数据，因为数据是1996年10月9日发布，并且统计为农村建制镇数据，故与前文8省区统计数据稍有出入；2007年数据来源于《中国建制镇统计资料2008》。

2000年6月13日，中共中央、国务院发出《关于促进小城镇健康发展的若干意见》，对小城镇发展的原则、发展方向提出了具体要求。西部地区按照意见要求，针对各地区具体解决本地区小城镇发展存在的布局不合理、规模盲目扩张、基础设施不配套、

城镇功能不健全等问题，积极采取调整应对措施，转变发展方式，逐步实现向注重内涵式发展方式转变。因此，2004年以后西部地区建制镇数量增加减缓或有所减少，小城镇进入转型发展阶段。2000—2010年内蒙古、广西、云南、西藏、贵州、青海、宁夏、新疆8省区建制镇具体调整情况如下。

内蒙古自治区建制镇从1999年的429个增加到2004年的532个，6年增加103个建制镇。从2005年开始，全自治区建制镇开始逐步减少，2006年最少减少到457个，比2004年减少75个。截至2010年底，全自治区共有建制镇463个，仅比1999年多34个（见表2-14）。

表2-14　1999—2010年内蒙古自治区乡镇调整情况　　单位：个

年份	乡	镇
1999	--	429
2000	--	--
2001	--	--
2002	731	503
2003	709	527
2004	704	532
2005	424	493
2006	184	457
2007	183	458
2008	182	458
2009	179	463
2010	179	463

注：数据根据《内蒙古统计年鉴》（2000—2011 年）和《中国统计年鉴》（2003—2011 年）整理；“--”代表无年度数据。

广西壮族自治区建制镇从1999年的733个增加到2002年的750个，4年增加17个建制镇。从2003年开始，建制镇数量开始减少。截至2010年底，全自治区有建制镇702个（见表2-15）。

表2-15　1999—2010年广西壮族自治区乡镇调整情况　　单位：个

年份	乡	镇
1999	628	733
2000	616	745
2001	598	749

续表

年份	乡	镇
2002	576	750
2003	576	748
2004	576	748
2005	427	699
2006	426	700
2007	424	702
2008	424	702
2009	424	702
2010	424	702

注：数据根据《广西统计年鉴》（2000—2011 年）和《中国统计年鉴》（2003—2011 年）整理。

云南省建制镇从1999年的423个增加到2001年597个，两年增加174个建制镇。2005年，全省建制镇减少到567个。随后建制镇数量又经过小幅增加，到2010年底，镇的建制又达到597个（见表2-16）。

表2-16　1999—2010年云南省乡镇区划调整情况　　单位：个

年份	乡	镇
1999	1134	423
2000	--	--
2001	942	597
2002	937	580
2003	762	580
2004	930	577
2005	832	567
2006	729	583
2007	725	580
2008	725	580
2009	689	597
2010	685	597

注：数据根据《云南统计年鉴》（2000—2011 年）和《中国统计年鉴》（2003—2011 年）整理；“--”代表无年度数据。

西藏自治区建制镇从1999年的34个增加到2002年140个，4年增加106个建制镇。此后，全自治区的建制镇数量一直保持在140个（见表2-17）。

表2-17　1999—2010年西藏自治区乡镇区划调整情况　　单位：个

年份	乡	镇
1999	872	34
2000	872	34
2001	604	115
2002	541	140
2003	543	140
2004	543	140
2005	543	140
2006	542	140
2007	542	140
2008	542	140
2009	542	140
2010	542	140

注：数据根据《西藏统计年鉴》（2000—2011 年）和《中国统计年鉴》（2003—2011 年）整理。

贵州省建制镇从1999年的685个增加到2002年的697个，4年增加12个建制镇。2004年以后，贵州省镇的建制小幅减少，到2010年底，全省共有建制镇689个（见表2-18）。

表2-18　1999—2010年贵州省乡镇区划调整情况　　单位：个

年份	乡	镇
1999	779	685
2000	771	682
2001	764	696
2002	760	697
2003	760	693
2004	760	692
2005	760	691
2006	758	691
2007	758	691
2008	758	691
2009	757	689

续表

年份	乡	镇
2010	757	689

注：数据根据《贵州统计年鉴》（2000—2011 年）和《中国统计年鉴》（2003—2011 年）整理。

青海省1999年底有建制镇49个，2001年底增加到114个，3年增加65个建制镇；2004年底增加到116个，6年增加67个建制镇。与其他民族省区不同，2005—2010年，青海省建制镇又有小幅增加。截至2010年底，全省共有建制镇137个，比1999年底增加了88个（见表2-19）。

表2-19　1999—2010年青海省乡镇区划调整情况　单位：个

年份	乡	镇
1999	391	49
2000	358	49
2001	285	114
2002	283	115
2003	253	115
2004	252	116
2005	269	123
2006	202	135
2007	201	137
2008	229	137
2009	229	137
2010	229	137

注：数据根据《青海统计年鉴》（2000—2011 年）和《中国统计年鉴》（2003—2011 年）整理。

宁夏回族自治区1999年底有建制镇69个，2004年底增加到92个，6年增加23个建制镇。2005—2010年，宁县自治区与青海省建制镇调整情况相同，逐年小幅增加。截至2010年底，全自治区共有建制镇99个，比1999年底增加了30个（见表2-20）。

表2-20　1999—2010年宁夏回族自治区乡镇区划调整情况　单位：个

年份	乡	镇
1999	231	69
2000	229	72
2001	230	78

续表

年份	乡	镇
2002	234	78
2003	234	78
2004	96	92
2005	94	93
2006	93	94
2007	93	94
2008	93	98
2009	93	99
2010	93	99

注：数据根据《宁夏统计年鉴》（2000—2011 年）和《中国统计年鉴》（2003—2011 年）整理。

新疆维吾尔自治区1999年底有建制镇186个，2002年底增加到229个，4年增加43个建制镇。2002—2008年，新疆建制镇一直保持在229个。截至2010年底，全自治区共有建制镇237个，比1999年底增加了51个（见表2-21）。

表2-21　1999—2010年新疆维吾尔自治区乡镇区划调整情况　单位：个

年份	乡	镇
1999	624	186
2000	621	194
2001	596	218
2002	588	229
2003	585	229
2004	584	229
2005	582	229
2006	581	229
2007	581	229
2008	582	229
2009	620	234
2010	621	237

注：数据根据《新疆统计年鉴》（2000—2011 年）和《中国统计年鉴》（2003—2011 年）整理。

综上，1999—2010年，内蒙古、广西、云南、西藏、贵州、青海、宁夏、新疆8省区乡镇调整整体情况：1999年底共有建制镇2179个，乡4659个（不包括内蒙古自治区数据）；2002年底共有建制镇3092个，乡4650个；2010年底共有建制镇3064个，乡3530个（见表2-22）。

表2-22　1999—2010年西部8省区乡镇区划调整情况　　单位：个

年份	乡	镇
1999	4659	2179
2000	--	--
2001	--	--
2002	4650	3092
2003	4422	3110
2004	4445	3126
2005	3931	3035
2006	3515	3029
2007	3507	3031
2008	3535	3035
2009	3533	3061
2010	3530	3064

注：数据根据 2002—2010 年 8 省区乡镇区划汇总计算得出。

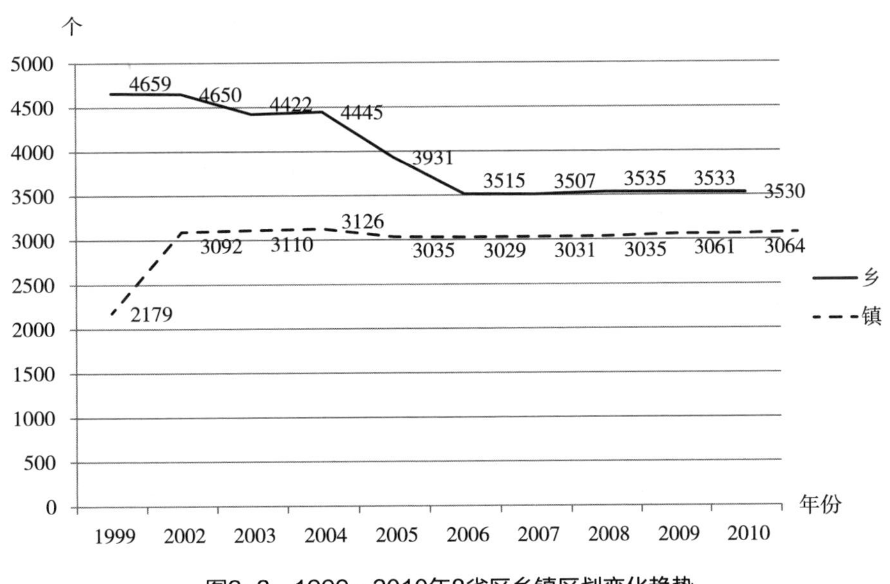

图2-3　1999—2010年8省区乡镇区划变化趋势

根据图2-3分析可知，1999—2010年内蒙古、广西、云南、西藏、贵州、青海、宁夏、新疆8省区乡与镇的行政区划调整仍然呈负相关关系——镇的建制数量的增加对应着乡的建制数量的减少，即小城镇加快发展的过程就是撤乡并镇的过程。与1990—1999年小城镇发展所不同的是乡镇调整幅度有所下降，特别是2005年以后，小城镇规模扩张的发展趋势开始变缓，逐步转型发展。

2.2.1.4 小城镇全面发展阶段（2011年至今）

自2000年中共中央、国务院颁布《关于促进小城镇健康发展的若干意见》和西部大开发战略实施以来，西部地区小城镇经过10年的规模扩展和转型发展，到西部大开发新10年开启，开始逐步向继续转型发展、提质升级和特色发展的全面发展阶段转变。

一是继续转型发展。“十二五”时期既是全面建成小康社会的关键期，又是深化改革开放、加快转变经济发展方式的攻坚期。对西部地区小城镇发展来说，必须按照党中央、国务院《关于促进小城镇健康发展的若干意见》的要求，继续推进小城镇由规模扩张为主的外延式发展向统筹城乡发展、优化结构和提升公共服务能力的内涵式发展转型。

根据图2-4、表2-23计算数据分析，2010年以后，西部地区建制镇数量依然保持增长趋势。2017年底，内蒙古、广西、云南、西藏、贵州、青海、宁夏、新疆8省区共有建制镇3560个，比2010年增加496个，年均增加70.86个，年均增长2.16个百分点。但是，同期8省区乡的总数却在减少，2010—2017年西部8省区乡总数分别为3530个、3513个、3446个、3312个、3108个、2978个、2856个、2832个，2017年比2010年减少698个，年均减少99.71个，年均减少3.08个百分点。此现象说明自“十二五”时期以来西部地区小城镇逐步向撤乡并镇、统筹城乡发展转型。

表2-23　2010—2017年西部8省区乡镇区划调整情况　　单位：个

年份	乡	镇
2010	3530	3064
2011	3513	3070
2012	3446	3234
2013	3312	3303
2014	3108	3382
2015	2978	3448
2016	2856	3535
2017	2832	3560

注：数据根据《中国统计年鉴》（2011—2018 年）整理。

图2-4　2010—2017年西部8省区乡镇区划调整趋势

结合表2-24和图2-5分析，2010年前后相比较，建制镇总数和镇区年末总人口仍然呈增加趋势；但建制镇镇区占地面积在2011年达到峰值后呈下降趋势。此现象充分说明西部地区小城镇规模扩张趋势有所控制，人口城镇化进程加快，正在向以人为核心的内涵式发展转型。

表2-24　2007—2013年底西部8省区建制镇镇区基本情况比较

地区	2007 年底建制镇镇区基本情况			2009 年底建制镇镇区基本情况			2011 年底建制镇镇区基本情况		
	个数（个）	镇区年末总人口（万人）	镇区占地面积（平方千米）	个数（个）	镇区年末总人口（万人）	镇区占地面积（平方千米）	个数（个）	镇区年末总人口（万人）	镇区占地面积（平方千米）
内蒙古	458	418.89	3991.60	463	436.58	3902.88	477	432.47	3767.50
广西	702	580.48	1887.55	702	634.82	1977.59	702	968.57	2408.86
贵州	691	435.03	2042.19	689	490.06	2911.93	694	608.49	3051.67
云南	580	532.77	3043.72	597	545.58	2500.03	577	617.71	3215.00
西藏	140	38.10	4774.01	140	67.46	1908.62	140	72.00	6289.37
青海	137	54.63	621.48	137	65.31	661.54	137	76.10	778.01
宁夏	94	82.61	430.89	99	83.59	449.72	101	99.95	485.79
新疆	229	136.47	1909.69	234	162.60	2080.75	242	172.97	2054.82
合计	3031	2278.98	18701.13	3061	2486	16393.06	3070	3048.26	22051.02

续表

地区	2012年底建制镇镇区基本情况			2013年底建制镇镇区基本情况		
	个数（个）	镇区年末总人口（万人）	镇区占地面积（平方千米）	个数（个）	镇区年末总人口（万人）	镇区占地面积（平方千米）
内蒙古	490	428.75	3709.44	493	564.08	4768.11
广西	715	702.55	2005.17	722	803.98	2149.98
贵州	729	624.59	3345.53	782	742.02	2611.38
云南	659	547.50	2368.36	652	755.78	1878.79
西藏	140	70.79	379.99	140	59.16	308.91
青海	138	82.30	2722.43	137	98.61	487.85
宁夏	101	100.89	528.24	101	110.17	485.86
新疆	262	179.94	2259.45	276	200.67	2041.64
合计	3234	2737.31	17318.61	3303	3334.47	14732.52

注：各年度各省区建制镇数来源于2008年、2010年、2012年、2013年、2014年《中国统计年鉴》；2007年度、2009年度、2011年度各省区年末建制镇镇区占地面积、年末总人口数据来源于2008年、2010年、2012年《中国建制镇统计资料》；2012年度、2013年度各省区年末建制镇镇区占地面积、年末总人口数据来源于2013年、2014年《中国县域统计年鉴·乡镇卷》。

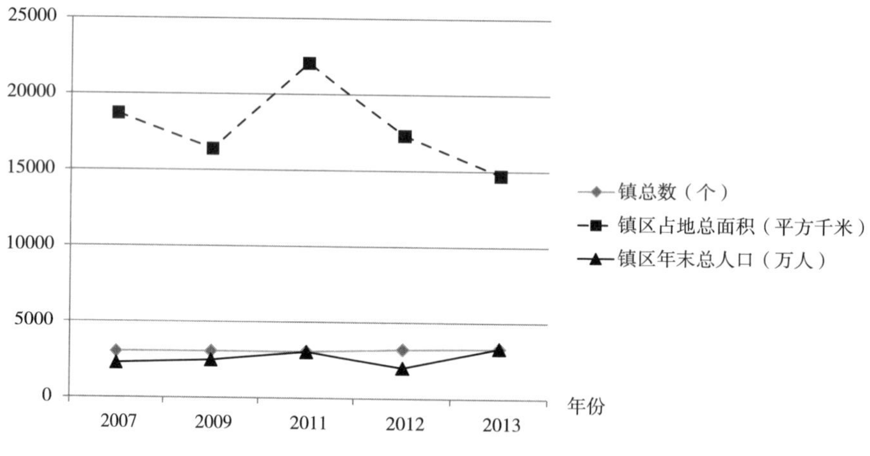

图2-5　2007—2013年西部8省区建制镇镇区总体情况发展趋势

二是提质升级发展。2013年12月中央城镇化2014年工作会议和2014年国务院出台的《国家新型城镇化规划（2014—2020年）》，对西部地区小城镇完善基础设施建设，提高公共服务供给水平，加快土地制度和户籍制度改革，加强产业支撑等方面提出了更高要求。因此，西部地区小城镇必须注重质量发展，通过“产城人”一体化发展，完成产业升级，以此培育其“后发”优势，为“赶超”创造条件。

表2-25　2002年底与2012年底西部8省区建制镇综合情况比较　　单位：个（所）

地区	2002年底建制镇综合情况				2012年底建制镇综合情况			
	幼儿园托儿所	图书馆文化站	体育场馆	敬老院福利院	幼儿园托儿所	图书馆文化站	体育场馆	敬老院福利院
内蒙古	2209	858	224	585	2025	958	96	462
广西	3004	978	314	455	7016	885	194	2582
贵州	1711	575	109	444	2017	1068	97	553
云南	2086	724	191	396	4035	858	182	359
西藏	16	18	3	30	101	296	17	58
青海	129	69	17	39	545	126	15	61
宁夏	92	115	19	68	268	117	28	55
新疆	392	405	142	127	837	393	77	143
合计	9639	3742	1019	2144	16844	4701	706	4273
镇平均值	3.12	1.21	0.33	0.69	5.21	1.45	0.22	1.32

注：2002年数据来源于《中国乡镇统计资料（2003）》；2012年数据来源于2013年《中国县域统计年鉴·乡镇卷》。

根据表2-25数据可知，近年来西部地区小城镇在基础设施建设、公共服务供给和社会保障等方面均得到改善、提升和加强。2002年底与2012年底建制镇综合情况比较，西部8省区除体育场馆指标减少外，幼儿园、托儿所总数增加7205个，镇平均数增加2.09个；图书馆、文化站总数增加959个，镇平均数增加0.24个；敬老院、福利院总数增加2129个，镇平均数增加0.63个。此外，近几年西部地区小城镇在土地使用、产业结构优化等方面同样取得了长足发展和进步。

三是特色发展。特色即是优势，优势亦是特色。近年来，西部地区立足自身优势推进小城镇发展，并充分挖掘本身特色。这样在一定程度上既避免了小城镇发展的“同质化”现象，又加快了小城镇转型升级发展。

所以说，在新型城镇化的战略要求下，“十二五”以来的西部地区小城镇正在逐步进入快速发展、转型发展、提质升级和特色发展的全面发展阶段。

2.2.2　西部地区小城镇发展状况的一般分析

本书通过对2014年西部内蒙古、广西、云南、西藏、贵州、青海、宁夏、新疆8省区小城镇基本发展情况作客观描述，进而总结分析当前西部地区小城镇一般性发展状况。

2.2.2.1 西部8省区小城镇基本发展情况

根据2015年《中国县域统计年鉴·乡镇卷》不完全统计数据整理计算①，内蒙古、广西、云南、西藏、贵州、青海、宁夏、新疆8省区建制镇总体情况如表2-26所示：

表2-26 2014年底西部8省区建制镇总体情况比较

地区	行政区面积（平方千米）	常住人口（万人）	从业人员（万人）	二、三产业从业人员（万人）	工业总产值（亿元）	城镇建成区面积（平方千米）	城镇建成区常住人口（万人）
内蒙古	601947.83	1315.29	729.91	291.72	11021	4718.85	496.18
广西	147461.16	3506.03	1961.27	780.05	9254.30	1909.49	735.85
贵州	108990.51	2000.27	1363.62	676.06	6321.75	2106.14	597.45
云南	204334.27	2646.34	1460.77	464.66	5268.16	1461.71	593.84
西藏	186849.69	81.38	36.99	13.01	7.54	6804.94	36.26
青海	312892.04	287.33	130.48	67.26	740.76	367.32	96.17
宁夏	27577.44	326.09	163.83	82.90	225.46	676.05	120.58
新疆	352515.25	653.78	296.49	122.97	1700.71	3498.14	224.09
合计	1942568.19	10816.51	6143.36	2498.63	34539.68	21542.64	2900.42
平均值	589.19	3.28	1.86	0.76	10.48	6.53	0.88

注：数据根据2015年《中国县域统计年鉴·乡镇卷》有关数据整理计算得出；平均值是指每个建制镇各项指标的平均值。

内蒙古自治区：①城镇土地规模。2014年底，内蒙古自治区495个建制镇行政区总面积 601947.83平方千米，占全自治区行政区总面积（114.51万平方千米②）的52.56%，按建制镇行政区面积计算，每100平方千米仅有建制镇0.08个，镇均国土面积1216.06平方千米；其中，城镇建成区总面积4718.85平方千米，占建制镇行政区总面积的0.78%，镇均建成区面积9.53平方千米。②城镇人口情况。2014年底，内蒙古自治区495个建制镇常住人口总数1315.29万，镇均常住人口2.66万，每平方千米人口密度22人；城镇建成区常住人口496.18万，占城镇常住人口总数的37.72%，镇均建成区常住人口1.00万。③就业及经济发展情况。2014年底，全自治区495个建制镇从业人员总数729.91万，二、三产业从业人员总数291.72万，占从业人员总数的39.97%。据不完全统计，2014年底，全自治区建制镇工业总产值11021亿元。

① 由于部分省区某些建制镇指标数据不完整，故为不完全统计。

② 数据来源为《中国统计年鉴（2013）》，此数据为2008年土地调查面积数据，国家统计局网站：http://www.stats.gov.cn/tjsj/。

广西壮族自治区：①城镇土地规模。2014年底，广西壮族自治区723个建制镇行政区总面积147461.16平方千米，占全自治区行政区总面积（23.76万平方千米[①]）的62.08%，按建制镇行政区面积计算，每100平方千米仅有建制镇0.49个，镇均国土面积203.96平方千米；其中，城镇建成区总面积1909.49平方千米，占建制镇行政区总面积的1.29%，镇均建成区面积2.64平方千米。②城镇人口情况。2014年底，723个建制镇常住人口总数3506.03万，镇均常住人口4.85万，每平方千米人口密度338人；城镇建成区常住人口735.85万，占城镇常住人口总数的20.99%，镇均建成区常住人口1.02万。③就业及经济发展情况。2014年底，全自治区723个建制镇从业人员总数1961.27万，二、三产业从业人员总数780.05万，占从业人员总数的39.77%；二、三产业从业人员总数比2012年底增加10.67万，增长1.39%[②]。据不完全统计，2014年底，全自治区建制镇工业总产值9254.30亿元。

贵州省：①城镇土地规模。2014年底，贵州省726个建制镇行政区总面积108990.51平方千米，占全省行政区总面积（17.62万平方千米[③]）的61.80%，按建制镇行政区面积计算，每100平方千米仅有建制镇0.67个，镇均国土面积150.12平方千米；其中，城镇建成区总面积2106.14平方千米，占建制镇行政区总面积的1.93%，镇均建成区面积2.90平方千米。②城镇人口情况。2014年底，726个建制镇常住人口总数2000.27万，镇均常住人口2.76万，每平方千米人口密度184人；城镇建成区常住人口总数597.45万，占城镇常住人口总数的29.87%，镇均建成区常住人口0.82万。2014年底，全省建制镇从业人员总数1363.62万，二、三产业从业人员总数676.06万，占从业人员总数的49.58%。据不完全统计，2014年底，全省建制镇工业总产值6321.75亿元。

云南省：①城镇土地规模。2014年底，云南省670[④]个建制镇行政区总面积204334.27平方千米，占全省行政区总面积（38.32万平方千米[⑤]）的53.31%，按建制镇行政区面积计算，每100平方千米仅有建制镇0.33个，镇均国土面积304.98平方千米；其中，城镇建成区总面积1461.71平方千米，占建制镇行政区总面积的0.72%，镇均建成区面积2.18平方千米。②城镇人口情况。2014年底，全省全部建制镇常住人口总数2646.34万，镇均常住人口3.95万，每平方千米人口密度130人；城镇建成区常住人口593.84万，占城镇常住人口总数的22.44%，镇均建成区常住人口0.89万。2014年底，全

① 数据来源于《中国统计年鉴（2013）》，此数据为2008年土地调查面积数据，国家统计局网站：http://www.stats.gov.cn/tjsj/。

② 根据《中国县域统计年鉴·乡镇卷》（2013年、2015年）有关数据整理计算得出。

③ 同①.

④ 该数据包含3个城关镇和1个经济开发区及1个工业园区，故与同年国家统计局统计数据不符。

⑤ 同①.

省建制镇从业人员总数1460.77万,二、三产业从业人员总数464.66万，占从业人员总数的31.81%。据不完全统计，2014年底，全省建制镇工业总产值5268.16亿元。

西藏自治区：①城镇土地规模。2014年底，西藏自治区139个建制镇行政区总面积186849.69平方千米，占全自治区行政区总面积（120.21万平方千米①）的15.54%，按建制镇行政区面积计算，每100平方千米仅有建制镇0.07个，镇均国土面积1344.24平方千米；其中，城镇建成区总面积6804.94平方千米，占建制镇行政区总面积的3.64%，镇均建成区面积49.31平方千米。②城镇人口情况。2014年底，全自治区139个建制镇常住人口总数81.38万，镇均常住人口0.59万，每平方千米人口密度4人；城镇建成区常住人口36.26万，占城镇常住人口总数的44.56%，镇均建成区常住人口0.26万。2014年底，全自治区建制镇从业人员总数36.99万,二、三产业从业人员总数13.01万，占从业人员总数的35.17%。据不完全统计，2014年底，全自治区建制镇工业总产值7.54亿元。

青海省：①城镇土地规模。2014年底，青海省138个建制镇行政区总面积312892.04平方千米，占全省行政区总面积（71.45万平方千米②）的43.79%，按建制镇行政区面积计算，每100平方千米仅有建制镇0.04个，镇均国土面积2267.33平方千米；其中，城镇建成区总面积367.32平方千米，占建制镇行政区总面积的0.12%，镇均建成区面积3.6平方千米。②城镇人口情况。2014年底，全省138个建制镇常住人口总数287.33万，镇均常住人口2.08万，每平方千米人口密度9人；城镇建成区常住人口96.17万，占城镇常住人口总数的33.47%，镇均建成区常住人口0.70万。2014年底，全省建制镇从业人员总数130.48万,二、三产业从业人员总数67.26万，占从业人员总数的51.55%。据不完全统计，2014年底，全省建制镇工业总产值740.76亿元。

宁夏回族自治区：①城镇土地规模。2014年底，宁夏回族自治区建制镇行政区总面积27577.44平方千米，占全省行政区总面积（5.20万平方千米③）的53.08%，按建制镇行政区面积计算，每100平方千米仅有建制镇0.37个，镇均国土面积270.37平方千米；其中，城镇建成区总面积676.05平方千米，占建制镇行政区总面积的2.45%，镇均建成区面积6.63平方千米。②城镇人口情况。2014年底，全自治区建制镇常住人口总数326.09万，镇均常住人口3.20万，每平方千米人口密度118人；城镇建成区常住人口120.58万，占城镇常住人口总数的36.98%，镇均建成区常住人口1.18万。2014年底，全

---

① 数据来源于《中国统计年鉴（2013）》，此数据为2008年土地调查面积数据，国家统计局网站：http://www.stats.gov.cn/tjsj/。

② 同①.

③ 同①.

自治区建制镇从业人员总数163.83万，二、三产业从业人员总数82.90万，占从业人员总数的50.60%。据不完全统计，2014年底，全自治区建制镇工业总产值225.46亿元。

新疆维吾尔自治区：①城镇土地规模。2014年底，新疆维吾尔自治区304个建制镇行政区总面积352515.25平方千米，占全自治区行政区总面积（166.49万平方千米[①]）的21.17%，按建制镇行政区面积计算，每100平方千米仅有建制镇0.09个，镇均国土面积1159.59平方千米；其中，城镇建成区总面积3498.14平方千米，占建制镇行政区总面积的0.99%，镇均建成区面积11.51平方千米。②城镇人口情况。2014年底，全自治区304个建制镇常住人口总数653.78万，镇均常住人口2.15万，每平方千米人口密度19人；城镇建成区常住人口224.09万，占城镇常住人口总数的34.28%，镇均建成区常住人口0.74万。2014年底，全自治区建制镇从业人员总数296.49万，二、三产业从业人员总数122.97万，占从业人员总数的41.48%。据不完全统计，2014年底，全自治区建制镇工业总产值1700.71亿元。

2.2.2.2　西部8省区小城镇发展状况的一般性分析

根据上文对西部8省区小城镇发展基本情况的客观描述，结合表2-26综合分析可知，2014年底，西部8省区3297[②]个建制镇行政区面积共计1942568.19平方千米，常住人口总计10816.51万，从业人员共计6143.36万，二、三产业从业人员合计2498.63万，工业总产值共计34539.68亿元，建成区常住人口共有2900.42万，建成区面积共计21542.64平方千米。按平均值计算，平均每个建制镇行政区面积589.19平方千米，平均每个建制城镇建成区面积6.53平方千米；平均每个建制镇年末常住人口3.28万，平均每个建制镇年末城镇建成区常住人口0.88万；平均每个建制镇年末从业人员1.86万，平均每个建制镇年末二、三产业从业人员0.76万；平均每个建制镇年末工业总产值10.48亿元。因此，目前西部民族地区的一般性发展现状可以概括为以下几个方面。

一是行政区面积较大，但建成区面积相对较小。目前，西部8省区建制镇土地规模的总体情况和各省区建制镇的具体情况相一致，行政区国土面积较大，但建成区面积比重较小。2014年底，西部8省区3297个建制镇行政区总面积1942568.19平方千米，占全国国土总面积（960万平方千米）的20.24%，占西部地区总面积（675.46万平方千

① 数据来源于《中国统计年鉴（2013）》，此数据为2008年土地调查面积数据，国家统计局网站：http://www.stats.gov.cn/tjsj/。

② 此数据是根据2015年《中国县域统计年鉴・乡镇卷》有关数据整理计算得出，与国家统计局公布数据略有不符。

米[①]）的28.76%，占西部8省区总面积（557.84万平方千米[②]）的34.82%；但上述8省区建制镇建成区总面积仅占行政区国土总面积的1.11%。

二是人口规模较小，特别是建成区人口密度低。无论从建制镇常住人口总数，还是从建成区常住人口总数来讲，西部8省区建制镇人口规模均偏小。2014年底，西部8省区3297个建制镇常住人口总数10816.51万，占同期全国人口总数（136782万）的7.91%；平均每个建制镇每平方千米人口密度56人。8省区全部建制镇建成区常住人口总数2900.42万，仅占同期全国总人口的2.12%，占同期全国城镇人口（74916万）的3.87%。平均每个建制镇建成区每平方千米人口密度1348人，远低于同期全国建制镇平均人口密度。

三是二、三产业从业人员比重低。2014年底，内蒙古、广西、云南、西藏、贵州、青海、宁夏、新疆8省区3297个建制镇二、三产业从业人员共计2498.63万，占全部从业人员的40.67%，仅占同期全国二、三产业从业人员（54463万[③]）的4.59%。

四是工业总产值总量不高，并且地区发展不平衡。按不完全统计，2014年底，西部8省区3297个建制镇工业总产值34539.68亿元，其中：内蒙古自治区11021亿元，广西壮族自治区9254.30亿元，贵州省6321.75亿元，云南省5268.16亿元，西藏自治区7.54亿元，青海省740.76亿元，宁夏回族自治区225.46亿元，新疆维吾尔自治区1700.71亿元；工业总产值最高的内蒙古自治区是最低的西藏自治区的1461.67倍。按平均值计算，西部8省区平均每个建制镇工业总产值分别为内蒙古自治区222646.46万元，广西壮族自治区127998.62万元，贵州省87076.45万元，云南省78629.25万元，西藏自治区542.45万元，青海省53678.26万元，宁夏回族自治区22103.92万元，新疆维吾尔自治区55944.41万元；最高值的内蒙古自治区是最低值的西藏自治区的410.45倍。

概言之，目前西部地区小城镇发展的一般现状表现为规模扩张特征明显，土地城镇化高于人口城镇化；以二、三产业特别是第三产业快速发展为特征的现代产业发展水平不高，产业结构有待优化；经济社会发展水平低，并且地区发展不平衡。

2.2.3 西部地区小城镇发展状况的比较分析

本书拟对西部地区小城镇发展进行区域比较（与西部地区、东部地区和中部地区），进而总结分析当前西部地区小城镇特殊性发展现状。

---

① 数据根据2008年土地调查面积加总计算得出。

② 同①.

③ 根据《中国统计年鉴》（2015年）有关数据计算得出。

2.2.3.1 三大地区[①]小城镇总体发展情况

一是东部地区小城镇总体发展情况。根据2015年《中国县域统计年鉴·乡镇卷》不完全统计数据整理计算[②]，2014年底，东部地区11省份按上述年鉴统计的6345[③]个建制镇行政区总面积共计725218.17平方千米，城镇建成区总面积共计33497.26平方千米；年末常住人口总数共计24686.95万，城镇建成区常住人口总数共计10429.15万；年末从业人员总数共计17185.13万，二、三产业从业人员总数共计11287.27万；年末建制镇工业总产值共计35.62万亿元。按平均值计算，平均每个建制镇行政区面积114.30平方千米，平均每个建制镇建成区面积5.3平方千米；平均每个建制镇年末常住人口4.82万，平均每个建制镇年末城镇建成区常住人口1.64万；平均每个建制镇年末从业人员2.71万，平均每个建制镇年末二、三产业从业人员1.78万；平均每个建制镇年末工业总产值600000万元（见表2-27）。

表2-27 2014年底东部地区11省市建制镇总体情况

地区	建制镇数（个）	行政区总面积（平方千米）	常住人口总数（万人）	从业人员总数（万人）	二、三产业从业人员总数（万人）	工业总产值（万亿元）	城镇建成区总面积（平方千米）	城镇建成区常住人口总数（万人）
北京	105	10885.53	340.93	195.25	153.93	0.19	296.38	95.72
天津	121	7831.96	416.21	198.52	136.74	0.70	337.48	120.80
河北	1045	95663.02	3995.36	1935.50	1119.72	3.27	6714.44	1346.92
辽宁	507	84609.57	1318.20	685.14	315.85	1.54	2396.82	345.55
上海	101	5538.43	1312.48	702.45	657.75	1.25	940.07	620.10
江苏	782	70338.05	5133.68	2877.02	2247.10	8.99	4892.86	1976.08
浙江	634	66391.91	2898.83	1837.53	1425.71	4.57	3258.70	1075.94
福建	626	80612.88	2376.41	1359.74	915.12	2.63	2327.67	849.83

① 根据国家统计局三大地区划分，其中：东部地区包括北京市、天津市、河北省、辽宁省、上海市、江苏省、浙江省、福建省、山东省、广东省、海南省11省（直辖市）；中部地区包括山西省、吉林省、黑龙江省、安徽省、江西省、河南省、湖北省、湖南省8省；西部地区包括内蒙古自治区、广西壮族自治区、云南省、西藏自治区、四川省、重庆市、贵州省、陕西省、甘肃省、宁夏回族自治区、青海省、新疆维吾尔自治区12省（自治区、直辖市）。

② 由于部分省份并不是全部建制镇，并且其中某些建制镇指标数据不完整，故为不完全统计。

③ 此数据是根据《中国县域统计年鉴·乡镇卷》（2015年）有关数据整理计算得出，与国家统计局公布数据略有不符。

续表

地区	建制镇数（个）	行政区总面积（平方千米）	常住人口总数（万人）	从业人员总数（万人）	二、三产业从业人员总数（万人）	工业总产值（万亿元）	城镇建成区总面积（平方千米）	城镇建成区常住人口总数（万人）
山东	1110	118523.85	5567.87	3380.00	1848.92	6.96	4459.90	1596.31
广东	1135	159251.49	658.19	3691.55	2362.03	5.44	7451.18	2209.32
海南	179	25571.48	668.79	322.43	104.40	0.08	421.76	192.58
合计	6345	725218.17	24686.95	17185.13	11287.27	35.62	33497.26	10429.15
平均值	--	114.30	4.82	2.71	1.78	0.006	5.30	1.64

注：数据根据 2015 年《中国县域统计年鉴 · 乡镇卷》有关数据整理计算得出；平均值是指每个建制镇各项指标的平均值。

二是中部地区小城镇总体发展情况。根据2015年《中国县域统计年鉴 · 乡镇卷》不完全统计数据整理计算①，2014年底，中部地区8省份按上述年鉴统计的6218②个建制镇行政区总面积共计1000383.61平方千米，城镇建成区总面积共计23723.82平方千米；年末常住人口总数共计22915.36万，城镇建成区常住人口总数共计7443万；年末从业人员总数共计13843.38万，二、三产业从业人员总数共计7560.04万；年末建制镇工业总产值共计11.55万亿元。按平均值计算，平均每个建制镇行政区面积160.89平方千米，平均每个建制镇建成区面积3.82平方千米；平均每个建制镇年末常住人口3.69万，平均每个建制镇年末城镇建成区常住人口1.20万；平均每个建制镇年末从业人员2.23万，平均每个建制镇年末二、三产业从业人员1.22万；平均每个建制镇年末工业总产值200000万元（见表2–28）。

表2–28　2014年底中部地区8省建制镇总体情况

地区	建制镇数（个）	行政区总面积（平方千米）	常住人口总数（万人）	从业人员总数（万人）	二、三产业从业人员总数（万人）	工业总产值（万亿元）	城镇建成区总面积（平方千米）	城镇建成区常住人口总数（万人）
山西	564	74722.88	167.30	744.78	367.32	0.81	1484.33	541.77
吉林	445	137089.54	1370.62	666.38	282.90	0.72	1510.47	421.48
黑龙江	493	227636.67	1403.10	746.82	320.12	0.39	2475.17	546.89
安徽	930	104457.44	4642.91	2675.95	1521.77	1.36	3532.31	1266.55

① 由于部分省份并不是全部建制镇，并且其中某些建制镇指标数据不完整，故为不完全统计。

② 此数据是根据2015年《中国县域统计年鉴 · 乡镇卷》有关数据整理计算得出，与国家统计局公布数据略有不符。

续表

地区	建制镇数（个）	行政区总面积（平方千米）	常住人口总数（万人）	从业人员总数（万人）	二、三产业从业人员总数（万人）	工业总产值（万亿元）	城镇建成区总面积（平方千米）	城镇建成区常住人口总数（万人）
江西	808	98667.47	2784.34	1426.79	867.82	1.13	2553.70	909.30
河南	1105	97784.07	5106.52	3255.92	1831.14	3.61	4400.98	1459.19
湖北	758	135608.46	3290.69	1931.57	1253.33	2.01	3642.55	1125.94
湖南	1115	124417.08	4149.88	2395.17	1115.64	1.52	4124.31	1171.88
合计	6218	1000383.61	22915.36	13843.38	7560.04	11.55	23723.82	7443
平均值	--	160.89	3.69	2.23	1.22	0.002	3.82	1.20

注：数据根据2015年《中国县域统计年鉴・乡镇卷》有关数据整理计算得出，平均值是指每个建制镇各项指标的平均值；由于吉林省含部分特殊乡镇，所以建制镇数量多于同期国家统计局公布数据；由于河南省含部分城关镇，所以建制镇数量多于同期国家统计局公布数据。

三是西部地区小城镇总体发展情况。根据2015年《中国县域统计年鉴・乡镇卷》不完全统计数据整理计算①，2014年底，西部地区12个省（自治区、直辖市）按上述年鉴统计的7470②个建制镇行政区总面积共计2530984.19平方千米，城镇建成区总面积共计29974.88平方千米；年末常住人口总数共计21340.91万，城镇建成区常住人口总数共计6061.66万；年末从业人员总数共计12207.26万，二、三产业从业人员总数共计5772.71万；年末建制镇工业总产值共计8.753万亿元。按平均值计算，平均每个建制镇行政区面积338.82平方千米，平均每个建制镇建成区面积4.01平方千米；平均每个建制镇年末常住人口2.86万，平均每个建制镇年末城镇建成区常住人口0.81万；平均每个建制镇年末从业人员1.63万，平均每个建制镇年末二、三产业从业人员0.77万；平均每个建制镇年末工业总产值100000万元（见表2–29）。

表2–29　2014年底西部地区12省市区建制镇总体情况

地区	建制镇数（个）	行政区总面积（平方千米）	常住人口总数（万人）	从业人员总数（万人）	二、三产业从业人员总数（万人）	工业总产值（万亿元）	城镇建成区总面积（平方千米）	城镇建成区常住人口总数（万人）
内蒙古	495	601947.83	1315.29	729.91	291.72	1.102	4718.85	496.18
广西	723	147461.16	3506.03	1961.27	780.05	0.93	1909.49	735.85

① 由于部分省区并不是全部建制镇，并且其中某些建制镇指标数据不完整，故为不完全统计。

② 此数据是根据《中国县域统计年鉴・乡镇卷》（2015年）有关数据整理计算得出，与国家统计局公布数据略有不符。

续表

地区	建制镇数（个）	行政区总面积（平方千米）	常住人口总数（万人）	从业人员总数（万人）	二、三产业从业人员总数（万人）	工业总产值（万亿元）	城镇建成区总面积（平方千米）	城镇建成区常住人口总数（万人）
贵州	726	108990.51	2000.27	1363.62	676.06	0.632	2106.14	597.45
云南	670	204334.27	2646.34	1460.77	464.66	0.527	1461.71	593.84
西藏	139	186849.69	81.38	36.99	13.01	0.001	6804.94	36.26
青海	138	312892.04	287.33	130.48	67.26	0.007	367.32	96.17
宁夏	102	27577.44	326.09	163.83	82.90	0.225	676.05	120.58
新疆	304	352515.25	653.78	296.49	122.97	0.170	3498.14	224.09
重庆	610	56018.87	1613.18	1112.06	658.80	0.870	1070.62	531.13
四川	1923	165656.81	4972.39	2930.27	1703.15	2.34	3041.51	1624.22
陕西	1142	184622.47	2651.79	1386.47	642.48	1.69	2545.29	621.10
甘肃	498	182117.85	1287.04	635.10	269.65	0.259	1774.82	384.79
合计	7470	2530984.19	21340.91	12207.26	5772.71	8.753	29974.88	6061.66
平均值		338.82	2.86	1.63	0.77	0.001	4.01	0.81

注：数据根据 2015 年《中国县域统计年鉴 · 乡镇卷》有关数据整理计算得出；平均值是指每个建制镇各项指标的平均值。

2.2.3.2 西部地区小城镇发展状况的区域比较分析

一是建制镇数量及分布情况比较。根据国家统计局《中国统计年鉴（2015）》数据计算，2014年底，全国建制镇20401个，其中：东部地区6522个、中部地区6282个、西部地区7597个、西部8省区3382个①。根据国家统计局2013年《中国统计年鉴》数据②计算，全国国土面积950.69万平方千米（不包括香港、澳门、台湾），其中：东部地区108.15万平方千米，中部地区167.08万平方千米，西部地区675.46万平方千米，西部8省区557.84万平方千米。如果按单位国土面积分布建制镇多少计算各地区建制镇分布密度，全国建制镇密度0.21个/百平方千米，东部地区建制镇密度0.60个/百平方千米，中部地区建制镇密度0.38个/百平方千米，西部地区建制镇密度0.11个/百平方千米，西部8省区建制镇密度为0.06个/百平方千米。比较分析可知，目前西部地区小城镇数量相对较少，并且分布较为分散，可谓“地广镇稀”（见表2–30）。

① 中华人民共和国国家统计局.中国统计年鉴（2015）[M]. 北京：中国统计出版社，2015.

② 此数据为2008年土地调查面积数据。

表2-30　2014年底分地区建制镇分布情况比较

指标	全国	东部地区	中部地区	西部地区	西部 8 省区
建制镇数（个）	20401	6522	6282	7597	3382
国土面积（万平方千米）	950.69	108.15	167.08	675.46	557.84
建制镇密度（个 / 百平方千米）	0.21	0.60	0.38	0.11	0.06

二是小城镇土地城镇化情况比较。通过对表2-26、表2-27、表2-28、表2-29中三大地带小城镇发展情况汇总分析，2014年底，按照《中国县域统计年鉴·乡镇卷》（2015年）不完全统计数据整理计算①，全国20033②个建制镇行政区面积4256586平方千米，城镇建成区总面积87195.96平方千米，城镇建成区总面积是行政区总面积的1/49；平均每个建制镇行政区面积212.48平方千米，平均每个建制镇建成区面积4.35平方千米（见表2-31）。据此推算，全国小城镇平均土地城镇化率为2.05%。

表2-31　2014年底西部地区小城镇发展总体情况平均值的区域比较

		建制镇数（个）	行政区面积（平方千米）	年末常住人口（万人）	从业人员（万人）	二、三产业从业人员（万人）	工业总产值（亿元）	建成区面积（平方千米）	城镇建成区常住人口（万人）
全国	合计	20033	4256586	68943.22	43235.77	24620.02	559230.00	87195.96	23933.81
	平均值	--	212.48	3.44	2.16	1.23	27.92	4.35	1.19
东部	合计	6345	725233.50	24686.95	17185.13	11287.27	356200.00	33497.26	10429.15
	平均值	--	114.30	3.89	2.71	1.78	56.14	5.28	1.64
中部	合计	6218	1000383.61	22915.36	13843.38	7560.04	115500.00	23723.82	7443.00
	平均值	--	160.89	3.69	2.23	1.22	18.58	3.82	1.2
西部	合计	7470	2530984.19	21340.91	12207.26	5772.71	87530.00	29974.88	6061.66
	平均值	--	338.82	2.86	1.63	0.77	11.72	4.01	0.81
西部8省	合计	3297	1942559.43	10816.51	6143.36	2498.63	34539.68	21542.64	2900.42
	平均值	--	589.19	3.28	1.86	0.76	10.48	6.53	0.88

注：数据根据《中国县域统计年鉴·乡镇卷》（2015 年）有关数据整理计算得出；平均值是指每个建制镇各项指标的平均值。

东部地区6345个建制镇行政区面积725233.50平方千米，城镇建成区总面积33497.26平方千米，城镇建成区总面积是行政区总面积的1/22；平均每个建制镇行政区

① 由于部分省区并不是全部建制镇，并且其中某些建制镇指标数据不完整，故为不完全统计。

② 此数据是根据《中国县域统计年鉴·乡镇卷》（2015年）有关数据整理汇总形成，与国家统计局公布数据略有不符。

面积114.30平方千米，平均每个建制镇建成区面积5.28平方千米。据此推算，东部地区小城镇平均土地城镇化率为4.62%。

中部地区6218个建制镇行政区面积1000383.61平方千米，城镇建成区总面积23723.82平方千米，城镇建成区总面积是行政区总面积的1/42；平均每个建制镇行政区面积160.89平方千米，平均每个建制镇建成区面积3.82平方千米。据此推算，中部地区小城镇平均土地城镇化率为2.37%。

西部地区7470个建制镇行政区面积2530984.19平方千米，城镇建成区总面积29974.88平方千米，城镇建成区总面积是行政区总面积的1/84；平均每个建制镇行政区面积338.82平方千米，平均每个建制镇建成区面积4.01平方千米。据此推算，西部地区小城镇平均土地城镇化率为1.18%。

西部内蒙古、广西、云南、西藏、贵州、青海、宁夏、新疆8省区3297个建制镇行政区面积1942559.43平方千米，城镇建成区总面积21542.64平方千米，城镇建成区总面积是行政区总面积的1/90；平均每个建制镇行政区面积589.19平方千米，平均每个建制镇建成区面积6.53平方千米。据此推算，西部8省区小城镇平均土地城镇化率为1.11%（见表2-32）。

表2-32　2014年底分地区建制镇土地城镇化比较

指标	全国	东部地区	中部地区	西部地区	西部 8 省区
平均每个建制镇建成区面积（平方千米）	4.35	5.30	3.82	4.01	6.53
平均每个建制镇行政区面积（万平方千米）	212.48	114.30	160.89	338.82	589.19
建制镇土地城镇化水平（%）	2.05	4.64	2.37	1.18	1.11

综上分析可知，西部地区小城镇尽管在城镇建成区平均面积最大，但是在行政区占比最小，即土地城镇化率地区比较最小。此现象再次印证现阶段西部地区小城镇规模扩张的显著特征。

三是小城镇人口城镇化情况比较。结合表2-31数据分析，2014年底，全国20033个建制镇常住人口68943.22万，建成区常住人口23933.81万；平均每个建制镇常住人口3.44万，平均每个建制镇建成区常住人口1.19万。据此推算，2014年底全国小城镇平均人口城镇化率[①]为34.59%。

东部地区6345个建制镇常住人口24686.95万，建成区常住人口10429.15万；平均每

① 建制镇平均人口城镇化率=每个建制镇建成区年末常住人口/建制镇年末常住人口×100%。

个建制镇常住人口3.89万，平均每个建制镇建成区常住人口1.64万。据此推算，2014年底东部地区小城镇平均人口城镇化率为42.16%。

中部地区6218个建制镇常住人口22915.36万，建成区常住人口7443万；平均每个建制镇常住人口3.69万，平均每个建制镇建成区常住人口1.20万。据此推算，2014年底中部地区小城镇平均人口城镇化率为32.52%。

西部地区7470个建制镇常住人口21340.91万，建成区常住人口6061.66万；平均每个建制镇常住人口2.86万，平均每个建制镇建成区常住人口0.81万。据此推算，2014年底西部地区小城镇平均人口城镇化率为28.32%。

西部内蒙古、广西、云南、西藏、贵州、青海、宁夏、新疆8省区3297个建制镇常住人口10816.51万，建成区常住人口2900.42万；平均每个建制镇常住人口3.28万，平均每个建制镇建成区常住人口0.88万。据此推算，2014年底西部8省区小城镇平均人口城镇化率为26.83%（见表2–33）。

表2–33 2014年底分地区建制镇常住人口城镇化情况比较

指标	全国	东部地区	中部地区	西部地区	西部 8 省区
平均每个建制镇建成区年末常住人口（万人）	1.19	1.64	1.20	0.81	0.88
平均每个建制镇年末常住人口（万人）	3.44	3.89	3.69	2.86	3.28
建制镇人口城镇化水平（%）	34.59	42.16	32.52	28.32	26.83

综合比较分析，现阶段西部8省区小城镇人口城镇化水平最低，比全国和东部地区分别低7.76%和15.33%，比中部地区低5.69%，比西部地区平均水平还低1.49%。如果按照“纳瑟姆曲线”划分，西部地区小城镇人口城镇化仍然处于起步阶段，未来发展空间最大。

四是小城镇就业及工业发展水平比较。结合表2–31的数据分析，2014年底，全国和东部地区、中部地区、西部地区、西部8省区平均每个建制镇从业人员分别为2.16万、2.71万、2.23万、1.63万、1.86万，其中：各地区二、三产业从业人员对应为1.23万、1.78万、1.22万、0.77万、0.76万。据此计算，各地区二、三产业从业人员占总从业人员的比重分别为全国56.94%、东部地区65.68%、中部地区54.71%、西部地区47.24%、西部内蒙古、广西、云南、西藏、贵州、青海、宁夏、新疆8省区40.86%。分地区平均每个建制镇工业总产值分别为全国27.92亿元、东部地区56.14亿元、中部地区18.58亿元、西部地区11.72亿元、西部8省区10.48亿元（见表2–34）。

表2-34 2014年底分地区建制镇就业及工业发展情况比较

指标	全国	东部地区	中部地区	西部地区	西部8省区
平均每个建制镇二、三产业从业人员（万人）	1.23	1.78	1.22	0.77	0.76
平均每个建制镇从业人员（万人）	2.16	2.71	2.23	1.63	1.86
二、三产业从业人员占总从业人员比重（%）	56.94	65.68	54.71	47.24	40.86
平均每个建制镇工业总产值（亿元）	27.92	56.14	18.58	11.72	10.48

综合分析，西部地区小城镇二、三产业从业人员比重较低，仅占从业人员总数的40.86%。工业发展水平较低，不但落后全国平均水平17.44亿元，落后东部地区平均水平45.66亿元，落后中部地区平均水平8.10亿元，而且还落后西部平均水平1.24亿元。通过地区比较分析，二、三产业从业人员占从业人员比重与工业发展水平存在正相关关系。因此，西部地区小城镇优化产业结构，推动产业转型、升级发展，是未来健康发展的必然要求。

2.3 小 结

通过对前文的分析，关于西部地区小城镇发展得出以下基本结论和判断。

2.3.1 西部地区小城镇发展的重要意义

全国小城镇发展与西部地区小城镇发展是整体与部分的关系，二者既相互联系又相互影响。全国小城镇发展总体情况是西部地区小城镇发展的宏观背景和客观环境，对西部地区小城镇发展起着重要的影响作用。西部地区小城镇发展是全国小城镇发展的重要组成部分，其发展变化同样会影响全国小城镇的发展变化。

同时，西部地区小城镇发展对“三农”问题的解决、西部大开发战略的实施、新型城镇化战略的推进、全面建成小康社会的实现、经济新常态的应对等方面同样具有重要意义。

2.3.2 西部地区小城镇发展的阶段定位

以党的十一届三中全会为时间节点，将西部地区小城镇划分为两个大的历史阶段，前一阶段受国家宏观政策和计划经济体制影响，全国小城镇发展一盘棋，西部地区小城镇发展必然与全国总体情况相一致；后一阶段是改革开放和社会主义市场经济体制的逐步建立完善的阶段，这一阶段西部大开发战略的实施和党中央、国务院《关于进一步促进小城镇健康发展的实施意见》的颁布，为西部地区小城镇发展提供了动力和契机。进入"十二五"时期以来，西部地区小城镇发展按照党中央和国家关于新型城镇化发展战略要求，逐步向注重质量发展转型。据此判断，目前西部地区小城镇发展正处于以规模扩张（土地扩张、数量增加）为特征的快速发展阶段，正处于从外延式扩张到注重内涵式发展的转型阶段，正处于统筹城乡发展、以人为核心、产业优化升级的提质升级阶段，正处于立足和挖掘自身优势的特色发展阶段。因此，笔者把现阶段西部地区小城镇发展概括为全面发展阶段。

2.3.3　西部地区小城镇发展的状况概括

基于上述阶段定位，西部地区小城镇发展除具有全国小城镇发展的一般性特点，还具有自身发展的特殊性和典型性特征。

一是基本发展状况。与全国小城镇总体发展现状一样，西部地区小城镇发展依然具有规模小、产业单一、地区发展不平衡等特征。

二是特殊发展状况。通过区域比较分析，目前西部地区小城镇还表现为分布较为分散，二、三产业从业人员比重较低，土地城镇化快于人口城镇化，公共服务水平较低等特殊性发展现状。

2.3.4　西部地区小城镇发展的逻辑思考

根据西部地区小城镇发展的基本状况，特别是其特殊性发展状况，结合其发展阶段定位，笔者认为，产业发展是小城镇发展的物质基础，城镇建设是小城镇发展的客观要求，人的发展是小城镇发展的核心内容，产城人互动是小城镇发展的根本目标。其中，公共服务能力和水平的提升是实现小城镇产城人互动发展的重要前提。

第3章　公共服务对西部地区小城镇发展的贡献研究

本书拟通过建立数据模型，对公共服务与经济增长、公共服务与城镇化的关系进行定量和定性分析，以此探求公共服务对西部地区小城镇发展的贡献作用。这是研究深入展开的必然逻辑，也是本书研究的价值所在。

3.1　公共服务对西部地区小城镇经济增长贡献分析

恩格斯曾说："一切重要历史事件的终极原因和伟大动力是社会经济的发展。"西部民族地区公共服务供给问题也是伴随着社会经济发展而形成的，这就说明公共服务的供给与经济增长之间存在必然联系。在典型的"大政府"背景下，政府作为公共服务供给的主体，财政支出直接反映着政府提供公共服务的规模。因此，我们将政府财政支出作为公共服务供给的替代变量，分析其与西部地区小城镇经济增长之间的关系，也能够反映出公共服务对西部地区小城镇经济增长的贡献。

3.1.1　样本选择与数据来源

3.1.1.1　样本选择

研究所使用的县级面板数据中，数据全部来源于《中国县域经济统计年鉴》，样本期为2005—2013年。为了保证数据的相对完整性，减少缺失数据对分析结果的影响，样本详细分布见表3-1。

表3-1　样本县分布情况

省份	样本数	样本县
河北	6	青龙县、丰宁县、宽城县、围场县、孟村县、大厂县
内蒙古	80	土默特左旗、托克托县、和林格尔县、清水河县、武川县、土默特右旗、固阳县、达尔罕茂明安联合旗、阿鲁科尔沁旗、巴林左旗、巴林右旗、林西县、克什克腾旗、翁牛特旗、喀喇沁旗、宁城县、敖汉旗、科尔沁左翼中旗、科尔沁左翼后旗、开鲁县、库伦旗、奈曼旗、扎鲁特旗、霍林郭勒市、达拉特旗、准格尔旗、鄂托克前旗、鄂托克旗、杭锦旗、乌审旗、伊金霍洛旗、阿荣旗、莫力达瓦达斡尔族自治旗、鄂伦春自治旗、鄂温克族自治旗、陈巴尔虎旗、新巴尔虎左旗、新巴尔虎右旗、满洲里市、牙克石市、扎兰屯市、额尔古纳市、根河市、五原县、磴口县、乌拉特前旗、乌拉特中旗、乌拉特后旗、杭锦后旗、卓资县、化德县、商都县、兴和县、凉城县、察哈尔右翼前旗、察哈尔右翼中旗、察哈尔右翼后旗、四子王旗、丰镇市、乌兰浩特市、阿尔山市、科尔沁右翼前旗、科尔沁右翼中旗、扎赉特旗、突泉县、二连浩特市、锡林浩特市、阿巴嘎旗、苏尼特左旗、苏尼特右旗、东乌珠穆沁旗、西乌珠穆沁旗、太仆寺旗、镶黄旗、正镶白旗、正蓝旗、多伦县、阿拉善左旗、阿拉善右旗、额济纳旗
吉林	11	伊通县、长白县、前郭县、延吉市、图们市、敦化市、珲春市、龙井市、和龙市、汪清县、安图县
黑龙江	1	杜尔伯特县
浙江	1	景宁畲族自治县
湖北	10	长阳县、五峰县、恩施市、利川市、建始县、巴东县、宣恩县、咸丰县、来凤县、鹤峰县
湖南	17	城步县、麻阳县、新晃县、芷江县、靖州县、通道县、吉首市、泸溪县、凤凰县、花垣县、保靖县、古丈县、永顺县、龙山县、乳源县、连山县、连南县
广西	7	岑溪市、东兴市、桂平市、北流市、宜州市、合山市、凭祥市
海南	7	东方市、白沙县、昌江县、乐东县、陵水县、保亭县、琼中县
重庆	4	石柱县、秀山县、酉阳县、彭水县
四川	50	峨边县、马边县、汶川县、理 县、茂县、松潘县、九寨沟县、金川县、小金县、黑水县、马尔康县、壤塘县、阿坝县、若尔盖县、红原县、康定县、泸定县、丹巴县、九龙县、雅江县、道孚县、炉霍县、甘孜县、新龙县、德格县、白玉县、石渠县、色达县、理塘县、巴塘县、乡城县、稻城县、得荣县、西昌市、木里县、盐源县、德昌县、会理县、会东县、宁南县、普格县、布拖县、金阳县、昭觉县、喜德县、冕宁县、越西县、甘洛县、美姑县、雷波县
贵州	46	道真县、务川县、镇宁县、关岭县、紫云治县、玉屏县、印江县、沿河县、松桃县、兴义市、兴仁县、普安县、晴隆县、贞丰县、望谟县、册亨县、安龙县、威宁县、凯里市、黄平县、施秉县、三穗县、镇远县、岑巩县、天柱县、锦屏县、剑河县、台江县、黎平县、榕江县、从江县、雷山县、麻江县、丹寨县、都匀市、福泉市、荔波县、贵定县、瓮安县、独山县、平塘县、罗甸县、长顺县、龙里县、惠水县、三都县
云南	8	楚雄市、个旧市、开远市、蒙自市、文山市、景洪市、大理市、瑞丽市
甘肃	2	张家川县、天祝县
青海	14	大通县、民和县、互助县、化隆县、循化县、门源县、祁连县、海晏县、刚察县、同仁县、尖扎县、泽库县、河南县、共和县

注：所选样本共有内蒙古、广西、贵州、云南、青海 5 个省（区）属于西部地区，共 155 个县级样本，占样本总数的 58.71%。

3.1.1.2 变量设置

影响一个地区经济增长的因素有很多，包括投资规模、劳动力数量、自然资源富集度和技术水平等各个方面，为此，在对小城镇的经济增长进行实证分析的过程中，首先需要探讨对其构成影响的主要经济变量。

新古典宏观经济学为本书研究提供了较好的分析框架。新古典经济增长理论将影响一国或地区经济增长的贡献设定为技术进步、资本投入和劳动力数量，为此，报告将主要围绕以上三个因素设置变量。由于自然资源，比如土地面积是资本投入中非常重要的一项，所以通常情况下，它将作为单独的变量被引入模型。此外，由于资本投入通常包括直接投资（直接转化为生产资本的投资，主要相对于基础设施类的公共服务而言）和间接投资，后者主要指政府提供基础设施等活动，亦即本书所称的公共服务[①]，因此，我们拟设置资本积累和公共服务两个变量代表社会总投资。至此，本研究已经成功地将政府的公共服务引入实证模型中。

由于研究的主要对象为小城镇，因此，本书拟针对全国范围内的建制镇进行数据筛选。然而，由于国内统计的不完善，一些建制镇的数据有所缺失，导致若干回归结果不可得，这对研究的实证模型提出了挑战。对此，本书选择了县、县级市和地级市郊区内部的城镇地区作为替代变量。在我国的行政区域划分制度下，以上替代是合理的。由于我国的县级政府主要面向农村建设，县政府所在地一般也设置成城关镇，这决定了在县级地区及以下，主要为乡镇（包括建制镇、集镇和乡等）和农村地区，而县级市和郊区作为与县级政府平级的行政区划，除了相比后者城镇化水平略高外，没有太大的差别[②]。所以，研究选择县、县级市和郊区内的城镇地区作为研究对象，不仅契合了本书的研究目标，而且能保证数据的广泛性和说服力。

首先，本书研究选择2005—2013年全国范围内的县、县级市和郊区（不包括直辖市）的国内生产总值，并排除当地农村地区的产值，得到了以县级区划为单位的小城镇的生产总值。其次，关于资本积累，选择固定资产投资完成额（不含农户）这一数据，由于该统计量包括了房地产投资等项目，研究认为这一变量包含了土地资源方面的大部分信息，所以没有必要关于城镇区域土地面积设置多余的变量。再次，由于公共服务的提供主体一般为政府（包括地方政府和中央政府），而且政府的主要职能为提供公共服务，所以将各级政府在该地区的财政支出作为公共服务变量。最后，对数据

---

① 公共服务是指由政府或公共组织或经过公共授权的组织提供的具有共同消费性质的公共物品和服务。公共服务具备公共物品的特性：一是非排他性，一旦这种公共服务存在，人人可以享用，如便利的交通会使所有乘客都能得到方便快捷的服务；二是非竞争性，即一个人的消费和收益，不会影响其他人的消费和收益。

② 个别地区县市级特别发达，我们将其排除在样本之外。

进行筛选，剔除连续两年数据缺失的县（县级市），选取了264个少数民族县，最终获得了7128个数据，所选用的主要指标定义及变量的描述性统计见表3-2。

表3-2　主要变量的定义及描述性统计

变量名称	样本数	均值	标准差	最小值	最大值	指标定义	变量说明
LnGdp	2376	3.3235	1.0888	0.0847	6.9571	县域经济总量	小城镇经济发展
LnExpenditure	2376	11.1879	0.9306	5.2933	13.6946	县域财政支出	公共服务供给
LnInvestment	2376	12.0194	1.3178	7.4714	15.6219	固定资产投资额	控制变量

注：为了消除量纲影响，本书将所有变量取对数处理；本章选择的指标均按现价计算。

3.1.2　模型估计方法的选择

3.1.2.1　VAR回归模型构建

从数据结构上看，研究所采用的是T=9的短面板数据，在模型选取时常常会通过相关检验选择适用的模型，通常情况下，短面板数据模型有混合回归、固定效应模型、随机效应模型三种。通常，比较简单的分析采用混合回归模型就可以达到比较良好的分析效果，但是本书所选用的数据是全国264个少数民族县份的数据，这些数据的选取是否存在一定的盲区？能否满足本书的实证分析所需？混合回归模型的假设不存在个体效应，但选择的样本因为各地区（观测对象）实际情况的差异，而存在不随时间而变的遗漏变量，此时则选用固定效应模型（组内估计量），模型的检验与选择对文中的估计结果至关重要。因此，本书将按照常规方法对数据结构进行分析判断，选择最适用的模型，使其达到最佳解释效果。常用的方法有两种：一是判断模型选择混合回归还是个体效应模型：在实际操作中，为了判断混合模型和固定效应模型，通常运用固定效应模型回归，若所报告的rho值越接近1，F检验十分显著，则说明回归模型中复合扰动项（$\mu_i+\varepsilon_{it}$）的方差主要来自个体效应，则更应该考虑个体效应模型，反之则更应该选择混合回归模型。二是判断选择固定效应模型还是随机效应模型：通过Hausman检验，若检验结果拒绝原假设“H_0：μ_i与x_{it}，z_i不相关”，使用固定效应模型，反之则使用随机效应模型。

面板数据格兰杰因果检验要求数据不存在单位根（面板数据为平稳数据），若面板数据单位根检验显示用于分析的面板数据是非平稳数据，在格兰杰因果检验之前需要对数据进行协整，因此，在做格兰杰检验时应该先做单位根检验。

3.1.2.2　面板格兰杰因果关系检验模型构建

一是面板数据单位根检验。本书所选用的数据为时间维度T较小的面板数据（其中全国民族县、西部民族县样本和非西部民族县样本N分别为264、155和109，T均为9），从数据特征来看属于短面板数据。在此之前，学者们通过研究，探索并总结了多种面板数据单位根检验的方法，但很多方法都适用于长面板（T>N）数据结构，而针对这种短面板（T<N）数据结构的单位根检验则相对较少，对此，Harris and Tzavalis（1999）提出了基于T固定而N无穷大的检验方法（简称HT检验[①]）。其检验的基本函数公式如下：

$$Y_{it}=\rho Y_{i,t-1}+Z'_{it}\gamma_i+\varepsilon_{it} \qquad (1)$$

式中，ρ为共同根，ε_{it}为服从iid正态分布的同方差；在H_0：ρ=1成立情况下，推导出OLS估计量的期望μ与方差σ2的表达式（为T函数）[②]。

二是面板数据格兰杰因果检验。面板数据格兰杰检验的理论和实践运用相对比较成熟。C. Hurlin和B. Venet（2001）运用提出基于固定效应面板数据模型的格兰杰预测检验，并进行了实证运用[③]。Love（2006）针对VAR模型进行了改进，提供了PVAR（Panel VAR）的基本思路[④]，Hartwig（2010）认为面板格之间存在格兰杰因果关系，并通过构建VAR模型实现格兰杰检验，对模型进行估计时采用差分GMM或者系统GMM（若数据结构为长面板数据，则用偏差校正LSDV法）进行估计[⑤]，随着时间的推移，PVAR也被应用于面板数据格兰杰因果检验。本书也借鉴前人的方法，构建公共服务、固定资产投资与经济增长的PVAR模型进行估计，检验其相互的因果关系。通过对文献的梳理，面板数据格兰杰检验的基础为格兰杰预测（Granger causality），该预测认为对于任意两个时间序列y_{1t}和y_{2t}，若拥有y_{2t}过去的信息$\{y_{2,t-1}, y_{2,t-2}, \cdots\}$后，$y_{1t}$过去的信息$\{y_{1,t-1}, y_{1,t-2}, \cdots\}$仍有助于对$y_{2t}$的预测，则称$y_{1t}$能够格兰杰预测$y_{2t}$。它是一种用来检验一个时间序列能不能格兰杰预测另一个时间序列的假设检定方法。

在PVAR模型架构下检定内生变量y_{kt}能不能格兰杰预测另一内生变量y_{it}的具体顺序是采用沃氏检定统计量检定，其基本假设如下：

$$H_0: \pi_{ik,1}=\pi_{ik,2}=\cdots=\pi_{ik,j}=0 \text{对} H_1: \pi_{ik,j}\neq 0\ (j=1, 2, \cdots, p) \qquad (2)$$

式中：π是矩阵中的第（i，k）个元素。若沃氏检验p值很大而接受虚无假设H_0，

① Harris R. D.F. and E. Tzavalis. Inference for Unit Roots in Dynamic Panels where the Dimension Is Fixed[J]. Journal of Econometrics, 1999(91):201–226.

② 由于存在动态面板偏差，OLS估计有偏差，故在原假设成立的情况下的期望值也不小于1。

③ Hurlin C, Venet B. Granger Causality Tests in Panel Data Models with Fixed Coefficients [J]. Document De Recherche Leo, 2001(7):1–34.

④ Inessa Love,Lea Zicchino. Financial development and dynamic investment behavior: Evidence from panel VAR[J]. The Quarterly Review of Economics and Finance. 2006(46):190–210.

⑤ Hartwig, J. Is Health Capital Formation Good for long–term Economic Growth? – Panel Granger–causality Evidence for OECD Countries[J]. Journal of Macroeconomics,2010(32):314–325.

则认为内生变量y_{kt}不能格兰杰预测内生变量y_{it}。

3.1.3　基于全国县级公共服务对经济增长贡献的实证研究

3.1.3.1　VAR回归模型构建

从数据结构上看，本书所采用的是“T=9，N=264”的短面板数据，对短面板数据分析时，常用的分析方法有混合回归模型和个体效应回归模型，混合回归模型的假设是选择的样本不存在个体效应，而个体效应回归模型则相反。考虑到我们所选的观测样本为全国264个少数民族县，这些县份各自的基本情况又存在很多差异，因此在数据统计过程中难免会存在误差导致存在遗漏要素。为了精准地选择最适模型对数据进行分析，呈现数据背后所隐藏的客观规律，我们对模型进行了选择：①判断模型选择混合回归还是个体效应模型，②判断选择固定效应模型还是随机效应模型。因为影响经济发展的因素是纷繁复杂的，但是由于数据收集的原因，无法收集到连续的其他相关指标，但是通过分析后选用了个体效应模型，该模型的选择一定程度上减少了因指标选择不足而造成的误差。

一是混合回归模型与个体效应回归模型判断。在实际操作中，为了判断混合模型和固定效应模型，通常运用固定效应模型回归，若所报告的rho值越接近1，F检验十分显著，则说明回归模型中复合扰动项（$\mu_i+\varepsilon_{it}$）的方差主要来自个体效应，则更应该考虑个体效应模型，反之则更应该选择混合回归模型①。通过Stata14对数据进行估计，检验结果见表3-3。

表3-3　混合模型与个体效应模型选择检验结果

检验指标	指标值
R–squared	0.6911
F(2，2110)	2360.33
corr(u_i，Xb)	0.5681
rho	0.841
F test that all u_i=0：F(263，2110)	28.60
Prob ＞ F	0.0000

注：表3-3报告结果显示，rho值为0.841，F检验的p值为0.000，强烈拒绝原假设，则说明数据存在个体效应，不适宜采用混合回归模型。

① 固定效应模型进行回归时，在其输出结果中含F检验，其原假设为“H_0：all $\mu_i=0$”，即“接受混合回归”，若p值十分显著，则拒绝原假设。

二是判断选择固定效应模型还是随机效应模型。通过Hausman检验，若检验结果拒绝原假设"H_0：μ_i与x_{it}，z_i不相关"，使用固定效应模型，反之则使用随机效应模型。

表3-4 Hausman检验结果

LnIncome	(b)	(B)	(b-B)	sqrt [diag(V_b-V_B)]
	FE	RE	Difference	S.E.
LnExpenditure	0.3213316	0.2580908	0.0632408	0.0056911
LnInvestment	0.1972723	0.302156	-0.1048837	0.0065553
_cons	-2.642591	-3.195701	0.5531098	0.0089383
模型假设及检验结果	b = consistent under Ho and Ha；obtained from xtreg B = inconsistent under Ha，efficient under Ho；obtained from xtreg Test：Ho：difference in coefficients not systematic chi2(3) = (b-B)'[(V_b-V_B)^(-1)](b-B) = 552.31 Prob > chi2 = 0.0000 (V_b-V_B is not positive definite)			

通过Stata 14相关命令计算，得到其检验结果（见表3-4），结果显示p值为0.0000，拒绝原假设"H_0：μ_i与x_{it}，z_i不相关"，表明固定效应模型回归效果优于随机效应模型。结合表2、表3检验结果，我们选择固定效应回归模型进行估计，模型结构如下：

$$Y_{it}=c+\beta X_{jit}+\mu_i+\varepsilon_{it} \quad (3)$$

式中：Y_{it}为被解释变量，表示i县第t年的GDP；X_{jit}为解释变量，表示i县第t年第j项指标值；μ_i是选择固定效应模型下i县不随时间变化的量；ε_{it}是i县第t年的残差项。

三是固定效应模型回归结果。Stata 14对全国民族县样本固定效应模型计算，详细结果见表3-5。

表3-5 固定效应模型回归结果

	模型一			模型二		
	Coef.	Std.Err.	z 值	Coef.	Std.Err.	z 值
_cons	-2.379***	0.089	-26.720	-2.643***	0.087	-30.360
LnExpenditure	0.510***	0.008	64.220	0.321***	0.015	21.080
LnInvestment				0.197***	0.014	14.240
模型整体适配度	R-squared（R-sq：Within）= 0.6614 F(1，2111) = 4123.66*** rho = 0.8616 sigma_u = 0.7466；sigma_e = 0.2993			R-squared（R-sq：Within）= 0.6911 F(2，2110) = 2360.33*** rho = 0.8412 sigma_u = 0.6581；sigma_e = 0.2859		

注：表中 *** 代表 1% 显著水平。

表3-5中的模型一和模型二中，公共服务显著程度均通过1%水平的显著检验，说明模型稳健性良好，从回归系数来看，公共服务对经济增长的影响呈现显著正相关性，也就是说公共服务显著促进小城镇经济增长。

3.1.3.2 面板数据格兰杰因果分析结果

面板数据单位根检验结果。在Stata 14中运行相关命令对面板数据进行单位根检验计算，详细结果见表3-6。

表3-6 单位根检验结果

变量	Statistic	z	p	检验结果
Lngdp	0.607	−4.995	0.000	平稳
DLngdp	−0.138	−39.237	0.000	平稳
LnExpenditure	−0.032	−39.389	0.000	平稳
DLnExpenditure	−0.466	−55.192	0.000	平稳
LnInvestment	0.226	−25.548	0.000	平稳
DLnInvestment	−0.395	−51.767	0.000	平稳

根据表3-6报告的HT检验结果可知，变量Lngdp、LnExpenditure和LnInvestment均在1%水平强烈拒绝单位根假设，说明在含固定效应趋势项时数据不需要协整即可进行格兰杰检验。

面板数据格兰杰因果检验结果。根据全国民族县PVAR模型，进行格兰杰因果关系检验，详细结果见表3-7。

表3-7 基于Panel VAR模型的格兰杰检验结果

Granger causality

Granger causality Waldtests for Panel VAR

Equation	Excluded	chi2	Df	Prob > chi2	检验结果
h_Lngdp	h_LnExpenditure	12.193	2	0.002	存在因果关系
h_Lngdp	h_LnInvestment	3.1339	2	0.209	不存在因果关系
h_Lngdp	ALL	18.955	4	0.001	存在因果关系
h_LnExpenditure	h_Lngdp	7.9952	2	0.018	存在因果关系
h_LnExpenditure	h_LnInvestment	4.6745	2	0.097	存在因果关系
h_LnExpenditure	ALL	8.8023	4	0.066	存在因果关系
h_LnInvestment	h_Lngdp	8.4365	2	0.015	存在因果关系
h_LnInvestment	h_LnExpenditure	7.8742	2	0.02	存在因果关系
h_LnInvestment	ALL	11.574	4	0.021	存在因果关系

从表3-7中可知，公共服务与经济增长存在双向格兰杰因果关系，从显著程度上看，经济增长是公共服务支出的格兰杰因果关系显著高于公共服务是经济增长的格兰杰因果关系。

3.1.4 基于西部8省区的比较分析

同3.1.3研究方法构建西部民族县（N=155，T=9）和非西部民族县（N=109，T=9）分析框架，对西部民族县和非西部民族县样本进行比较分析，研究存在的不足和优势。

3.1.4.1 西部民族县模型构建及实证结果

①模型构建。在Stata 14中，对西部民族县进行分析结果见表3-8、表3-9、表3-10。

表3-8 主要变量的定义及描述性统计

变量名称	样本数	均值	标准差	最小值	最大值	指标定义
Ln gdp	1395	3.560	0.989	1.033	6.957	县域经济总量
LnExpenditure	1395	11.303	0.782	8.756	13.695	县域财政支出
LnInvestment	1395	12.260	1.221	8.572	15.622	固定资产投资额

注：为了消除量纲影响，本章将所有变量取对数处理；本章选择的指标均按现价计算。

表3-9 混合模型与个体效应模型选择检验结果

检验指标	指标值
R-squared（within）	0.8999
F(2，1254)	5636.62
corr(u_i，Xb)	0.4665
rho	0.910
Ftestthatallu_i=0：F(28，140)	60.27
Prob > F	0.0000

表3-9报告结果显示，rho值为0.910，F检验的p值为0.000，强烈拒绝原假设，则说明数据存在个体效应，不适宜采用混合回归模型。

表3-10 Hausman检验结果

LnIncome	(b) FE	(B) RE	(b-B) Difference	sqrt [diag(V_b-V_B)] S.E.
LnExpenditure	0.6489596	0.5960647	0.0528949	0.0042417
LnInvestment	0.0915358	0.1586271	-0.0670913	0.004402
_cons	-4.897619	-5.122272	0.2246532	
模型假设及检验结果	b=consistent under Ho and Ha; obtained from xtreg B=inconsistent under Ha,efficient under Ho;obtained from xtreg Test：Ho：difference in coefficients not systematic chi2(3)=(b-B)’[(V_b-V_B)^(-1)](b-B)= 322.53 Prob > chi2= 0.0000 (V_b-V_B is not positive definite)			

通过Stata 14相关命令计算，得到其检验结果（见表3-10），结果显示p值为0.0000，拒绝原假设“H_0：μ_i与x_{it}，z_i不相关”，表明固定效应模型回归效果优于随机效应模型。

②回归结果

表3-11　固定效应模型回归结果

	模型一			模型二		
	Coef.	Std.Err.	z 值	Coef.	Std.Err.	z 值
_cons	-4.847***	0.081	-59.520	-4.898***	0.080	-61.380
LnExpenditure	0.744***	0.007	103.410	0.649***	0.014	46.490
LnInvestment				0.092***	0.012	7.860
模型整体适配度	R-squared（R-sq：Within）=0.8950 F(1，1255)= 10694.08*** rho= 0.9195 sigma_u=0. 5874；sigma_e=0. 1739			R-squared（R-sq：Within）=0.9702 F(5，28)=2540.40*** rho= 0.9103 sigma_u= 0.5409；sigma_e= 0.1697		

注：表中 *** 代表 1% 显著水平。

③格兰杰因果关系检验

表3-12　单位根检验结果

变量	Statistic	z	p	检验结果
Lngdp	0.613	-3.627	0.000	平稳
DLngdp	-0.095	-28.640	0.000	平稳
LnExpenditure	0.442	-10.728	0.000	平稳
DLnExpenditure	-0.391	-39.763	0.000	平稳
LnInvestment	0.539	-6.708	0.000	平稳
DLnInvestment	-0.173	-31.576	0.000	平稳

根据表3-11、表3-12报告的HT检验结果可知，变量Lngdp、LnExpenditure和LnInvestment均在1%水平强烈拒绝单位根假设，说明在含固定效应趋势项时数据不需要协整即可进行格兰杰检验。

表3-13 基于Panel VAR模型的格兰杰检验结果

Granger causality

Granger causality Waldtests for Panel VAR

Equation	Excluded	chi2	Df	Prob > chi2	格兰杰检验结果
h_Lngdp	h_LnExpenditure	5.722	1	0.017	存在因果关系
h_Lngdp	h_LnInvestment	3.2339	1	0.072	存在因果关系
h_Lngdp	ALL	6.0093	2	0.050	存在因果关系
h_LnExpenditure	h_Lngdp	4.5463	1	0.033	存在因果关系
h_LnRright	h_LnInvestment	3.8454	1	0.050	存在因果关系
	ALL	4.6696	2	0.097	存在因果关系
h_LnInvestment	h_Lngdp	4.1628	1	0.041	存在因果关系
h_LnInvestment	h_LnExpenditure	4.6128	1	0.032	存在因果关系
h_LnInvestment	ALL	7.1243	2	0.028	存在因果关系

从表3-13中可知，公共服务、固定资产投资与经济增长之间存在两两互为格兰杰因果关系，经济增长是公共服务支出的格兰杰因果关系显著程度仍然高于公共服务是经济增长的格兰杰因果关系。

3.1.4.2 非西部民族县模型构建及实证结果

①模型构建

表3-14 主要变量的定义及描述性统计

变量名称	样本数	均值	标准差	最小值	最大值	指标定义
Lngdp	981	2.9764	1.1353	0.0847	6.166	县域经济总量
LnExpenditure	981	11.0183	1.0923	5.2933	13.059	县域财政支出
LnInvestment	981	11.6662	1.3741	7.4714	14.863	固定资产投资额

注：为了消除量纲影响，将所有变量取对数处理；本章选择的指标均按现价计算。

表3-15 混合模型与个体效应模型选择检验结果

检验指标	指标值
R-squared（within）	0.5608
F(2，854)	545.33
corr(u_i，Xb)	0.5439
rho	0.860
Ftestthatallu_i=0：F(28，140)	37.80
Prob > F	0.0000

表3-15报告结果显示，rho值为0.860，F检验的p值为0.000，强烈拒绝原假设，则说明数据存在个体效应，不适宜采用混合回归模型。

表3-16 Hausman检验结果

LnIncome	(b) FE	(B) RE	(b-B) Difference	sqrt［diag(V_b-V_B)］ S.E.
LnExpenditure	0.1472457	0.1093103	0.0379354	0.0070649
LnInvestment	0.2215769	0.3002698	-0.0786929	0.0087978
_cons	-1.230943	-1.731008	0.5000643	
模型假设及检验结果	b=consistent under Ho and Ha; obtained from xtreg B=inconsistent under Ha, efficient under Ho; obtained from xtreg Test：Ho：difference in coefficients not systematic chi2(3)=(b-B)'[(V_b-V_B)^(-1)](b-B)=244.84 Prob > chi2=0.0000 (V_b-V_B is not positive definite)			

通过Stata 14相关命令计算，得到其检验结果（见表3-16），结果显示p值为0.0000，拒绝原假设“H_0：μ_i与x_{it}，z_i不相关”，表明固定效应模型回归效果优于随机效应模型。

②回归结果

表3-17 固定效应模型回归结果

	模型一			模型二		
	Coef.	Std.Err.	z 值	Coef.	Std.Err.	z 值
_cons	-0.840***	0.129	-6.53	-1.231***	0.128	-9.63
LnExpenditure	0.346***	0.012	29.79	0.147***	0.023	6.48
LnInvestment				0.222***	0.022	10.01
模型整体适配度	R-squared（R-sq：Within）=0.5093 F(2，854)=887.32*** rho=0.8692 sigma_u=0.8673；sigma_e=0.3365			R-squared（R-sq：Within）=0.5608 F(2，854)=545.33*** rho=0.8595 sigma_u=0.7879；sigma_e=0.3185		

注：表中 *** 代表 1% 显著水平。

③格兰杰因果关系检验

表3-18 单位根检验结果

变量	Statistic	z	p	检验结果
Lngdp	0.582	-4.055	0.000	平稳
DLngdp	-0.202	-26.956	0.000	平稳
LnExpenditure	-0.054	-25.857	0.000	平稳
DLnExpenditure	-0.469	-35.243	0.000	平稳
LnInvestment	0.089	-20.938	0.000	平稳
DLnInvestment	-0.456	-34.842	0.000	平稳

根据表3-18报告的HT检验结果可知，变量Lngdp、LnExpenditure和LnInvestment均在1%水平强烈拒绝单位根假设，说明在含固定效应趋势项时数据不需要协整即可进行格兰杰检验。

表3-19 基于Panel VAR模型的格兰杰检验结果

Granger causality

Granger causality Waldtests for Panel VAR

Equation	Excluded	chi2	Df	Prob > chi2	格兰杰检验结果
h_Lngdp	h_LnExpenditure	10.535	2	0.005	存在格果关系
h_Lngdp	h_LnInvestment	1.7219	2	0.423	不存在因果关系
h_Lngdp	ALL	14.058	4	0.007	存在因果关系
h_LnExpenditure	h_Lngdp	6.0319	2	0.049	存在因果关系
h_LnExpenditure	h_LnInvestment	2.6622	2	0.264	不存在因果关系
h_LnExpenditure	ALL	6.1298	4	0.190	不存在因果关系
h_LnInvestment	h_Lngdp	4.9044	2	0.086	存在因果关系
h_LnInvestment	h_LnExpenditure	7.1681	2	0.028	存在因果关系
h_LnInvestment	ALL	10.728	4	0.030	存在因果关系

从表3-19中可知，公共服务、固定资产投资与经济增长之间存在两两互为格兰杰因果关系，经济增长是公共服务支出的格兰杰因果关系显著程度仍然高于公共服务是经济增长的格兰杰因果关系。

3.2 公共服务对西部地区城镇化水平的贡献实证分析

公共服务可以从两个方面促进城镇化的进程。一方面，政府提供公共服务，比如进行基础设施建设，需要大量的人力投入，创造大量的就业机会，吸引外来务工人员，直接造成了人口从乡村向城市的转移，此为公共服务对城市化的直接影响；每年投资额使一定数量的农业人口转变为非农业人口。另一方面，公共服务为企业生产提供了更加便利的生产条件和流通渠道，降低了社会平均生产成本，创造了更多的物质财富，提高了城市的生活水平，增强了城镇生活的吸引力，促使企业更多地引入投入资本和人力进行生产，从而增加对劳动力的需求，促使更多农业人口脱离土地进入工业生产领域，这就是公共服务影响城镇化的间接渠道，即促使农民向工人的转变。

由于数据有限，我们主要选取了2006—2013年的全国和各地区的公共服务投入和城镇人口数额，并以2006年为基数，分别求得公共服务和城镇人口的累计增加额，最终计算两者的相关关系。

3.2.1　全国数据

3.2.1.1　总量指标

首先，我们选择全国公共服务投资总量累计额和城镇人口总量累计额，如表3–20所示。

表3–20　全国公共服务投资总量累计额和城镇人口总量累计额

	2006 年	2007 年	2008 年	2009 年	2010 年	2011 年	2012 年	2013 年
全国公共服务投资（亿元）	0.00	11377.49	27562.29	47768.03	73461.47	105102.51	143230.09	184415.73
全国城镇人口（万人）	0.00	539.55	1518.77	1718.00	1831.78	3715.06	4357.32	4864.50

注：数据来源于《中国建制镇统计资料》、万德金融数据库。

表3–20显示，8年间全国公共服务投资总量累计额为184415.73亿元，而城镇人口总量累计额为4864.50万，并且两者具有同向递增的趋势。通过对表3–20中数据进行回归，我们得到结果为$\hat{Y}$=35.84951X，其中$\hat{Y}$表示全国公共服务投资总量累计额，X表示城镇人口总量累计额，并且R^2=0.952，F=119.0221，sig.=0.0000。虽然由于数据量不足，导致回归结果不一定稳健，但上式足以说明公共服务与城镇人口增加具有显著的正向关系，即公共服务有利于提高城镇化水平。图3–1佐证了这一结论。

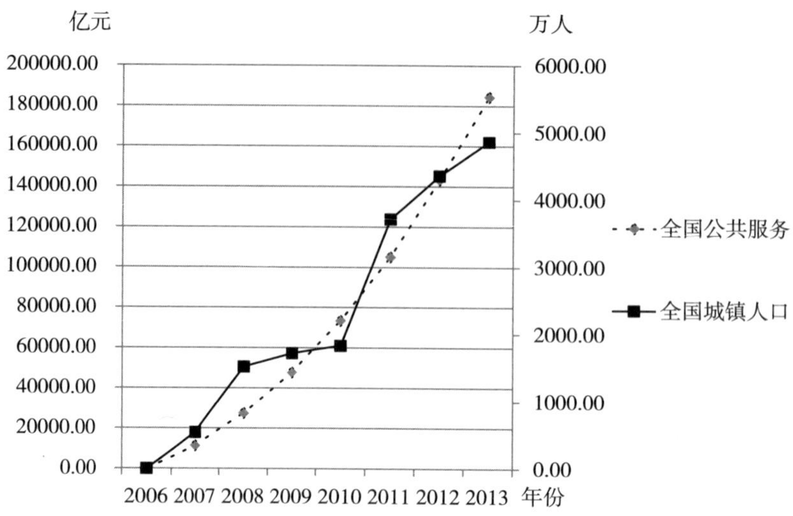

图3-1　全国公共服务投资总量累计额和城镇人口总量累计额变动

观察图3-1，我们很容易发现，公共服务投资与城镇人口几乎以同样的趋势增加，说明两者之间存在较好的同向相关关系，即公共服务能够促进小城镇的人口数量提高，进而提高其城镇化水平。

3.2.1.2　平均指标

对全国数据除以县级区划的数目，就能够得到公共服务累计额和城镇人口累计额的平均水平，见表3-21。

表3-21　全国公共服务投资平均累计额和城镇人口平均累计额

	2006 年	2007 年	2008 年	2009 年	2010 年	2011 年	2012 年	2013 年
全国公共服务投资（亿元）	0.00	5.65	13.69	23.73	36.49	52.21	71.15	91.61
全国城镇人口（万人）	0.00	0.27	0.76	0.86	0.91	1.85	2.17	2.42

注：数据来源于《中国建制镇统计资料》、万德金融数据库。

表3-21显示，8年间全国公共服务投资平均累计额为91.61亿元，而城镇人口总量累计额为2.42万，并且两者具有同向递增的趋势。类似地，通过对表3-21中数据进行回归，我们得到结果为$\hat{Y}$=35.84951X，其中$\hat{Y}$表示全国公共服务投资平均累计额，X表示城镇人口平均累计额，并且R^2=0.952，F=119.0221，sig.=0.0000。以上回归共同说明公共服务投资与城镇人口增加具有显著的正向关系，即公共服务有利于提高城镇化水平。

3.2.2　“东、中、西”三大区域比较分析

类似于全国数据的分析方法，我们对东部地区、中部地区和西部地区进行类似的分析。

3.2.2.1　总量指标

通过对三个经济区的数据进行处理，得到各地区公共服务投资总量累计额和城镇人口总量累计额的数据如表3–22所示。

表3–22　各地区公共服务投资总量累计额和城镇人口总量累计额

	2006 年	2007 年	2008 年	2009 年	2010 年	2011 年	2012 年	2013 年
东部公共服务投资（亿元）	0.00	4668.75	10549.18	17718.19	26895.33	38511.22	52234.82	67603.24
中部公共服务投资（亿元）	0.00	3508.49	8005.05	13782.91	21061.10	29865.61	40675.22	51790.42
西部公共服务投资（亿元）	0.00	3200.26	9008.06	16266.93	25505.04	36725.68	50320.06	65022.07
东部城镇人口（万人）	0.00	201.44	366.53	406.89	446.10	904.75	932.55	1284.56
中部城镇人口（万人）	0.00	172.33	269.48	293.89	343.71	1162.00	1929.60	2153.62
西部城镇人口（万人）	0.00	135.22	343.21	427.85	575.24	955.61	1108.76	1343.00

注：数据来源于《中国建制镇统计资料》、万德金融数据库。

对表3–22中数据进行作图，容易得到各地区公共服务投资总量累计额和城镇人口总量累计额变动图，见图3–2。

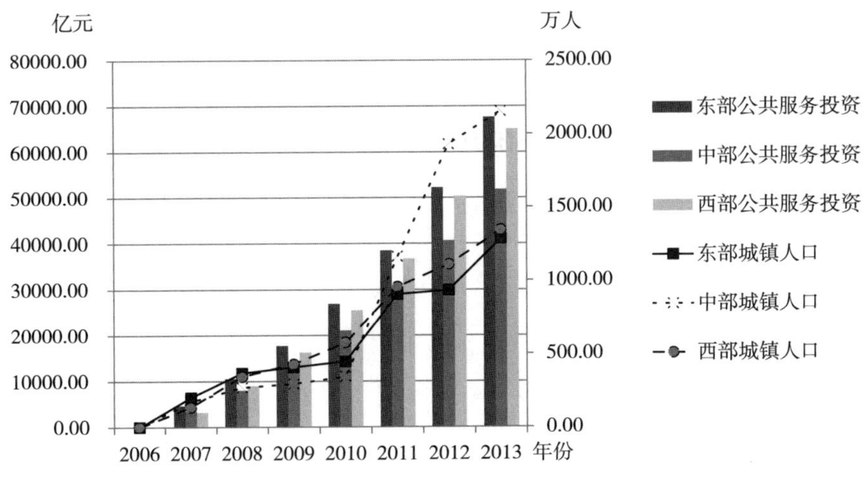

图3–2　各地区公共服务投资总量累计额和城镇人口总量累计额变动

从纵向数据看，表3-22和图3-2都显示，各地区公共服务投资累计额和城镇人口累计增加额的变动方向一致，两者具有显著的正向相关关系，说明公共服务对城镇人口具有积极的贡献，但三个地区的贡献程度是不同的。从2006年到2013年，三大地区公共服务投资的变动额排序为东部地区（67603.24亿元）>西部地区（65022.07亿元）>中部地区（51790.42亿元），城镇人口的累计增加额排序为中部地区（2153.62万人）>西部地区（1343.00万人）>东部地区（1284.56万人），说明中部地区公共服务对城镇化的贡献最大，西部地区的贡献次之，东部地区的贡献最小。

原因可能在于东部地区已经相对发达，城镇化的上升空间相对较小，所以等量公共服务的促进作用更小，而西部地区由于欠发达，当地向外流动趋势明显，本地城镇对人口的吸引力则较小。而中部地区由于发展较快，而且由于比较宜居，对各个地区农村人口的吸引力较大，所以城镇化水平提高更快。

3.2.2.2 平均指标

对表3-22中数据进行平均化，得到各地区公共服务投资累计额和城镇人口累计额的平均水平，见表3-23。

表3-23　各地区公共服务投资累计额和城镇人口累计额的平均水平

	2006年	2007年	2008年	2009年	2010年	2011年	2012年	2013年
东部公共服务投资（亿元）	0.00	7.90	17.85	29.98	45.51	65.16	88.38	114.39
中部公共服务投资（亿元）	0.00	5.86	13.36	23.01	35.16	49.86	67.91	86.46
西部公共服务投资（亿元）	0.00	3.81	10.71	19.34	30.33	43.67	59.83	77.32
东部城镇人口（万人）	0.00	0.34	0.62	0.69	0.75	1.53	1.58	2.17
中部城镇人口（万人）	0.00	0.29	0.45	0.49	0.57	1.94	3.22	3.60
西部城镇人口（万人）	0.00	0.17	0.42	0.52	0.70	1.17	1.36	1.64

注：数据来源于《中国建制镇统计资料》、万德金融数据库。

用表3-23中数据作图，得到各地区公共服务投资总量和城镇人口总量平均累计额的变动图，见图3-3。

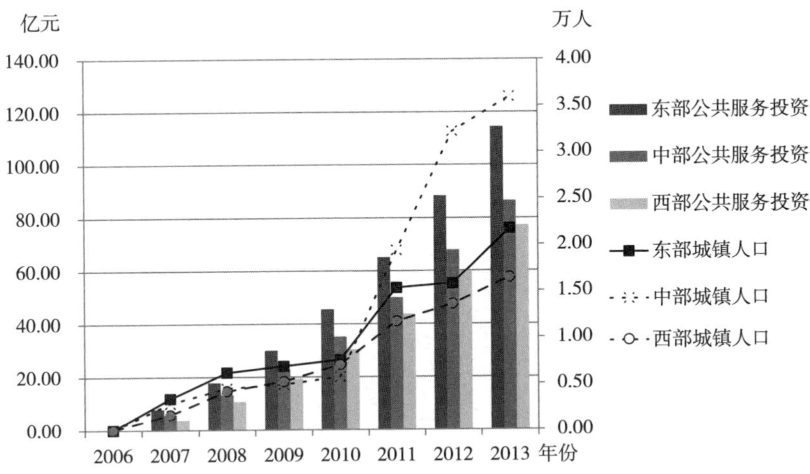

图3-3　各地区公共服务投资总量和城镇人口总量平均累计额变动

从纵向数据看，表3-23和图3-3都显示，各地区公共服务投资平均累计额和城镇人口平均累计增加额的变动方向一致，两者具有显著的正向相关关系，说明公共服务对城镇人口具有积极的贡献，但三个地区的贡献程度是不同的。从2006年到2013年，三大地区公共服务投资的平均变动额排序为东部地区（114.39亿元）>中部地区（86.46亿元）>西部地区（77.32亿元），城镇人口的平均累计增加额排序为中部地区（3.60万人）>东部地区（2.17万人）>西部地区（1.64万人），说明中部地区公共服务对城镇化的贡献最大，东部地区的贡献次之，西部地区的贡献最小。

3.2.2.3　贡献弹性分析

选择2007—2013年的数据，分别求得城镇人口的增长率和公共服务的增长率，并用两者做除法，能够得到公共服务福利城镇人口的贡献弹性，如表3-24所示。

表3-24　各地区平均公共服务投资对城镇化的贡献弹性

时期	2007—2008年	2008—2009年	2009—2010年	2010—2011年	2011—2012年	2012—2013年	2007—2013年
全国	0.108	0.036	0.018	0.357	0.127	0.732	0.094
东部	0.116	0.015	0.011	0.137	0.012	0.096	0.039
中部	0.178	0.001	0.050	0.684	0.516	0.251	0.170
西部	0.106	0.078	0.123	0.390	0.147	1.195	0.112

注：数据来源于《中国建制镇统计资料》、万德金融数据库。

将表3-24中的数据作图，易得各地区平均公共服务投资对城镇化的贡献弹性图，如图3-4所示。

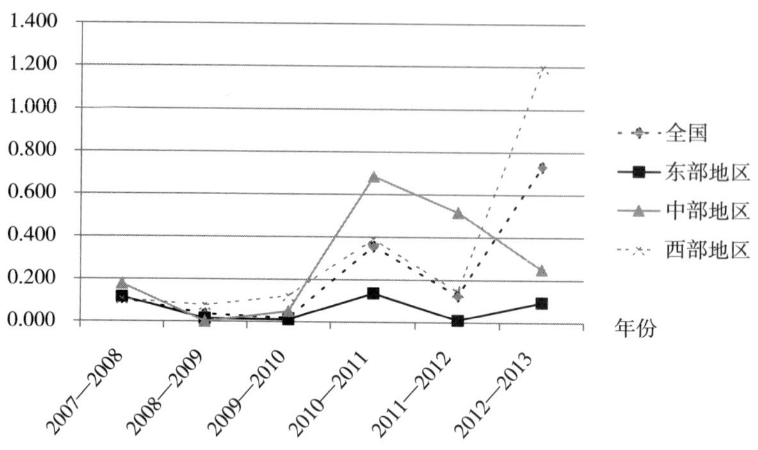

图3-4　各地区平均公共服务投资对城镇化的贡献弹性

图3-4显示，公共服务在三个地区的贡献弹性排序为：西部地区＞中部地区＞东部地区[①]，并且西部地区和中部地区的贡献弹性基本超过了全国水平。于是，我们基本可以断定，越是经济欠发达的地区，公共服务对于城镇化水平的贡献弹性越高。产生这一结果的原因在于，类似于西部地区的落后地区，本身城镇化水平与发达地区存在较大差距，具有后发优势，即其等量的公共服务投入，能够对城镇化水平作出更大的贡献，因此，西部地区和中部地区的贡献弹性要高于东部地区。所以，政府通过增加对西部地区的公共服务投入，能够使得城镇化水平达到最大限度的提高。

3.2.3　西南、西北、华北三大区域比较分析

类似于对各个区域的比较分析，我们对西南地区（贵州、云南、广西）、西北地区（西藏、青海、宁夏、新疆）、华北地区（内蒙古）三大地区的数据进行类似处理，并进行类似的分析。

3.2.3.1　总量指标

对西部三大地区的数据进行处理，我们得到各地区公共服务投资总量累计额和城镇人口总量累计额的数据，如表3-25所示。

① 忽略若干年份不符的现象。

表3-25 西部各地区公共服务投资总量累计额和城镇人口总量累计额

	2006年	2007年	2008年	2009年	2010年	2011年	2012年	2013年
西南公共服务投资（亿元）	0.00	1319.59	3127.17	5453.86	8468.09	12270.47	17018.30	22350.50
西北公共服务投资（亿元）	0.00	584.65	1397.99	2480.67	3950.13	6004.45	8490.39	10577.02
华北公共服务投资（亿元）	0.00	491.78	1178.06	2064.74	3125.29	4450.00	6024.33	7753.96
西南城镇人口（万人）	0.00	48.41	159.18	290.33	385.26	587.86	644.96	785.78
西北城镇人口（万人）	0.00	35.11	88.37	91.64	96.35	103.86	120.66	148.73
华北城镇人口（万人）	0.00	7.59	34.98	46.21	47.20	48.46	59.21	64.75

注：数据来源于《中国建制镇统计资料》、万德金融数据库。

根据表3-25中的数据进行作图，我们得到各地区公共服务投资总量累计额和城镇人口总量累计额变动图，如图3-5所示。

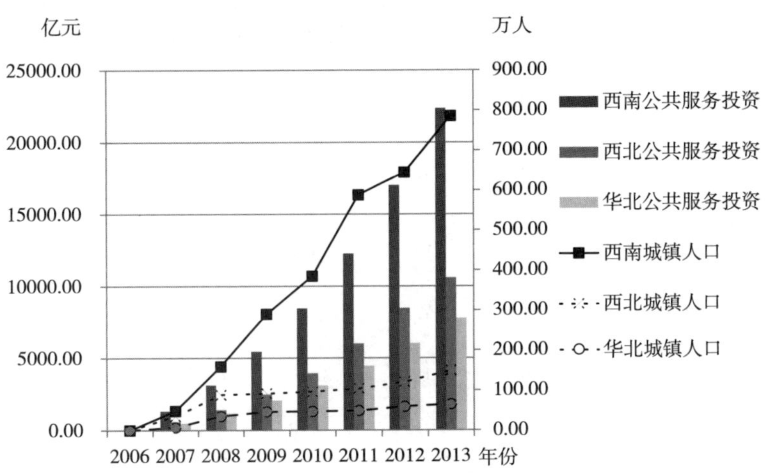

图3-5 各地区公共服务投资总量和城镇人口总量累计额变动

从横向数据看，表3-25显示，三个民族地区公共服务投资总量累计额的排序大致为，西南地区＞西北地区＞华北地区；城镇人口累计增加的排序依然为西南地区＞西北地区＞华北地区。所以，从总量数据上看，西南地区对公共服务投入最大，其城镇化水平提高也更快，西北地区次之，华北地区最低。

从纵向数据看，表3–25和图3–5都显示，西部各地区公共服务投资累计额和城镇人口累计增加额的变动方向一致，两者具有显著的正向相关关系，说明公共服务对城镇人口具有积极的贡献，并且西部三个区域的变动排序是相同的。从2006年到2013年，三大地区公共服务投资的变动额排序为西南地区（22350.50亿元）>西北地区（10577.02亿元）>华北地区（7753.96亿元），城镇人口的累计增加额排序为西南地区（785.78万人）>西北地区（148.73万人）>华北地区（64.75万人），说明西南地区公共服务对城镇化的贡献最大，西北地区的贡献次之，华北地区的贡献最小。

由于西南、西北和华北三个区域同处于西部地区，其经济发展情况类似，其他各类情况也具有较大相似之处，因此我们不考虑自然条件和本身发展水平等因素造成的人口外流，公共服务的投入基本成为影响三大地区人口向小城镇流动的主要因素，由于公共服务对人口城镇化有正向的促进关系，因此，公共服务投入越大，城镇人口的增长幅度也就越大，于是就有了以上结论。

3.2.3.2 平均指标

对表3–25中数据进行平均化，我们得到西部各地区公共服务投资累计额和城镇人口累计额的平均水平，如表3–26所示。

表3–26 西部各地区公共服务投资累计额和城镇人口累计额的平均水平

	2006 年	2007 年	2008 年	2009 年	2010 年	2011 年	2012 年	2013 年
西南公共服务投资（亿元）	0.00	4.98	11.80	20.58	31.96	46.30	64.22	84.34
西北公共服务投资（亿元）	0.00	2.82	6.75	11.98	19.08	29.01	41.02	51.10
华北公共服务投资（亿元）	0.00	6.15	14.73	25.81	39.07	55.62	75.30	96.92
西南城镇人口（万人）	0.00	0.18	0.61	1.10	1.46	2.24	2.45	2.99
西北城镇人口（万人）	0.00	0.19	0.48	0.49	0.52	0.56	0.65	0.80
华北城镇人口（万人）	0.00	0.09	0.44	0.58	0.59	0.61	0.74	0.81

注：数据来源于《中国建制镇统计资料》、万德金融数据库。

用表3–26中数据作图，我们得到各民族地区公共服务投资总量和城镇人口总量平均累计额变动图，见图3–6。

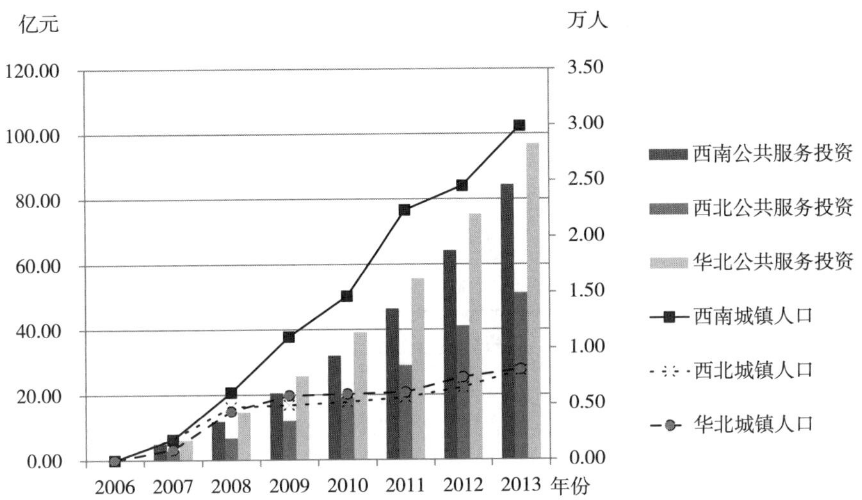

图3-6　西部各地区公共服务投资总量和城镇人口总量平均累计额变动

从横向数据看，表3-26显示，西部三个区域公共服务投资平均累计额的排序大致为：华北地区>西南地区>西北地区；城镇人口累计增加的排序为：西南地区>华北地区>西北地区。所以，从平均数据上看，华北地区对公共服务投入最大，但西南地区城镇化水平提高更快，这一排序与总量分析不同。

从纵向数据看，表3-26和图3-6都显示，西部各地区公共服务投资累计额和城镇人口累计增加额的变动方向一致，两者具有显著的正向相关关系，说明公共服务对城镇人口具有积极的贡献，并且三个区域的变动排序是相同的。从2006年到2013年，西部三大区域公共服务投资的平均变动的排序为华北地区（96.92亿元）>西南地区（84.34亿元）>西北地区（51.10亿元），城镇人口的累计增加额排序为西南地区（2.99万人）>华北地区（0.81万人）>西北地区（0.80万人），类似于横向数据，华北地区公共服务对城镇化的贡献最大，但西南地区城镇化的收获最大。

出现这一现象的可能原因在于，两地地理环境的差异。由于内蒙古相对于西南地区，自然环境比较恶劣，虽然其公共服务投入更大，但恶劣的环境可能是阻止外来人口进入当地小城镇的重要因素。相比之下，西南地区自然环境较好，价值较大的公共服务投入，使得其有能力吸引更多本地和外地的农村人口进入小城镇，以提高当地的城镇化水平。

3.2.3.3　贡献弹性分析

类似于东部、中部和西部三大地区对贡献弹性的分析，我们可以对西部三大区域进行类似的处理，并且得到各地区平均公共服务投资对城镇化的贡献弹性，如表3-27所示。

表3-27　西部各地区平均公共服务投资对城镇化的贡献弹性

时期	2007—2008年	2008—2009年	2009—2010年	2010—2011年	2011—2012年	2012—2013年	2007—2013年
西部地区	0.106	0.078	0.123	0.390	0.147	1.195	0.112
西南民族地区	0.435	0.398	0.251	0.564	0.146	1.903	0.342
西北民族地区	0.162	0.011	0.015	0.021	0.088	–0.189	0.053
华北民族地区	0.149	0.061	0.008	0.008	0.089	0.886	0.078

注：数据来源于《中国建制镇统计资料》、万德金融数据库。

将表3-27中的数据作图，易得西部各地区平均公共服务投资对城镇化的贡献弹性图，如图3-7所示。

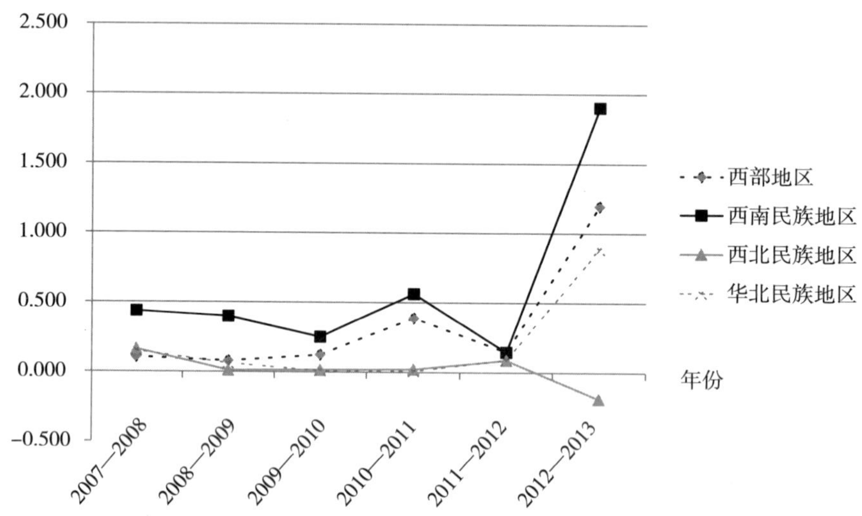

图3-7　西部各地区平均公共服务投资对城镇化的贡献弹性

图3-7显示，公共服务在西部三大区域的贡献弹性为：西南地区＞华北地区＞西北地区，并且西南地区的贡献弹性超过西部地区的平均水平。于是，我们可以断定，西南地区公共服务对小城镇城镇化的作用最显著，而华北地区的内蒙古次之，西北地区公共服务对小城镇城镇化的作用最低。

3.3　小　结

通过数据模型分析，现阶段西部地区小城镇公共服务投入与经济增长存在正向相关关系，小城镇公共服务提升对城镇化的加快存在显著的正向相关关系。

3.3.1 公共服务与经济增长呈正向相关关系

第一，公共财政规模扩张是促进少数民族县经济增长的原因之一。从构建的模型分析可知，非西部（非8省区）民族县财政支出对经济增长的贡献率为0.147，西部（西部8省区）民族县为0.649，全国少数民族县为0.321。西部（西部8省区）民族县公共财政投入对经济的贡献不仅显著高于非8省区民族县，而且高于全国平均水平。

第二，从格兰杰因果关系检验来看，全国民族县公共财政支出是促进GDP增长的原因的显著程度p值为0.018，非8省区的民族县公共财政支出是促进GDP增长的原因的显著程度p值为0.049，8省区少数民族县公共财政支出是促进GDP增长的原因的显著程度p值为0.033，说明8省区民族县显著程度高于非8省区民族县。

第三，西部地区小城镇公共服务投入对其经济发展起着十分重要的作用，经济发展对公共服务投入显著依赖，同时，从格兰杰检验结果看，GDP增长与公共服务投入也存在因果关系，二者相辅相成，经济发展也会拉动公共服务投入，二者存在相互促进作用。

3.3.2 公共服务对城镇化的正向关系

通过对西部地区与东部地区、中部地区和西部地区区域间，以及西部地区内部公共服务投入对城镇化影响的数据模型分析可知，公共服务对城镇化的发展存在明显的正向相关关系。

第一，公共服务的投入可以有效加快西部地区小城镇的人口城镇化。模型显示，公共服务投资累计额在区域上的排序与城镇人口增加额在区域上的排序大体相符，由此证明公共服务的投入对城镇人口的增加具有积极的贡献作用。

第二，西部地区由于公共服务水平较低，其投入的空间较大，所以西部地区小城镇可以通过加大公共服务投入，加快其城镇化发展。

总体而言，公共服务对西部地区小城镇的发展具有积极的贡献意义。因此，应该加大西部地区小城镇的公共服务投入力度，不断提升其公共服务质量和水平，这是新型城镇化下加快小城镇转型发展、提质升级的内在要求。

3.3.3 基本结论

第一，加大中央对西部地区小城镇财政投入力度，缓解经济增长压力。从新古典经济增长理论来看，财政支出作为政府发展地方经济而直接投入本区域的“资本”，应该对经济形成内生促进作用。但是从格兰杰因果关系检验看，经济增长对财政支出的促进作用更加显著，说明西部地区小城镇财政支出规模的扩张受经济增长的影响更强，这对本来经济发展就滞后的西部地区来讲，无疑是增加了经济发展压力。同时，从显著程度来看，西部地区小城镇经济增长是公共服务投入的显著程度为0.005，低于全国的0.002，高于非西部的0.017，说明西部地区小城镇经济增长对财政支出的促进作用显著高于非西部地区小城镇，因此，中央在增加西部地区小城镇公共服务的同时，更应该加大对西部地区小城镇的投入。

第二，加强西部地区小城镇财政支出力度，激发经济增长活力。根据分析，西部地区小城镇公共服务的投入对经济增长存在正向促进作用得到了实证结果的显著支持，肯定了公共服务支出对经济增长的积极作用，而对于经济发展落后的民族地区小城镇经济增长而言，既然公共服务是经济增长点，就应该适度加大财政投入，以激发经济增长活力。从模型结果可知，西部地区小城镇公共服务投入每增加1%则可以促进经济增长0.649%，显著高于非西部地区小城镇的0.147%，也明显高于全国少数民族小城镇的0.321%。说明西部地区小城镇公共服务支出规模的扩张对经济增长的贡献高于非西部地区小城镇，增加对西部地区小城镇公共服务投入能够更好地刺激经济增长，激发经济发展潜力。

第4章　西部地区小城镇公共服务供给状况研究

本书认为，对于现阶段西部地区小城镇公共服务供给状况的研究应该把握好时间和空间两个维度。时间维度上，一方面以某一具体时间为研究节点，分析概括西部地区小城镇公共服务供给的基本状况；另一方面以一定时间段为研究依据，分析判断西部地区小城镇公共服务供给的发展状况。空间维度上，主要是以一定区域为比照参数，总结概括西部地区小城镇公共服务供给的比较。本书力求达到“点”“线”“面”研究相结合，实现对西部地区小城镇公共服务供给状况时间维度研究与空间维度研究相统一。本章研究视域重点集中于西部8省区①，并兼顾西部其他少数民族群众聚居区。

4.1　西部地区小城镇公共服务供给基本状况

对西部地区小城镇公共服务供给的研究，一方面从增加物质资本和土地生活力的“硬件服务”入手，重点介绍2014年西部地区小城镇交通运输、能源、环境保护、住房等公共服务供给情况；另一方面从提高劳动者生产力的“软件服务”入手，重点分析西部地区小城镇公共教育、劳动就业服务、社会保障、医疗卫生、公共文化等基本公共服务供给情况。

4.1.1　建制镇规划建设管理及公共财政情况

对于小城镇建设和发展而言，规划是引领，财政是保障。因为规划建设管理关系到小城镇公共服务供给的制度设计，公共财政投入直接影响着小城镇公共服务的供给水平和能力。因此，分析西部地区小城镇公共服务供给基本状况，首先要了解其规划建设管理及公共财政情况。

---

① 其中，西南3个（贵州、云南、广西）、西北4个（青海、西藏、宁夏、新疆）、华北1个（内蒙古）。

4.1.1.1 规划建设管理

根据《中国城乡建设统计年鉴（2014）》相关统计数据可知，为实现村镇合理、健康发展，全国17653个建制镇共设有村镇建设管理机构16285个，村镇建设管理专职人员52069人。其中：西部8省区（不包括西藏自治区，以下相同）2641个建制镇共设有村镇建设管理机构2452个，占全国村镇建设管理机构的15.06%，村镇建设管理专职人员5572人，平均每个村镇建设管理机构拥有村镇建设管理专职人员2.27人。

全国17653个建制镇中有总体规划的为16417个，占建制镇总数的93%。其中：西部8省区有总体规划的建制镇2502个，占西部8省区建制镇总数的94.74%。从建制镇规划编制投入方面来看，2014年西部8省区236个建制镇规划编制投入共计27977万元，平均每个建制镇年规划编制投入118.55万元。其中：2014年西北地区29个建制镇规划编制投入共计3017万元，平均每个建制镇规划编制投入104.03万元，2014年西南地区188个建制镇规划编制投入共计20610万元，平均每个建制镇规划编制投入109.63万元，2014年内蒙古自治区19个建制镇规划编制投入共计4350万元，平均每个建制镇规划编制投入228.95万元（详见表4–1）。

表4–1 2014年底西部8省区建制镇规划建设管理情况统计

地区名称	建制镇个数（个）	规划建设管理					
		设有村镇建设管理机构的个数（个）	村镇建设管理人员（人）	专职人员（人）	有总体规划的建制镇个数（个）	本年编制	本年规划编制投入（万元）
西部 8 省区	2641	2452	8322	5572	2502	236	27977
贵 州	646	610	1788	1189	609	103	8787
云 南	553	513	1836	1163	530	20	3257
广 西	653	651	2449	1874	640	65	8566
青 海	103	53	63	13	96	15	1325
宁 夏	78	71	230	100	73	4	726
新 疆	184	163	494	325	182	10	966
内蒙古	424	391	1462	908	372	19	4350
西北地区	365	287	787	438	351	29	3017
西南地区	1852	1774	6073	4226	1779	188	20610

注：数据根据《中国城乡建设统计年鉴（2014）》计算整理；缺西藏数据。

综上分析可见，目前西部地区大多数小城镇设有村镇建设管理机构和制定了总体规划，但是缺少村镇建设管理专职人员，这在一定程度上影响了小城镇的合理、健康发展。

4.1.1.2　公共财政情况

2014年底，西部8省区[①]（不包括西藏自治区数据）2014年建制镇公共基础设施建设投入5323531万元，仅占全国总投入的7.42%。公共建筑建设投入645886万元，占全国的8.82%；市政公用设施建设投入1741506万元，占全国的10.47%。其中：西南地区2014年建制镇公共基础设施建设投入3969251万元，公共建筑建设投入426250万元，市政公用设施建设投入1394631万元；西北地区[②]（不包括西藏自治区数据）2014年建制镇公共基础设施建设投入788322万元，公共建筑建设投入138144万元，市政公用设施建设投入184159万元；内蒙古自治区2014年建制镇公共基础设施建设投入565958万元，公共建筑建设投入81492万元，市政公用设施建设投入162716万元（详见表4-2）。

表4-2　2014年底建制镇公共基础设施建设投入统计　　单位：万元

地区	本年建设投入合计			市政公用设施
		房屋	其中：公共建筑	
全国	71721740	55092929	7321547	16628921
西部 8 省区	5323531	3582040	645886	1741506
贵 州	2370408	1256668	207204	1113739
云 南	812226	659878	94378	152350
广 西	786617	658085	124668	128542
青 海	111647	71027	15153	40619
宁 夏	375502	304781	47030	70720
新 疆	301173	228357	75961	72820
内蒙古	565958	403244	81492	162716
西北地区	788322	604165	138144	184159
西南地区	3969251	2574631	426250	1394631

注：数据根据《中国城乡建设统计年鉴（2014）》计算整理；缺西藏数据。

按照现行的财政制度，建制镇公共基础设施的财政来源主要依靠地方财政。根据

① 下文凡以《中国城乡建设统计年鉴2014》为统计资料依据，西部8省区数据皆不包括西藏自治区数据。

② 下文凡以《中国城乡建设统计年鉴2014》为统计资料依据，西北地区数据皆不包括西藏自治区数据。

2015年《中国县域统计年鉴·乡镇卷》统计数据可知，2014年西部8省区乡镇公共财政收入1187.70亿元，支出1120.80亿元。其中：西北地区乡镇公共财政收入216.80亿元，公共财政支出242.90亿元；西南地区乡镇公共财政收入725.20亿元，公共财政支出632.50亿元；内蒙古自治区乡镇公共财政收入245.70亿元，公共财政支出245.40亿元。由此可见，西部地区乡镇平均公共财政收入水平较低，尤其是西北地区公共财政收入水平更低。例如2014年西藏自治区乡镇公共财政收入合计仅有16.70亿元，仅为全国乡镇同期公共财政总收入的0.13%（详见表4-3）。

表4-3　2014年西部8省区乡镇财政收支情况　单位：亿元

地区名称	公共财政收入		公共财政支出	
	2014 年	2013 年	2014 年	2013 年
全国合计	12562.3	11802.7	10131.9	9703.5
西部 8 省区合计	1187.7	1146.4	1120.8	1142.6
贵州	244.6	204.5	217.5	228.1
云南	229	250.2	221.1	262.5
广西	251.6	261.4	193.9	200.8
西藏	16.7	11.3	16.8	17.8
青海	38.3	32.1	38	35.3
宁夏	39.3	36.9	36.9	36.4
新疆	122.5	136.7	151.2	172.8
内蒙古	245.7	213.3	245.4	188.9
西北地区	216.8	217	242.9	262.3
西南地区	725.2	716.1	632.5	691.4

注：数据来源于 2015 年《中国县域统计年鉴·乡镇卷》。

2014年，全国乡镇平均财政收入0.3832亿元，乡镇平均财政支出0.3090亿元。同期，西部8省区乡镇平均财政收入0.1826亿元，乡镇平均财政支出0.1723亿元；西北地区乡镇平均财政收入0.1027亿元，乡镇平均财政支出0.1150亿元；西南地区乡镇平均财政收入0.2003亿元，乡镇平均财政支出0.1747亿元；内蒙古乡镇平均财政收入0.3187亿元，乡镇平均财政支出0.3183亿元。西北地区乡镇财政入不敷出。与2013年相比，2014年西部8省区、西南地区以及内蒙古的乡镇平均财政收入有所增加，西部8省区、西南地区、西北地区乡镇平均财政支出却有所减少（详见表4-4）。

表4-4　2014年西部8省区乡镇平均财政收支情况

地区	乡镇个数（个）		乡镇平均财政收入（亿元）		乡镇平均财政支出（亿元）	
	2014 年	2013 年	2014 年	2013 年	2014 年	2013 年
全国总计	32786	32973	0.3832	0.3580	0.3090	0.2943
西部 8 省区	6504	6627	0.1826	0.1730	0.1723	0.1724
西北地区	2112	2102	0.1027	0.1032	0.1150	0.1248
西南地区	3621	3762	0.2003	0.1904	0.1747	0.1838
内蒙古	771	763	0.3187	0.2796	0.3183	0.2476

注：数据来源于 2015 年《中国县域统计年鉴·乡镇卷》。

根据《中国城乡建设统计年鉴（2014）》建制镇建设财政性资金投资情况，结合表4-5和图4-1分析，2014年全国、西部8省区、西北地区、西南地区和内蒙古自治区建制镇镇级预算资金占财政性资金投资的比重分别为58.08%、18.18%、3.44%、24.91%和15.03%。可见，西部地区建制镇镇（乡）本级建设财政性资金投资能力较差，特别是西北地区建制镇建设财政性资金投资能力最差。

表4-5　2014年西部8省区建制镇建设财政性资金投资情况　　单位：万元

地区	财政性资金投资合计	中央预算资金	省级预算资金	地级预算资金	县级预算资金	镇（乡）本级预算资金
全国	11085594	603087	1018521	615989	2409544	6438544
西部 8 省区	845417	130051	102605	90981	368088	153716
贵州	377232	37876	31165	51297	135853	121042
云南	89853	24612	14242	13167	24185	13645
广西	93648	12614	27428	11702	36913	4998
青海	30708	22206	5246	684	2586	--
宁夏	116100	12530	8073	4247	86990	4260
新疆	101381	10792	10718	4579	71005	4285
内蒙古	36495	9421	5733	5305	10556	5486
西北地区	248189	45528	24037	9510	160581	8545
西南地区	560733	75102	72835	76166	196951	139685

注：数据根据《中国城乡建设统计年鉴（2014）》计算整理；缺西藏数据。

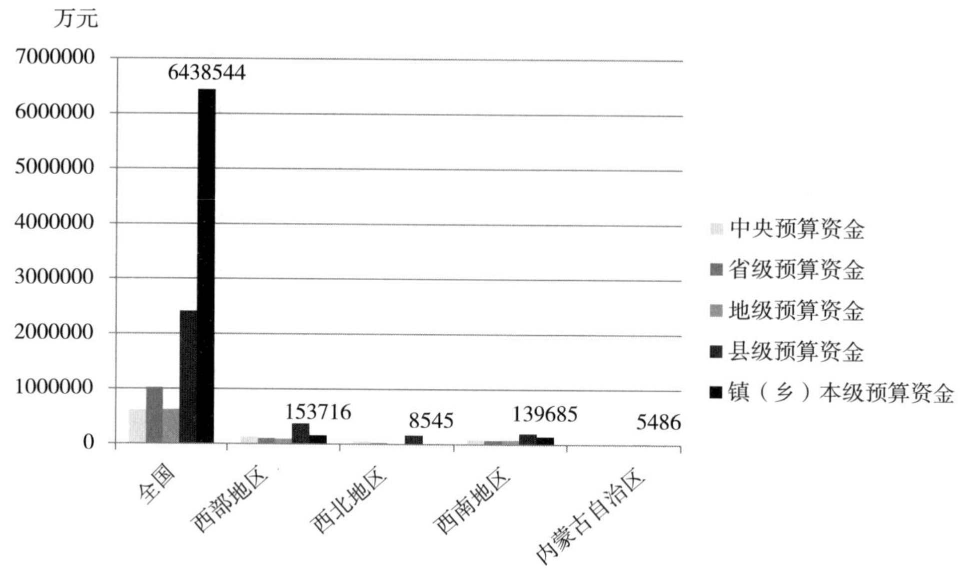

图4-1　2014年西部8省区建制镇建设财政性资金投资情况

从供给侧来看，目前以政府为主导的基本公共服务体系尚不完善，西部地区公共财政收支矛盾加剧，使基本公共服务供给保障和水平提升受到严重约束，对社会资源调动的力度不够，公共基础设施有效供给总体不足，必将导致困难群体的一些基本权益难以得到保障。

4.1.2　建制镇公共基础设施建设状况

公共基础设施建设是城镇正常运行的物质基础，是城镇生产、生活的基本保障，对促进城镇经济增长具有重要作用。因此，本书所研究的公共基础设施是指在小城镇经济社会发展中起基础作用的公共工程和公共设施，包括供水、道路桥梁、燃气供热、环境卫生和住房建筑等。

4.1.2.1　供水

2014年底，全国集中供水的建制镇有16533个，占全部建制镇的93.66%，建制镇供水普及率为82.77%。西部8省区集中供水的建制镇占全部建制镇的95.27%，建制镇供水普及率为79.91%。整体来看，西部地区集中供水情况较为乐观，但与东部相比还存在一定差距，区域各省区情况不一、条件各异。

人们日常生活的各个方面都离不开水，人均用水量的多少与人们生活质量和水平息息相关。据统计，2014年底，西部8省区建制镇人均日用水量为81.60升，分别比全国、东部、中部建制镇人均日用水量少17.08升、25.22升、11.11升。在西部地区中，内蒙古自治区建制镇人均日生活用水量最少，仅为57.35升（详见表4–6）。

表4–6　2014年全国建制镇供水、用水情况统计表

地区名称	建制镇个数（个）	集中供水的建制镇个数（个）	占全部建制镇的比例(%)	建制镇居住人口(万人)	用水人口（万人）	供水普及率(%)	人均*日生活用水量(升)
全国	17653	16533	93.66	18732.48	15504.7	82.77	98.68
西部 8 省区	2641	2516	95.27	1932.57	1544.4	79.91	81.60
贵州	646	609	94.27	481.95	380.6	78.97	96.36
云南	553	541	97.83	399.42	340.7	85.29	90.26
广西	653	646	98.93	538.76	463.4	86.02	106.61
青海	103	83	80.58	58.04	41.9	72.24	62.26
宁夏	78	68	87.18	54.96	39.7	72.14	77.54
新疆	184	181	98.37	99.14	81.7	82.39	80.79
内蒙古	424	388	91.51	300.3	196.4	65.39	57.35
西北地区	365	332	90.96	212.14	163.3	76.98	74.88
西南地区	1852	1796	96.98	1420.13	1184.7	83.42	98.53

注: * 本章“人均”，除特殊说明外，均为建制镇建成区居住人口，即户籍人口和暂住人口之和；数据根据《中国城乡建设统计年鉴（2014）》计算整理；缺西藏数据。

根据《中国城乡建设统计年鉴（2014）》相关统计数据可知，2014年底，西部8省区建制镇公共供水设施有3885个，每个建制镇平均有1.47个；水厂有1959个，每个建制镇平均有0.74个；公共供水综合生产能力393.3万立方米/日。同年西部8省区建制镇自备水源5000个，综合生产能力140万立方米/日；供水总量为91373万立方米，年生产、年生活用水量分别为33617万立方米、51238万立方米；供水管道长度达到51746千米（详见表4–7）。

表4–7　2014年西部8省区建制镇公共供水情况统计表

地区名称	公共供水			自备水源单位		年供水总量（万立方米）			供水管道长度（千米）
	设施个数（个）	水厂个数（个）	综合生产能力（万立方米/日）	个数（个）	综合生产能力（万立方米/日）		其中：年生活用水量	其中：年生产用水量	
全国	29112	15249	6344.3	47738	1606.6	1316054	558444	673819	438847
西部 8 省区	3885	1959	393.3	5000	140	91373	51238	33617	51746
贵州	1026	471	82.4	1028	27.8	23201	13387	7271	10357
云南	739	355	72.7	1453	31.1	17512	11223	5808	12886

续表

地区名称	公共供水			自备水源单位		年供水总量（万立方米）			供水管道长度（千米）
	设施个数（个）	水厂个数（个）	综合生产能力（万立方米/日）	个数（个）	综合生产能力（万立方米/日）		其中：年生活用水量	其中：年生产用水量	
广西	884	645	121.8	1395	39	27622	18034	7794	11219
青海	87	20	17.8	43	5.5	2201	953	1203	939
宁夏	146	52	16.2	129	4	1910	1122	670	2498
新疆	286	147	24.8	265	6.8	4517	2409	1939	4297
内蒙古	717	269	57.6	687	25.8	14410	4110	8932	9550
西北地区	519	219	58.8	437	16.3	8628	4484	3812	7734
西南地区	2649	1471	276.9	3876	97.9	68335	42644	20873	34462

注：数据根据《中国城乡建设统计年鉴（2014）》计算整理；缺西藏数据。

虽然西部地区城镇饮水工作取得了显著成效，但是饮水的公共服务机制仍存在三大“缺乏”问题——对饮水工程缺乏良性的运行管理、缺乏水质净化处理技术以及缺乏水源保护意识。由于投资主体的不明确导致工程管护责任主体缺位，管理混乱又必然导致工程的长期效益无法保障；同时基层许多供水工程管理人员都没有经过专业培训，业务素质较低，使得饮水工程的管理维护难以到位。在技术支持方面，西部地区基层缺乏方便、实惠的水净化处理技术，对高氟量、苦咸水等水质的处理技术因费用高、工艺复杂，管理水平难以跟上。例如西北地区的甘肃甘南藏族自治州水污染整体状况不容乐观，国家以及省级政府都将少量的水污染防治费用大量地投入大江大河的治理中，缺乏对饮用水源的保护和宣传，而地表水和地下水呈污染加重的趋势没有得到更多的重视。

4.1.2.2 道路桥梁

随着西部大开发和国家扶贫战略的推进，近年来，西部通达工程取得了重大进展，西部交通条件得到了明显改善。

截至2014年底，西部8省区建制镇道路长度达到30411千米，人均道路长度为1.57米；道路面积达到21647万平方米，人均道路面积11.20平方米；共有桥梁6938座，平均每个建制镇有桥梁2.63座，每千米有桥梁0.23座；道路照明灯378981盏，平均每个建制镇有道路照明灯143.50盏，每千米道路照明灯盏12.46盏（详见表4–8）。

表4-8　2014年西部8省区建制镇道路、桥梁情况统计

地区名称	道路长度（千米）	人均道路长度（米）	道路面积（万平方米）	人均道路面积（平方米）	桥梁座数（座）	每千米桥梁座数(座)	道路照明灯盏数(盏)	每千米道路照明灯盏数(盏)
西部8省区	30411	1.57	21647	11.20	6938	0.23	378981	12.46
贵州	6652	1.38	5111	10.61	1131	0.17	88432	13.29
云南	5039	1.26	3556	8.9	1535	0.30	62079	12.32
广西	8595	1.60	6169	11.45	1402	0.16	89953	10.47
青海	817	1.41	608	10.47	199	0.24	7758	9.50
宁夏	1229	2.24	708	12.87	166	0.14	19182	15.61
新疆	2915	2.94	1913	19.29	1218	0.42	25467	8.74
内蒙古	5164	1.72	3582	11.93	1287	0.25	86110	16.68

注：数据根据《中国城乡建设统计年鉴（2014）》计算整理；缺西藏数据。

4.1.2.3　燃气、供热

我国西部地区蕴藏着丰富的煤炭资源，煤炭储量占全国总储量的50%以上，所以在西部地区的能源生产和消费结构中，最主要的能源构成一直是煤炭；居民生活的主要能源也是煤炭。近年来，随着天然气和页岩气技术的不断完善、可采储量的不断增长、燃气价格的逐渐下降，以及人们生活水平的逐渐提高，人口相对集中的城镇中心区用气人口越来越多。据统计，截至2014年底，西部8省区建制镇用气人口达到581.3万人，占同期全国用气人口总数的6.50%；燃气普及率为30.08%。供热方面，2014年西部民族地区集中供热面积达到3730万平方米，占同期全国集中供热总面积的12.09%，建制镇人均集中供热面积为1.93平方米（见表4-9）。

表4-9　2014年底西部8省区建制镇燃气、供热情况统计

地区名称	用气人口（万人）	燃气普及率(%)	集中供热面积（万平方米）	人均集中供热面积（平方米）
全国	8947.7	47.77	30840	1.65
西部8省区	581.3	30.08	3730	1.93
贵州	58.3	12.1	323	0.67
云南	54	13.53	0	0
广西	380.1	70.55	0	0
青海	10.5	18.16	75	1.29

续表

地区名称	用气人口（万人）	燃气普及率 (%)	集中供热面积（万平方米）	人均集中供热面积（平方米）
宁夏	17.5	31.91	571	10.39
新疆	13.6	13.7	396	3.99
内蒙古	47.3	15.76	2365	7.88
西北地区	41.6	19.61	1042	4.91
西南地区	492.4	34.67	323	0.23

注：数据根据《中国城乡建设统计年鉴（2014）》计算整理；缺西藏数据。

在西部地区，大多数居民不愿放弃成本较低的煤炭或采伐毫无使用成本的薪柴而自己花大价钱安装燃气管道和供热设施。尤其是在西北，绝大多数地区冬季漫长、寒冷，使用燃气和供热设备，生活成本很高；煤炭或薪柴的使用既价格低廉，又可沿袭民族习俗，众人围着一堆熊熊燃烧的柴火，载歌载舞，热闹非凡。因此，这些地区的燃气普及率和集中供热自然难以提高。

4.1.2.4 环境卫生

环境卫生的建设和管理是小城镇公共服务的重要内容之一。当前我国小城镇环境卫生建设主要包括垃圾的处理、收集、运输，公共厕所的建设与服务，污水的处理以及园林绿化等方面的内容。

伴随西部小城镇规模的快速扩张，人们生产生活垃圾、污水、工业废弃物、种植以及畜禽养殖废弃物排放量必然逐渐增大。虽然城镇硬件设施和功能显著改善，但由于人口数量增多，政府管理工作相对薄弱，生活污水、垃圾收集和处理的措施较少，生活垃圾、人畜粪便等随意堆放在道路两旁、水塘沟渠、田间地头，甚至直接随意丢弃或排放。近年来，西部地区生存环境的恶化和环境质量的下降，给人民群众身体健康带来严重威胁。

一是垃圾处理情况。《中国城乡建设统计年鉴（2014）》统计分析显示，截至2014年底，西部8省区全部建制镇共有生活垃圾中转站2823座，平均每个建制镇有生活垃圾中转站1.07个，每平方千米有生活垃圾中转站0.70个，每万人占有生活垃圾中转站1.46个；全部建制镇共有环卫专用车辆设备7676台，平均每个建制镇有环卫专用车辆设备2.91台，每平方千米有环卫专用车辆设备1.90台，每万人占有环卫专用车辆设备3.97台；同期全部建制镇共有公共厕所12314座，平均每个建制镇有公共厕所4.66座，每平方千米有公共厕所3.05座，每万人占有公共厕所6.37座（参见表4–10）。

表4-10　2014年西部8省区建制镇垃圾处理、公共厕所情况统计

地区	生活垃圾中转站（座）	每平方千米生活垃圾中转站（座）	每万人占有生活垃圾中转站（座）	环卫专用车辆设备（台）	每平方千米环卫专用车辆设备（台）	每万人占有环卫专用车辆设备（台）	公共厕所（座）	每万人占有公共厕所（座）	每平方千米有公共厕所（座）
全国	35527	0.94	1.90	105982	2.79	5.66	113880	6.08	3.00
西部 8 省区	2823	0.70	1.46	7676	1.90	3.97	12314	6.37	3.05
贵 州	1020	1.02	2.12	1284	1.29	2.66	2014	4.18	2.02
云 南	363	0.53	0.91	853	1.25	2.14	3178	7.96	4.67
广 西	574	0.74	1.07	3308	4.27	6.14	2159	4.01	2.79
青 海	64	0.46	1.10	197	1.42	3.39	301	5.19	2.16
宁 夏	139	0.85	2.53	845	5.17	15.37	485	8.82	2.97
新 疆	177	0.55	1.79	269	0.84	2.71	643	6.49	2.02
内蒙古	486	0.51	1.62	920	0.96	3.06	3534	11.77	3.68
西北地区	380	0.61	1.79	1311	2.11	6.18	1429	6.74	2.30
西南地区	1957	0.80	1.38	5445	2.22	3.83	7351	5.18	3.00

注：数据根据《中国城乡建设统计年鉴（2014）》计算整理；缺西藏数据。

二是污水处理情况。2014年底，西部8省区对生活污水进行处理的建制镇为209个，占全部建制镇比例为7.91%；2641个建制镇共有污水处理厂108个，平均每个建制镇有污水处理厂0.04个，污水处理能力为25.82万立方米/日；2641个建制镇共有污水处理装置458个，平均每个建制镇有污水处理装置0.17个，污水处理能力为33.21万立方米/日（详见表4-11）。

表4-11　2014年底西部8省区建制镇污水处理情况统计

地区名称	对生活污水进行处理的建制镇		污水处理厂		污水处理装置	
	个数（个）	比例 (%)	个数（个）	处理能力（万立方米/日）	个数（个）	处理能力（万立方米/日）
全国	3821	21.7	2961	1338.71	8667	1006.34
西部 8 省区	209	7.91	108	25.82	458	33.21
贵 州	115	17.8	47	9.01	278	16.52
云 南	34	6.2	10	1.51	77	1.31
广 西	8	1.2	7	0.36	35	1.6
青 海	3	2.9	1	2.25	9	0.02
宁 夏	24	30.8	34	5.47	34	3.25

续表

地区名称	对生活污水进行处理的建制镇		污水处理厂		污水处理装置	
	个数（个）	比例（%）	个数（个）	处理能力（万立方米/日）	个数（个）	处理能力（万立方米/日）
新 疆	13	7.1	7	1.22	9	0.67
内蒙古	12	2.8	2	6	16	9.84
西北地区	40	10.96	42	8.94	52	3.94
西南地区	157	8.48	64	10.88	390	19.43

注：数据根据《中国城乡建设统计年鉴（2014）》计算整理；缺西藏数据。

三是排水情况。根据《中国城乡建设统计年鉴（2014）》相关统计数据可知，2014年底，西部8省区2641个建制镇排水管道长度达到10898千米，平均每个建制镇排水管道长度为4.13千米；排水暗渠长度达到6818千米，平均每个建制镇排水暗渠长度为2.58千米；排水管道暗渠密度为4.39千米/平方千米（见表4-12）。

表4-12　2014年底西部8省区建制镇排水情况统计表

地区名称	建制镇建成区面积（平方千米）	排水管道长度（千米）	排水暗渠长度（千米）	排水管道暗渠密度（千米/平方千米）
西部8省区	4033.35	10898	6818	4.39
贵 州	995.72	1751	2365	4.13
云 南	681.03	1832	1224	4.49
广 西	774.15	3975	2296	8.1
青 海	139.04	278	53	2.38
宁 夏	163.31	820	221	6.38
新 疆	318.93	648	100	2.35
内蒙古	961.17	1594	559	2.24
西北地区	621.28	1746	374	3.41
西南地区	2450.90	7558	5885	5.48

注：数据根据《中国城乡建设统计年鉴（2014）》计算整理；缺西藏数据。

四是园林绿化。随着城镇化进程的不断推进，小城镇人口急剧增加，在此形势下，人们居住的生态环境势必应与人口集聚协调发展。据《中国城乡建设统计年鉴（2014）》统计，到2014年底，西部8省区建制镇绿化覆盖面积为38307公顷，绿化覆盖率为9.50%；绿地面积为19455公顷，绿地率为4.82%；公园绿地面积共计974公顷，人均公园绿地面积0.50平方米（见表4-13）。

表4-13　2014年底西部8省区建制镇园林绿化情况

地区名称	绿化覆盖面积（公顷）	绿化覆盖率（%）	绿地面积（公顷）	绿地率（%）	公园绿地面积（公顷	人均公园绿地面积（平方米）
西部 8 省区	38307	9.50	19455	4.82	974	0.50
贵 州	10202	10.25	3842	3.86	129	0.27
云 南	4226	6.21	2637	3.87	282	0.71
广 西	6729	8.69	3193	4.13	236	0.44
青 海	1502	10.80	910	6.55	121	2.09
宁 夏	1267	7.76	726	4.44	32	0.59
新 疆	4986	15.63	3679	11.54	125	1.26
内蒙古	9395	9.77	4468	4.65	49	0.16
西北地区	7755	12.48	5315	8.55	278	1.31
西南地区	21157	8.63	9672	3.95	647	0.46

注：数据根据《中国城乡建设统计年鉴（2014）》计算整理；缺西藏数据。

4.1.2.5　住房建筑

《中国城乡建设统计年鉴（2014）》相关统计数据显示，2014年底，西部8省区2641个建制镇实有住宅建筑面积为50059.70万平方米，人均住宅建筑面积为28.74平方米。其中，混合结构以上建筑面积为35178.80万平方米，占实有住宅建筑面积的70.27%（见表4-14）。

表4-14　2014年底西部8省区建制镇住宅建筑情况

地区名称	实有住宅建筑面积（万平方米）	人均住宅建筑面积*(平方米)	混合结构以上（万平方米）	占实有住宅建筑面积比例（%）
西部 8 省区	50059.7	28.74	35178.8	70.27
贵 州	12898.4	29.86	8732.7	67.70
云 南	10631.4	29.16	6262.2	58.90
广 西	13878.5	27.85	11467.5	82.63
青 海	1388.8	29.04	645.4	46.47
宁 夏	1626	33.79	1022.9	62.91
新 疆	2315.9	28.07	1232.5	53.22
内蒙古	7320.7	27.29	5815.6	79.44
西北地区	5330.7	29.87	2900.8	54.42
西南地区	37408.3	28.89	26462.4	70.74

注：*按《中国城乡建设统计年鉴（2014）》的统计结果，此处“人均住宅建筑面积”为建制镇建成区户籍人口人均住宅建筑面积；数据根据《中国城乡建设统计年鉴（2014）》计算整理；缺西藏数据。

同期，西部8省区2641个建制镇实有公共建筑面积是11639万平方米，人均公共建筑面积为6.68平方米。其中，混合结构以上建筑面积为9449.70万平方米，占实有公共建筑面积的81.19%（见表4–15）。

表4–15　2014年西部8省区建制镇公共建筑情况统计表

地区名称	实有公共建筑面积（万平方米）	人均公共建筑面积*(平方米）	混合结构以上（万平方米）	占实有公共建筑面积比例（%）
西部 8 省区	11639	6.68	9449.7	81.19
贵 州	2104.8	4.87	1802.9	85.66
云 南	2177.2	5.97	1771.6	81.37
广 西	3993.7	8.01	3243.6	81.22
青 海	491.6	10.28	409.7	83.34
宁 夏	344.6	7.16	264.2	76.67
新 疆	754.1	9.14	539.7	71.57
内蒙古	1773	6.61	1418	79.98
西北地区	1590.3	8.91	1213.6	76.31
西南地区	8275.7	6.39	6818.1	82.39

注：* 按《中国城乡建设统计年鉴（2014）》的统计结果，此处“人均公共建筑面积”为建制镇建成区户籍人口人均公共建筑面积；数据根据《中国城乡建设统计年鉴（2014）》计算整理；缺西藏数据。

4.1.3　建制镇基本公共服务供给状况

自西部大开发战略和城镇化战略实施以来，中央和国家加大了对西部地区基本公共服务建设的财政投入力度。然而，由于西部地区基本公共服务底子薄、基础差，需求规模大、涉及范围广，同时西部地区基层政府在教育、医疗卫生、社会保障等基本公共服务的供给机制依然存在工作管理不善、监督不力等问题，使得小城镇基本公共服务水平较低。

4.1.3.1　教育

作为我国教育的重要组成部分，西部地区基础教育的成败不仅会对民族教育事业的顺利发展产生直接影响，还会对我国整个教育事业的发展产生重要影响。“十二五”期间，上自国家、下至县市出台的一系列政策文件，如《国家中长期教育改革和发展规划纲要（2010—2020年）》、各省《中长期教育改革和发展规划纲要（2010—2020年）》等，为西部地区的教育改革和发展指明了方向，明确了“十二五”期间民族教育的目标、任务、政策和具体步骤。西部地区的基础教育在各级党委和政府的领导下，得到了空前的发展[①]。

据统计，2015年西部8省区学前教育每10万人口在校生数为3194人，小学每10万人口在校生数为8387人，初中每10万人口在校生数3974人，高中每10万人口在校生数3376人，高等教育每10万人口在校生数1862人（见表4-16）。

表4-16　2015年西部8省区每10万人口平均在校学生数　　单位：人

地区	学前教育	小学	初中阶段	高中阶段	高等教育
内蒙古	2369	5244	2553	2779	2035
广西	4352	9258	4129	3611	2178
贵州	3719	9872	5643	4683	1819
云南	2745	8014	4018	2897	1819
西藏	2766	9192	3696	2319	1766
青海	3160	7787	3656	3659	1275
宁夏	2914	8814	4144	3672	2244
新疆	3526	8916	3949	3385	1759
西部 8 省区平均值	3194	8387	3974	3376	1862

注：数据来源于《中国统计年鉴（2016）》。

根据2015年《中国县域统计年鉴・乡镇卷》，2014年西部8省区6504个乡镇拥有小学共计47220所，平均每个乡镇拥有小学数为7.26所，每万人拥有小学数3.06所，分别比2013年减少了0.24所和0.11所。2014年西部8省区乡镇小学学生数共计有1239.4万人，教师80.6万人，小学师生比为15.38，平均每所小学拥有学生数为262人。总体而言，2014年西部8省区乡镇小学学校数、学生数和教师数均比2013年有所减少，但是小学师生比和平均每所小学拥有学生数有小幅增加（见表4-17、表4-18）。

表4-17　2014年西部8省区乡镇小学基本情况　　单位：所

地区	2014 年			2013 年		
	合计	每个乡镇拥有小学数量	每万人拥有小学数量	合计	每个乡镇拥有小学数量	每万人拥有小学数量
西部 8 省区	47220	7.26	3.06	49728	7.50	3.17
贵州	11548	9.14	4.03	12573	9.04	4.24
云南	12922	10.51	3.48	13597	10.91	3.55
广西	13522	12.00	2.96	13946	12.40	3.01

① 党秀云.民族地区公共服务管理导论[M].北京：中央民族大学出版社，2012：117-118.

续表

地区	2014 年			2013 年		
	合计	每个乡镇拥有小学数量	每万人拥有小学数量	合计	每个乡镇拥有小学数量	每万人拥有小学数量
西藏	968	1.42	3.52	1140	1.67	4.37
青海	1246	3.40	2.69	1365	3.72	2.95
宁夏	1769	9.17	3.82	1747	9.10	3.85
新疆	3469	3.99	2.33	3443	4.01	2.39
内蒙古	1776	2.30	1.13	1917	2.51	1.18
西北地区	7452	3.53	2.77	7695	3.66	2.94
西南地区	37992	10.49	3.41	40116	10.66	3.51

注：数据来源于 2015 年《中国县域统计年鉴・乡镇卷》。

表4-18　2014年西部8省区乡镇小学师生情况

地区	小学在校学生（万人）		小学教师（万人）		小学生师比		平均每个小学拥有小学生数（人）	
	2014 年	2013 年	2014 年	2013 年	2014 年	2013 年	2014 年	2013 年
西部 8 省区	1239.4	1289	80.6	84.7	15.38	15.22	262	259
贵州	275.6	296.1	16.8	17.6	16.40	16.82	239	236
云南	307.9	330.7	19	20	16.21	16.54	238	243
广西	361.7	369.1	20.3	21.5	17.82	17.17	267	265
西藏	23.6	25.3	1.7	1.7	13.88	14.88	244	222
青海	35.1	36.7	2.1	2.2	16.71	16.68	282	269
宁夏	41.1	42.9	2.4	2.4	17.13	17.88	232	246
新疆	123.7	115.7	10.6	10.8	11.67	10.71	357	336
内蒙古	70.7	72.5	7.7	8.5	9.18	8.53	398	378
西北地区	223.5	220.6	16.8	17.1	13.30	12.90	300	287
西南地区	945.2	995.9	56.1	59.1	16.85	16.85	249	248

注：数据来源于 2015 年《中国县域统计年鉴・乡镇卷》。

然而，西部地区教育“两基攻坚”的形势依然严峻。从西部8省区的情况来看，一些省区失学、辍学率居高不下，一些省区初级教育辍学率有明显的上升趋势，一些省区初级教育升学率持续走低且女生升学比例连续几年呈下降趋势，并且有些省区各年级在校学生人数均出现较为明显的负增长等情况。另外，西部地区基础教育学校的硬件设施大多较为落后陈旧，软件配套不足，尤其是师资力量非常薄弱，优秀教师十分匮乏。

4.1.3.2　医疗卫生

医疗卫生是人类生存和发展的基本需求。西部偏远山区居民就医主要是在村级诊疗室、社区卫生服务中心（站）、乡镇卫生室和县级医院。目前，西部地区卫生服务承载力不足，尤其是在一些边远贫困地区，基层财政负担较重，医疗消费支出不合理，医疗卫生环境较差，医疗条件艰苦、简陋，社区卫生服务机构偏少，城镇卫生事业的发展与东部地区相比面临着更为严峻的困境。

第一，医疗卫生服务硬件情况。西部8省区医疗卫生机构总体规模小于全国及全国其他地区。一是医院整体设置情况。据统计，到2014年底，西部8省区医院总数合计4588个，占全国17.74%。西部8省区平均每个省区有医院573.5个，其中：西南地区、西北地区和内蒙古自治区分别为871个、334个和639个。分等级医院数量情况，西部8省区三级医院、二级医院、一级医院和未定级医院数分别为263个、1245个、1417个和1663个，占同期全国各等级医院总数的比重分别为13.46%、18.18%、20.22%、16.55%（见表4-19）。由此可见，目前西部地区医院设置整体数量较少，并且三级医院比重较低，多数为二级、一级医院和未定级医院。

表4-19　2014年西部8省区医院设置情况

地区	医院数（个）		分等级医院数（个）							
			三级		二级		一级		未定级	
	合计	平均值	合计	平均值	合计	平均值	合计	平均值	合计	平均值
全国	25860	834.19	1954	63.03	6850	220.97	7009	226.1	10047	324.1
西部 8 省区	4588	573.5	263	32.875	1245	155.62	1417	177.13	1663	207.88
西北地区	1336	334	49	12.25	380	95	604	151	303	75.75
西南地区	2613	871	159	53	643	214.33	598	199.33	1213	404.33
内蒙古		639	55		222		215		147	

注：数据来源于《中国卫生统计年鉴（2015）》。

二是乡镇医疗卫生机构设置情况。2014年底，西部8省区各类医疗卫生机构合计147533个，占同期全国各类医疗卫生机构总数的15.03%。其中：西南地区有各类医疗卫生机构87943个，西北地区有各类医疗卫生机构36164个，内蒙古自治区有各类医疗卫生机构23426个。西部8省区6504个乡镇有乡镇卫生院7639个，平均每个乡镇拥有卫生院1.17个；有村卫生室92951个，平均每个行政村拥有卫生室1.24个。其中：西南地区有乡镇卫生院4073个，平均每个乡镇拥有卫生院1.12个；西北地区有乡镇卫生院2234个，平均每个乡镇拥有卫生院1.06个；内蒙古自治区有乡镇卫生院1332个，平均每个乡镇拥有卫生院1.73个（详见表4–20）。

表4–20　2014年西部8省区乡镇医疗卫生机构设置情况　单位：个

地区	各类医疗卫生机构合计	乡镇数	乡镇卫生院	平均每个乡镇拥有卫生院	行政村数	村卫生室	平均每个行政村拥有卫生室
全国	981432	32786	36902	1.13	585151	645470	1.10
西部8省区	147533	6504	7639	1.17	74725	92951	1.24
贵州	28995	1264	1427	1.13	16747	20945	1.25
云南	24281	1230	1376	1.12	12035	13364	1.11
广西	34667	1127	1270	1.13	14291	21917	1.53
西藏	6795	684	678	0.99	5255	5366	1.02
青海	6241	366	404	1.10	4157	4481	1.08
宁夏	4255	193	223	1.16	2274	2455	1.08
新疆	18873	869	929	1.07	8774	10588	1.21
内蒙古	23426	771	1332	1.73	11192	13835	1.24
西北地区	36164	2112	2234	1.06	20460	22890	1.12
西南地区	87943	3621	4073	1.12	43073	56226	1.31

注：数据来源于《中国卫生统计年鉴（2015）》。

三是卫生院床位情况。2014年底，西部8省区7639个乡镇卫生院共有床位193665张，平均每个乡镇卫生院仅有床位25.35张。其中：西南地区乡镇卫生院有床位140017张，平均每个乡镇卫生院有床位34.38张；西北地区乡镇卫生院有床位34703张，平均每个乡镇卫生院有床位15.53张；内蒙古自治区乡镇卫生院有床位18945张，平均每个乡镇卫生院有床位14.22张。整体而言，西部地区乡镇卫生院床位相对短缺，尤其在西北地区和内蒙古自治区医疗硬件设施条件堪忧（见表4–21）。

表4-21　2014年西部8省区乡镇卫生院床位数

地区	乡镇卫生院个数（个）	乡镇卫生院床位数（张）	平均每个乡镇卫生院床位数（张）
全国	36902	1167245	31.63
西部 8 省区	7639	193665	25.35
西北地区	2234	34703	15.53
西南地区	4073	140017	34.38
内蒙古	1332	18945	14.22

注：数据根据《中国卫生统计年鉴（2015）》计算整理。城镇人口系 2013 年人口变动抽样调查数字。

第二，医疗卫生服务软件情况。目前，西部地区医疗卫生资源往往力量单薄，只有数量没有质量。实地调研发现，在西南地区乡村卫生从业人员多为中小学文化程度，仅能诊治一般小病。在西北地区，乡镇医疗卫生服务机构相对较少，医疗卫生服务的数量与质量“双缺”现象较为明显。

一是医疗卫生人员。《中国卫生统计年鉴（2015）》相关统计数据显示，2014年底，西部8省区147533个卫生机构共计有卫生人员1404156人，平均每个卫生机构有卫生人员9.52人，低于同期全国平均水平。其中：西北地区36164个卫生机构共计有卫生人员323257人，平均每个卫生机构有卫生人员8.94人；西南地区87943个卫生机构共计有卫生人员877900人，平均每个卫生机构有卫生人员9.98人；内蒙古自治区23426个卫生机构共计有卫生人员202999人，平均每个卫生机构有卫生人员8.67人。可见，目前西部地区特别是西北地区卫生人员缺乏，这一现象在西藏自治区更为突出（见表4-22）。

表4-22　2014年底西部8省区卫生人员情况

地区	卫生人员总计（人）	卫生机构总数（个）	每个卫生机构拥有卫生人员人数（人）
全国	10224213	981432	10.42
西部 8 省区	1404156	147533	9.52
西北地区	323257	36164	8.94
西南地区	877900	87943	9.98
内蒙古	202999	23426	8.67
西藏	26531	6795	3.90
青海	46363	6241	7.43
宁夏	50714	4255	11.92
新疆	199649	18873	10.58
贵州	237518	28995	8.19
云南	282760	24281	11.65
广西	357622	34667	10.32

注：数据根据《中国卫生统计年鉴（2015）》计算整理。

二是医疗卫生人员执业及技术水平。根据《中国卫生统计年鉴（2015）》统计数据可知，2014年西部8省区平均每千人有卫生技术人员5.34人，其中执业（助理）医师1.91人，注册护士2.07人；西藏自治区、云南省、贵州省、广西壮族自治区的卫生技术人员（包括执业医师、注册护士）数量更少（见表4-23）。

表 4-23　2014 年西部 8 省区每千人卫生技术人员统计情况　　单位：人

地区	卫生技术人员	执业（助理）医师	其中：执业医师	注册护士
全国	5.56	2.12	1.74	2.20
西部 8 省区	5.34	1.91	1.56	2.07
贵州	4.85	1.65	1.30	1.92
云南	4.43	1.60	1.32	1.76
广西	5.44	1.82	1.44	2.19
西藏	4.05	1.76	1.25	0.85
青海	5.82	2.22	1.88	2.19
宁夏	6.01	2.27	2.01	2.28
新疆	6.68	2.38	1.96	2.60
内蒙古	6.17	2.48	2.10	2.26
西北地区	6.22	2.29	1.36	1.96
西南地区	4.91	1.69	1.90	2.34

注：数据根据《中国卫生统计年鉴（2015）》计算整理。

《中国县域统计年鉴·乡镇卷》（2015年）统计数据显示，2014年底西部8省区所有乡镇共有执业（助理）医师14.88万人，平均每个医疗卫生机构有执业（助理）医师11.61人。其中：广西壮族自治区、贵州省、云南省、西藏自治区、青海省、宁夏回族自治区、新疆维吾尔自治区和内蒙古自治区平均每个医疗卫生机构分别有执业（助理）医师21.23人、8.57人、14.02人、2.97人、8.84人、13.52人、10.56人和9.76人。由此可见，目前西部地区乡镇执业（助理）医师人数较少，西北地区和内蒙古自治区乡镇执业（助理）医师人数相对较少，其中西藏自治区更为突出（见表4-24）。

表4-24　2014年底西部8省区乡镇执业（助理）医师统计情况

地区	执业（助理）医师（万人）	医疗卫生机构（个）	平均每个医疗卫生机构有执业（助理）医师人数（人）
西部 8 省区	14.88	12816	11.61
广西	3.99	1879	21.23
贵州	2.49	2907	8.57

续表

地区	执业（助理）医师（万人）	医疗卫生机构（个）	平均每个医疗卫生机构有执业（助理）医师人数（人）
云南	3.36	2397	14.02
西藏	0.29	977	2.97
青海	0.54	611	8.84
宁夏	0.53	392	13.52
新疆	1.5	1420	10.56
内蒙古	2.18	2233	9.76
西北地区	2.86	3400	8.41
西南地区	9.84	7183	13.70

注：数据来源于 2015 年《中国县域统计年鉴·乡镇卷》。

4.1.3.3　社会保障

近年来，西部地区在社会保障制度领域取得了突破性进展，但其现行的社会保障制度与构建和谐社会的客观要求显然还有一定差距，主要表现为社会保障覆盖面小、社会保障积累少、社会保障水平低等特征。

一是城镇基本医疗保险。《中国人力资源和社会保障年鉴》统计数据显示，2014年西部8省区城镇基本医疗参保人数为5601.4万人，占西部8省区城镇人口总数的63.40%，低于同期全国城镇基本医疗参保水平；年末基本医疗基金累计结余共计1030亿元（见表4–25）。

表4–25　2014年西部8省区城镇基本医疗保险情况

地区	年末参保人数（万人）	年末城镇人口总数（万人）	城镇基本医疗参保比例（%）	累计结余（亿元）
全国	58746.9	74916	78.42	10644.8
西部 8 省区	5601.4	8835	63.40	1030
广西	1067.3	2187	48.80	210.2
贵州	687.1	1404	48.94	85.1
云南	1135.9	1967	57.75	195.1
西藏	58.9	82	71.83	30.0
青海	190.4	290	65.66	54.7
宁夏	578.6	355	162.99	60.1
新疆	885.1	1059	83.58	225.3

续表

地区	年末参保人数（万人）	年末城镇人口总数（万人）	城镇基本医疗参保比例（%）	累计结余（亿元）
内蒙古	998.1	1491	66.94	169.5

注：数据根据《中国人力资源和社会保障年鉴（2015）》计算整理。城镇人口数来源于《中国统计年鉴（2015）》，系 2014 年人口变动情况抽样调查数据。

二是失业保险。2014年底，西部8省区失业保险参保人数1339.6万人，年末领取失业保险金人数21.7万人，分别占同期全国参保总人数的7.86%、10.48%；失业保险金累计结余533.2亿元，占同期全国失业保险金累计结余总额的11.98%（见表4-26）。

表4-26　2014年西部8省区失业保险情况

地区	年末参保人数（万人）	年末领取失业保险金人数（万人）	累计结余（亿元）
全国	17043	207	4451.5
西部 8 省区	1339.6	21.7	533.2
广西	259.0	6.1	110.4
贵州	191.9	1.5	65.3
云南	236.9	5.3	108.3
西藏	12.5	0.0	11.4
青海	39.3	0.4	25.1
宁夏	73.5	1.3	27.3
新疆	290.2	4.7	93.3
内蒙古	236.3	2.4	92.1

注：数据根据《中国人力资源和社会保障年鉴（2015）》计算整理。

三是生育保险。2014年底，西部8省区生育保险参保人数共计1544.9万人，占同期全国生育保险参保总人数的9.07%；年末生育保险基金收支结余共计8.6亿元，占同期全国生育保险基金收支结余总额的8.78%；生育保险基金累计结余70.7亿元，占同期全国生育保险基金累计结余总额的11.93%。其中，云南省、西藏自治区、青海省和宁夏回族自治区4省区年末生育保险基金收支结余不足1亿元（见表4-27）。

表4-27　2014年西部8省区生育保险情况

地区	年末参保人数（万人）	年末生育保险基金收支结余（亿元）	累计结余（亿元）
全国	17039	98	592.7
西部 8 省区	1544.9	8.6	70.7
广西	280.2	2.9	14
贵州	248.8	1	7.4
云南	279.3	0.2	12.5
西藏	22.8	0.2	1.2
青海	45.8	0.8	3
宁夏	71.3	0.2	2.3
新疆	303	1.5	19
内蒙古	293.7	1.8	11.3

注：数据根据《中国人力资源和社会保障年鉴（2015）》计算整理。

四是城乡基本养老保险。2014年底，西部8省区城乡年末基本养老保险参保人数共计7315.7万人，达到领取待遇年龄参保人数为1849.7万人次，实际领取待遇人数为1794.1万人，分别占西部8省区总人口的37.82%、9.56%、9.28%。其中：广西壮族自治区、贵州省、云南省、西藏自治区、青海省、宁夏回族自治区、新疆维吾尔自治区和内蒙古自治区年末基本养老保险参保人数占同期人口总数的比重分别为36.05%、45.23%、45.83%、44.31%、38.52%、27.51%、23.72%、30.42%。可见，除贵州省、云南省、西藏自治区、青海省4省区外，其余4省区的基本养老保险覆盖率低于全国同期平均水平（见表4-28）。

表4-28　2014年西部8省区城乡基本养老保险情况

地区	年末参保人数（万人）	人口总数（万人）	达到领取待遇年龄参保人数（万人次）	实际领取待遇人数（万人）	累计结余（亿元）
全国	50107.5	136782	14741.7	14312.7	3844.6
西部 8 省区	7315.7	19342	1849.7	1794.1	629.2
广西	1713.9	4754	529.6	511.3	297.7
贵州	1586.6	3508	446.8	421.2	59.8
云南	2160.5	4714	463.6	463.6	124.7
西藏	140.9	318	23.5	23.4	9.1
青海	224.6	583	43.3	40.6	16.5
宁夏	182.1	662	36.9	36.3	16.1
新疆	545.2	2298	103.9	102.4	42.6
内蒙古	761.9	2505	202.1	195.3	62.7

注：数据根据《中国人力资源和社会保障年鉴（2015）》计算整理。

五是社会福利。2014年底，西部8省区共有各种社会福利收养性单位7130个，平均每个乡镇有社会福利收养性单位1.10个；各种社会福利收养性单位共有床位21.43万张，平均每个社会福利收养单位拥有床位30.06张；各种社会福利收养性单位收养人数共计12.72万人，平均每个社会福利收养单位收养人数为17.84人（见表4–29）。

表4–29　2014年西部8省区乡镇社会福利收养性单位情况统计

地区	各种社会福利收养性单位数（个）	平均每个乡镇福利收养性单位个数（个）	各种社会福利收养性单位床位数（万张）	平均每个社会福利收养单位床位数（张）	各种社会福利收养性单位收养人数（万人）	平均每个社会福利收养单位收养人数（人）
贵州	1039	0.82	4.64	44.66	2.03	19.54
云南	571	0.46	2.67	46.76	1.53	26.80
广西	4184	3.71	5.93	14.17	3.8	9.08
西藏	188	0.27	0.46	24.47	0.37	19.68
青海	136	0.37	0.61	44.85	0.45	33.09
宁夏	61	0.32	0.55	90.16	0.43	70.49
新疆	357	0.41	1.7	47.62	1.08	30.25
内蒙古	594	0.77	4.87	81.99	3.03	51.01
西部 8 省区	7130	1.10	21.43	30.06	12.72	17.84
西北地区	742	0.35	3.32	44.74	2.33	31.40
西南地区	5794	1.60	13.24	22.85	7.36	12.70

注：数据来源于 2015 年《中国县域统计年鉴 · 乡镇卷》。

4.1.3.4　公共文化

西部地区公共文化服务方面的变化和进步有目共睹，特别是近年来党和政府在改善公共文化服务方面的新举措更是给该地区民众更大的期盼。但在欣喜取得的进步和成就的同时，西部地区公共文化服务建设和发展过程中存在的问题也不容忽视。

根据2015年《中国县域统计年鉴 · 乡镇卷》相关统计数据可知，2014年底，西部8省区乡镇共有图书馆、文化站10715个，平均每个乡镇1.65个；共有剧场、影剧院526个，平均每个乡镇0.08个；有体育场馆1233个，平均每个乡镇0.19个。所以，无论是图书馆、文化站、剧场、影剧院还是体育场馆，目前在西部地区小城镇都极为匮乏（见表4–30）。

表4-30　2014年西部8省区乡镇公共文化场馆统计　　单位：个

地区	图书馆、文化站	每个乡镇个数	剧场、影剧院	每个乡镇个数	体育场馆	每个乡镇个数
全国	72675	2.22	5144	0.16	8995	0.27
西部 8 省区	10715	1.65	526	0.08	1233	0.19
贵州	2051	1.62	49	0.04	180	0.14
云南	1666	1.35	103	0.08	244	0.2
广西	1403	1.25	131	0.12	245	0.22
西藏	1756	2.57	10	0.02	62	0.09
青海	313	0.86	9	0.03	36	0.1
宁夏	226	1.17	29	0.15	26	0.14
新疆	1605	1.85	80	0.09	320	0.37
内蒙古	1695	2.2	115	0.15	120	0.16
西北地区	3900	1.85	128	0.06	444	0.21
西南地区	5120	1.41	283	0.08	669	0.19

注：数据来源于 2015 年《中国县域统计年鉴·乡镇卷》。

实地调研还发现西部地区小城镇公共文化服务存在如下问题和不足。一是西部地区公共文化活动经费严重不足。西部地区多数小城镇由于公共服务事业投入并非有公共财政预算的强制性规定，即缺乏预算刚性，导致小城镇公共文化网络和公共文化设施建设的力度不够；由于文化产业投资渠道狭窄，且难以从国家合法金融机构得到规模化和可持续的资金支持，导致文化产业发展缺乏必要的资金保障；由于社会力量或企业参与公共文化服务不足，导致公共文化服务建设的社会化融资渠道单一。二是公共文化阵地（点）建设不足，公共文化服务基础设施严重匮乏。近年来，随着经济社会的发展，西部地区小城镇的文化阵地和基层设施建设取得了较快发展，公共文化服务得到了一定程度的加强，相当一部分的小城镇建立了文化站，但无论是在数量上，还是公共文化服务内容上，都与人民群众日益增长的精神文化生活需求存在较大的距离。例如在调研中看到许多小城镇的文化站缺少专门的活动场所和工作场地，而与乡镇政府一起办公，并且文化活动设施设备缺乏，如音响、乐器要去商铺或县城文化馆租借。此外，图书馆的数量、藏书量和购书量也远低于国家的最低标准，电影放映等休闲娱乐的文化活动场所严重缺乏。综合来看，西部偏远地区群众看电影难、看书难、参与文化活动难等方面问题突出，公共服务设施的数量和质量都难以满足居民对公共文化的享用需求。三是公共文化服务和管理人才紧缺。由于基础文化站工资低、福利少，难以吸引高素质的人才。在过去，从事文化工作的人员大部分为退休的文艺工作者，他们虽然有着丰富的舞台表演经验，却缺乏公共文化活动组织管理方面的能力，难以有效组织公共文化活动。四是文化活动方式简单，文化生活依然匮乏。群众既是文化活动的参与者，同时又是文化活动的受益者。随着生活水平的改善，人们对文化生活的追求也越来越强烈。目前，县乡文化和宣传部门是文化活动的主要中心，以重大活动或重大节日为依托开展。除此之外，西部偏远地区民众的公共文化活动仍然以看电视、打牌、聊天、走亲访友为主。在调查中发现，大部分村民流露出对更多、更好文化活动（包括教育、培训等）的期盼，希望能够参与到更大的舞台，以展示和表现自己，通过更多的渠道和途径获得文化方面的享受。

4.1.3.5 人口就业

西部大开发战略实施以来，随着城镇化、工业化进程的加快，西部地区城镇就业人口比重逐年上升，城镇登记失业率呈下降趋势。2014年底，西部8省区城镇登记失业人员共计98.9万，城镇登记失业率平均值为3.4%，低于全国同期水平（见表4–31）。

表4–31 2014年西部8省区城镇失业人数及失业率情况

地区	年末城镇登记失业人数（万人）	年末城镇登记失业率 (%)
全国	952.0	4.09
西部 8 省区	98.9	3.4
贵州	14.1	3.3
云南	19.2	4.0
广西	18.7	3.2
西藏	1.7	2.5
青海	4.2	3.2
宁夏	5.0	4.0
新疆	11.2	3.2
内蒙古	24.8	3.6

注：数据来源于《中国人口和就业统计年鉴（2015）》。

目前，西部地区小城镇人口就业水平亦不断提高，但是第一产业从业人员比重较高，二、三产业就业人口比重较低。《中国县域统计年鉴·乡镇卷》（2015年）有关统计数据显示，2014年底，西部8省区乡镇从业人员总数为8902.9万，占乡镇常住人口总数的57.78%。其中：第一产业从业人员比重占62.72%，第二产业从业人员比重占

15.19%，第三产业从业人员比重占22.09%。由此可见，西部地区第一产业从业人员比重较大，并且主要从事林业、畜牧业、种植业、水产养殖业等，收入普遍偏低（见表4-32）。

表4-32　2014年西部8省区乡镇从业人员情况统计

地区	第一产业从业人员占从业人员比例（%）	第二产业从业人员占从业人员比例（%）	第三产业从业人员占从业人员比例（%）	从业人员总数（万人）	从业人员占乡镇常住人口比例（%）
全国	46.22	28.05	25.73	55407.6	57.10
西部 8 省区	62.72	15.19	22.09	8902.9	57.78
贵州	51.98	14.14	33.88	1993.8	69.59
云南	72.20	9.92	17.87	2086.9	56.26
广西	61.85	20.33	17.82	2617.4	57.29
西藏	72.45	12.73	14.82	138.3	50.33
青海	54.87	21.69	23.43	223.6	48.31
宁夏	54.43	22.72	22.85	238.1	51.40
新疆	71.00	10.75	18.25	706.2	47.48
内蒙古	63.21	15.00	21.79	898.6	57.00
西北地区	65.37	15.01	19.61	1306.2	48.59
西南地区	62.14	15.25	22.62	6698.1	60.11

注：数据来源于 2015 年《中国县域统计年鉴·乡镇卷》。

表4-33数据显示，2014年西部8省区建制镇从业人员共计6143.36万，占常住人口的56.80%。其中，二、三产业从业人员共计2498.63万，占常住人口的23.10%，占从业人员总数的40.67%，同样是第一产业就业人口占多数。按每个建制镇平均值计算，目前西部8省区平均每个建制镇二、三产业从业人员仅为0.76万，占从业人员的40.86%，仅占常住人口的23.17%。

表4-33　2014年西部8省区建制镇就业情况

地区	常住人口（万人）	从业人员（万人）	从业人员占常住人口比重（%）	二、三产业从业人员（万人）	二、三产业从业人员占常住人口比重（%）
西部 8 省区	10816.51	6143.36	56.80	2498.63	23.10
广西	3506.03	1961.27	55.94	780.05	22.25
贵州	2000.27	1363.62	68.17	676.06	33.80
云南	2646.34	1460.77	55.20	464.66	17.56

续表

地区	常住人口（万人）	从业人员（万人）	从业人员占常住人口比重（%）	二、三产业从业人员（万人）	二、三产业从业人员占常住人口比重（%）
西藏	81.38	36.99	45.45	13.01	15.99
青海	287.33	130.48	45.41	67.26	23.41
宁夏	326.09	163.83	50.24	82.90	25.42
新疆	653.78	296.49	45.35	122.97	18.81
内蒙古	1315.29	729.91	55.49	291.72	22.20
平均值	3.28	1.86	56.71	0.76	23.17

注：数据来源于 2015 年《中国县域统计年鉴 · 乡镇卷》。平均值是指每个建制镇各项指标的平均值。

调研中，我们看到一些小城镇通过与企业、职校等机构合作，为劳动者提供职业技能培训、择业指导等就业服务；部分小城镇通过产业结构调整，为劳动者就业提供更多机会；还有一些小城镇加大创业扶持力度，鼓励大众创业，通过创业带动就业，为就业创造机会。但是，西部地区小城镇就业结构不合理的现象仍较为普遍。

综上所述，目前西部地区小城镇公共服务供给仍然存在一定问题，整体表现为小城镇基础设施相对匮乏，不能完全满足人们生产生活需要；基本公共服务水平、质量、能力等方面亟待提高。

4.2 西部地区小城镇公共服务供给发展状况

前文系对2014年底西部地区小城镇公共服务基本现状的分析，是“点”的研究。本部分是对某一时间段西部地区小城镇公共服务发展水平的判断和分析，系“线”的研究。对西部地区小城镇一定时间段的公共服务发展情况的判断，当然是时间段越长越科学准确，但是受到文献资料有限、统计口径不统一等客观因素制约，拟分2007—2012年和2010—2014年两个阶段进行分析研究。

4.2.1 2007—2012年公共服务发展状况

该阶段以《中国建制镇统计资料（2008）》和《中国县域统计年鉴（2013）》统计口径为标准，对西部8省区小城镇公共服务的农村基本生活、人口和就业、社区建设、农业技术、教育、文化体育、公共卫生与社会保障等方面进行分析研究。

4.2.1.1　农村基本生活条件

表4-34数据显示，2007年底西部8省区3031个建制镇通自来水的村共计25619个，垃圾集中处理的村共计3734个，通有线电视的村共计19788个；平均每个建制镇通自来水的村8.45个，有垃圾集中处理的村1.23个，通有线电视的村6.53个。到2012年底，西部8省区3234个建制镇通自来水的村共计30171个，垃圾集中处理的村共计8006个，通有线电视的村共计24524个；平均每个建制镇通自来水的村9.33个，垃圾集中处理的村2.47个，通有线电视的村7.58个。按平均值比较，2012年平均每个建制镇通自来水的村比2007年增加0.88个，平均每个建制镇垃圾集中处理的村增加1.24个，平均每个建制镇通有线电视的村增加1.05个。因此，西部地区小城镇农村基本生活条件较以前有了较大改善和提高。

表4-34　2007年底与2012年底西部8省区建制镇农村基本生活条件比较　　单位：个

地区	2007 年底建制镇农村基本生活情况			
	个数	通自来水的村	垃圾集中处理的村	通有线电视的村
内蒙古	458	3770	254	3904
广西	702	4984	875	5542
贵州	691	6429	928	3639
云南	580	5966	959	4048
西藏	140	584	23	610
青海	137	1507	77	522
宁夏	94	555	267	338
新疆	229	1824	351	1185
西部 8 省区	3031	25619	3734	19788
平均值*	--	8.45	1.23	6.53
地区	2012 年底建制镇农村基本生活情况			
	个数	通自来水的村	垃圾集中处理的村	通有线电视的村
内蒙古	490	4999	529	4984
广西	715	6080	1651	6941
贵州	729	7224	2315	4383
云南	659	6323	1846	4153
西藏	140	888	219	841
青海	138	1718	278	697
宁夏	101	847	534	1038
新疆	262	2092	634	1487

续表

地区	2012 年底建制镇农村基本生活情况			
	个数	通自来水的村	垃圾集中处理的村	通有线电视的村
西部 8 省区	3234	30171	8006	24524
平均值*	--	9.33	2.47	7.58

注：* 平均值是指平均每个建制镇各项指标的值。2007 年数据来源于《中国建制镇统计资料 2008》；2012 年数据来源于《中国县域统计年鉴 2013》。

4.2.1.2 人口和就业

根据表4-35按总数计算分析，2007年底西部8省区3031个建制镇从业人员总数为5592.71万，占同期总人口的52.10%。其中：第二产业从业人员数为827万，占从业人员总数的14.79%；第三产业从业人员数为1176.09万，占从业人员总数的21.03%；二、三产业从业人员合计占从业人员总数的35.82%。2012年底，西部8省区3234个建制镇从业人员总数为5888.27万，占同期总人口的51.63%。其中：第二产业从业人员数为977.16万，占从业人员总数的16.60%；第三产业从业人员数为1258.94万，占从业人员总数的21.38%；二、三产业从业人员合计占从业人员总数的37.98%。尽管2012年底就业人口占总人口比重较2007年底有所下降，但是二、三产业就业人口比重提高了2.16个百分点。

按平均值计算分析，2007年底西部8省区平均每个建制镇从业人员总数为1.85万，平均每个建制镇第二产业从业人员数为0.27万，平均每个建制镇第三产业从业人员数为0.39万。2012年底，西部8省区平均每个建制镇从业人员总数为1.82万，平均每个建制镇第二产业从业人员数为0.30万，平均每个建制镇第三产业从业人员数为0.39万。平均每个建制镇就业人口总数小幅减少的情况下，第二产业从业人员数却增加了0.03万。

综合分析，目前西部地区小城镇人口与就业形势逐步得到改变，第二产业和第三产业就业人口正在逐渐增加，就业结构正在不断优化。

表4-35 2007年底与2012年底西部8省区建制镇人口与就业情况比较

地区	2007 年底建制镇人口与就业情况				
	个数（个）	总人口（万人）	从业人员数（万人）	第二产业从业人员数（万人）	第三产业从业人员数（万人）
内蒙古	458	1476.77	725.18	108.20	139.45
广西	702	3456.18	1849.96	326.68	363.43

续表

地区	2007 年底建制镇人口与就业情况				
	个数（个）	总人口（万人）	从业人员数（万人）	第二产业从业人员数（万人）	第三产业从业人员数（万人）
贵州	691	2241.78	1209.87	154.35	278.55
云南	580	2494.00	1334.01	153.47	278.55
西藏	140	65.80	32.77	2.94	5.88
青海	137	236.89	109.16	21.73	23.98
宁夏	94	308.91	157.70	37.79	37.90
新疆	229	453.54	174.06	21.84	48.35
西部 8 省区	3031	10733.87	5592.71	827	1176.09
平均值*	--	3.54	1.85	0.27	0.39
地区	2012 年底建制镇人口与就业情况				
	个数（个）	总人口（万人）	从业人员数（万人）	第二产业从业人员数（万人）	第三产业从业人员数（万人）
内蒙古	490	1466.12	725.81	119.17	149.44
广西	715	3710.32	1947.68	403.50	365.88
贵州	729	2429.78	1311.16	189.24	365.85
云南	659	2544.64	1337.25	155.51	233.86
西藏	140	70.79	33.66	4.23	7.19
青海	138	269.61	121.17	30.17	26.82
宁夏	101	359.97	168.83	41.80	44.01
新疆	262	554.03	242.71	33.54	65.89
西部 8 省区	3234	11405.26	5888.27	977.16	1258.94
平均值*	--	3.53	1.82	0.30	0.39

注：* 平均值是指平均每个建制镇各项指标的值。2007 年数据来源于《中国建制镇统计资料（2008）》；2012 年数据来源于《中国县域统计年鉴（2013）》。

4.2.1.3 社区建设

根据表4-36数据分析，西部8省区建制镇社区建设无论按总数还是按平均值，从2007年底到2012年底，储蓄所、公路里程、市场个数和公园个数均得到了一定程度增加，其中公路里程和公园个数增加较为显著。在西部地区各省区中，西藏自治区尽管近年加快了社区建设速度，但是其基础依然薄弱。从各项指标总数看，西藏自治区储蓄所、公路里程、市场个数和公园个数分别从2007年底的14个、2201千米、1个和4个增加到2012年底的95个、10109千米、59个、9个，分别增加了6.79倍、4.59倍、59倍和2.25倍；但是从各项指标的平均值看,2012年底西藏自治区平均每个建制镇有储蓄所0.68个，公路里程为72.21千米，有市场0.42个，有公园0.06个。各项指标的平均值与西部8省区平均值仍有很大差距。

表4-36　2007年底与2012年底西部8省区建制镇社区建设情况比较

地区	2007 年底建制镇社区建设情况				
	个数（个）	储蓄所（个）	公路里程(千米)	市场个数（个）	公园个数（个）
内蒙古	458	1773	51187	898	116
广西	702	2111	44498	1662	126
贵州	691	1443	58969	1273	78
云南	580	2083	84906	1577	224
西藏	140	14	2201	1	4
青海	137	264	7465	187	21
宁夏	94	322	6684	142	34
新疆	229	464	10683	396	73
西部 8 省区	3031	8474	266593	6136	676
平均值*	--	2.80	87.96	2.02	0.22
地区	2012 年底建制镇社区建设情况				
	个数（个）	储蓄所（个）	公路里程(千米)	市场个数（个）	公园个数（个）
内蒙古	490	1770	65110	960	180
广西	715	2335	53051	1635	154
贵州	729	1769	83484	1417	98
云南	659	1944	104296	1738	228
西藏	140	95	10109	59	9
青海	138	270	9855	182	17
宁夏	101	393	9386	163	51
新疆	262	576	16200	432	93
西部 8 省区	3234	9152	351491	6586	830
平均值*	--	2.83	108.69	2.04	0.26

注：* 平均值是指平均每个建制镇各项指标的值。2007 年数据来源于《中国建制镇统计资料（2008）》；2012 年数据来源于《中国县域统计年鉴（2013）》。

4.2.1.4　农业技术

根据表4-37的数据分析，2012年底西部地区农业推广服务机构及其从业人员两项指标的总数和平均值均较2007年底有所下降，但是农业专业合作经济组织无论是总数还是平均值皆有大幅度增加。通过数据分析可知，目前西部地区小城镇农业推广服务水平和能力均不高，需要不断提高其服务水平和能力；小城镇农业的市场化、专业化、合作化程度得到逐渐提升。笔者在调研时了解到许多小城镇成立了农业合作社（协会），通过合作社（协会）把企业和农户联系起来，较好实现了市场产、供、销的有效衔接，同时也解决了西部民族地区过去农业产品销售难的问题。

表4-37　2007年底与2012年底西部8省区建制镇农业推广技术情况比较

地区	2007 年底建制镇农业推广技术情况			
	个数（个）	农业推广服务机构（个）	农业推广服务从业人员（人）	农业专业合作经济组织（户）
内蒙古	458	799	5775	1451
广西	702	1457	9650	804
贵州	691	1101	8260	1049
云南	580	1505	14399	1071
西藏	140	12	65	0
青海	137	219	1490	96
宁夏	94	175	1001	396
新疆	229	442	3060	475
西部 8 省区	3031	5710	43700	5342
平均值*	--	1.88	14.42	1.76
地区	2012 年底建制镇农业推广技术情况			
	个数（个）	农业推广服务机构（个）	农业推广服务从业人员（人）	农业专业合作经济组织（户）
内蒙古	490	771	5884	4832
广西	715	1349	8779	7227
贵州	729	939	8120	3623
云南	659	1143	13211	6202
西藏	140	43	186	137
青海	138	143	765	1308
宁夏	101	142	807	1262
新疆	262	481	3554	2031

续表

地区	2012 年底建制镇农业推广技术情况			
	个数（个）	农业推广服务机构（个）	农业推广服务从业人员（人）	农业专业合作经济组织（户）
西部 8 省区	3234	5011	41306	26622
平均值*	--	1.55	12.77	8.23

注：* 平均值是指平均每个建制镇各项指标的值。2007 年数据来源于《中国建制镇统计资料（2008）》；2012 年数据来源于《中国县域统计年鉴（2013）》。

4.2.1.5 教育服务

根据表4-38的数据分析，2012年底西部地区建制镇教育各项指标（除幼儿园、托儿所外）的总数和平均值，均出现一定程度的下降和减少。出现此现象的原因，一方面是西部地区部分省区实施中小学寄宿制办学、集中办学，导致部分生源向县城转移；另一方面则是乡镇基础教育水平低、办学质量差，导致生源流失严重。因此，目前西部地区小城镇基础教育整体水平不高，中小学学校数、在校学生数、教师数均有所减少。从学前教育情况来看，2012年底西部8省区有幼儿园、托儿所16844个，平均每个建制镇有幼儿园、托儿所5.21个，分别比2007年底增加了5420个和1.44个。根据调研分析，这主要是“十二五”时期以来西部地区基层政府逐步加强学前教育发展，社会力量积极参与学前教育办学的结果。

表4-38　2007年底与2012年底西部8省区建制镇教育情况比较

地区	2007 年底建制镇教育情况						
	小学校数（个）	小学在校学生数（万人）	小学教师数（万人）	中学校数（个）	中学在校学生数（万人）	中学教师数（万人）	幼儿园托儿所（个）
内蒙古	3327	86.46	8.61	764	70.09	6.43	1921
广西	10887	331.31	18.10	1532	173.57	11.28	4513
贵州	9276	260.23	11.66	1235	133.38	7.54	1463
云南	11371	258.32	13.44	1256	148.43	9.49	2667
西藏	397	9.17	0.56	44	5.50	0.33	22
青海	1392	22.93	1.36	234	16.00	1.17	184
宁夏	1192	35.74	1.83	189	21.44	1.41	154
新疆	1100	45.26	3.24	342	35.18	2.96	500
西部 8 省区	38942	1049.42	58.8	5596	603.59	40.61	11424
平均值*	12.85	0.35	0.02	1.85	0.20	0.01	3.77

续表

地区	2012 年底建制镇教育情况						
	小学校数（个）	小学在校学生数（万人）	小学教师数（万人）	中学校数（个）	中学在校学生数（万人）	中学教师数（万人）	幼儿园托儿所（个）
内蒙古	1853	68.64	7.42	524	48.53	4.91	2025
广西	10002	305.83	17.09	1408	172.89	11.46	7016
贵州	8056	215.28	11.74	1248	145.75	8.37	2017
云南	8253	227.42	13.34	1089	151.94	9.92	4035
西藏	302	8.97	0.60	60	7.39	0.52	101
青海	816	25.01	1.40	192	18.39	1.28	545
宁夏	1043	35.11	1.90	167	20.92	1.49	268
新疆	963	46.70	3.52	598	37.06	3.29	837
西部 8 省区	31288	932.96	57.01	5286	602.87	41.24	16844
平均值 *	9.67	0.29	0.02	1.63	0.19	0.01	5.21

注：* 平均值是指平均每个建制镇各项指标的值。2007 年数据来源于《中国建制镇统计资料（2008）》；2012 年数据来源于《中国县域统计年鉴（2013）》。

4.2.1.6　文化体育

根据表4-39的数据分析，2012年底西部8省区3234个建制镇共有图书馆、文化站4071个，有影剧院401个，有体育场馆706个；平均每个建制镇有图书馆、文化站1.45个，有影剧院0.12个，有体育场馆0.22个。与2007年数据比较除影剧院总数和平均值有所减少以外，图书馆、文化站和体育场馆数量均有所增加。这说明目前西部地区小城镇公共文化服务水平正在逐步提高，但是整体公共文化服务质量及能力有待提升，特别是影剧院、体育场馆等公共文化设施严重不足。笔者调研时也发现许多小城镇缺少必要的公共文化服务设施，难以满足群众日益增长的公共文化服务需求。

表4-39　2007年与2012年西部8省区建制镇文化体育情况比较　　单位：个

地区	2007 年底建制镇文化体育情况			
	个数	图书馆、文化站	影剧院	体育场馆
内蒙古	458	656	62	85
广西	702	815	159	178
贵州	691	602	57	61
云南	580	704	160	143
西藏	140	62	0	1

续表

地区	2007 年底建制镇文化体育情况			
	个数	图书馆、文化站	影剧院	体育场馆
青海	137	91	14	20
宁夏	94	117	19	22
新疆	229	301	69	128
西部 8 省区	3031	3348	540	638
平均值 *	--	1.10	0.18	0.21
地区	2012 年底建制镇文化体育情况			
	个数	图书馆、文化站	影剧院	体育场馆
内蒙古	490	958	60	96
广西	715	885	129	194
贵州	729	1068	40	97
云南	659	858	90	182
西藏	140	296	--	17
青海	138	126	6	15
宁夏	101	117	27	28
新疆	262	393	49	77
西部 8 省区	3234	4701	401	706
平均值 *	--	1.45	0.12	0.22

注：* 平均值是指平均每个建制镇各项指标的值。2007 年数据来源于《中国建制镇统计资料（2008）》；2012 年数据来源于《中国县域统计年鉴（2013）》。

4.2.1.7 公共卫生与社会保障

根据表4–40分析，2012年底西部8省区所有建制镇共有医院、卫生院5675个，有医生136783人，分别比2007年底减少了209个和3926人；平均每个建制镇医院、卫生院数量从2007年底的1.94个减少到2012年底的1.75个，医生人数从2007年底的46.42人减少到2012年底的42.30人。2012年底西部8省区所有建制镇共有病床280794张，有敬老院、福利院4273个，现收养人数76728人；平均每个建制镇有病床86.83张，有敬老院、福利院1.32个，敬老院、福利院现收养人数23.73人。从总数和平均数比较，以上各项指标均比2007年底有所提高。通过上述数据比较分析可知，目前西部地区小城镇公共医疗卫生服务条件较以前有所改善，但是医疗卫生服务人员缺乏的状况仍没有得到有效解决；社会福利机构数量、收养人数明显增加，社会保障水平得到了大幅度提高。

表4-40　2007年与2012年西部8省区建制镇卫生及社会保障情况比较

地区	2007年底建制镇卫生及社会保障情况				
	医院、卫生院（个）	医生数（人）	病床数（张）	敬老院、福利院（个）	现收养人数（人）
内蒙古	1118	25780	29403	455	11108
广西	1095	32163	47853	2094	23019
贵州	1025	23209	31922	461	4774
云南	1349	39005	68851	416	5356
西藏	162	1641	1587	38	416
青海	520	4352	6097	39	854
宁夏	195	6110	9588	60	1776
新疆	420	8449	17693	127	3486
西部8省区	5884	140709	212994	3690	50789
平均值*	1.94	46.42	70.27	1.22	16.76
地区	2012年底建制镇卫生及社会保障情况				
	医院、卫生院（个）	医生数（人）	病床数（张）	敬老院、福利院（个）	现收养人数（人）
内蒙古	1081	21471	32421	462	15703
广西	1093	37000	66996	2582	28252
贵州	1232	24153	48574	553	9221
云南	1244	32125	82052	359	11486
西藏	171	1902	1907	58	1151
青海	251	4123	8279	61	2207
宁夏	191	5415	13066	55	3236
新疆	412	10594	27499	143	5472
西部8省区	5675	136783	280794	4273	76728
平均值*	1.75	42.30	86.83	1.32	23.73

注：*平均值是指平均每个建制镇各项指标的值。2007年数据来源于《中国建制镇统计资料（2008）》；2012年数据来源于《中国县域统计年鉴（2013）》。

4.2.2　2010—2014年公共服务发展状况

该阶段以《中国城乡建设统计年鉴（2010）》和《中国城乡建设统计年鉴（2014）》统计口径为标准，对小城镇供水、燃气供热与道路桥梁、排水、园林绿化及环境卫生、房屋建筑等公共服务进行分析研究。

4.2.2.1 市政公共设施

表4-41的数据显示，2014年底西部8省区①建制镇用水普及率、燃气普及率、人均道路面积、排水管道暗渠密度、人均公园绿地面积、绿化覆盖率和绿地率指标的平均值分别为77.49%、25.10%、12.14平方米、4.30千米/平方千米、0.79平方米、9.87%和5.58%。对比2010年西部8省区建制镇上述指标分析，用水普及率、燃气普及率和人均公园绿地面积出现小幅度下降，人均道路面积、排水管道暗渠密度、绿化覆盖率和绿地率等4项指标数据均有所提高和增加，其中人均道路面积和排水管道暗渠密度2项指标增加比较明显。通过以上数据比较分析可以得出：目前西部地区小城镇市政公用设施水平整体得到提高，市政建设得到重视和加强，如笔者在调研中发现许多小城镇开始重视市容环境改善，逐步加强镇区道路交通建设，增加排水管道暗渠、改造市容市貌环境，提高市政公用设施服务水平和功能。但是，受西部地区自然生态条件和风俗及生活习惯影响，供水、燃气和园林绿化等公共服务还需要进一步提高。

表4-41　2010年底与2014年底西部8省区建制镇市政公用设施水平比较

地区	2010 年底建制镇市政公用设施水平						
	用水普及率（%）	燃气普及率（%）	人均道路面积（平方米）	排水管道暗渠密度（千米/平方千米）	人均公园绿地面积（平方米）	绿化覆盖率（%）	绿地率（%）
内蒙古	66.3	14.6	6.9	1.27	1.36	9.5	4.7
广西	84.1	68.8	10.7	7.66	0.47	8.4	3.7
贵州	82.2	15.0	7.2	2.55	0.37	10.6	4.2
云南	86.2	18.7	9.4	4.51	1.15	5.8	3.7
青海	64.9	19.6	10.5	1.66	0.14	10.7	6.4
宁夏	77.1	26.5	10.6	3.37	0.59	6.9	3.2
新疆	81.8	14.3	15.6	1.75	2.43	13.6	9.7
西部 8 省区平均值	77.51	25.36	10.13	3.25	0.93	9.36	5.09
地区	2014 年底建制镇市政公用设施水平						
	用水普及率（%）	燃气普及率（%）	人均道路面积（平方米）	排水管道暗渠密度（千米/平方千米）	人均公园绿地面积（平方米）	绿化覆盖率（%）	绿地率（%）
内蒙古	65.39	15.76	11.39	2.24	0.16	9.77	4.65
广西	86.02	70.55	11.45	8.10	0.44	8.69	4.13
贵州	78.97	12.10	10.61	4.13	0.27	10.25	3.86

① 由于《中国城乡建设统计年鉴》无西藏自治区数据，所以本部分的西部8省区仅指内蒙古自治区、广西壮族自治区、贵州省、云南省、青海省、宁夏回族自治区、新疆维吾尔自治区。

续表

地区	2014 年底建制镇市政公用设施水平						
	用水普及率（%）	燃气普及率（%）	人均道路面积（平方米）	排水管道暗渠密度（千米/平方千米）	人均公园绿地面积（平方米）	绿化覆盖率（%）	绿地率（%）
云南	85.29	13.53	8.90	4.49	0.71	6.20	3.87
青海	72.24	18.16	10.47	2.38	2.09	10.80	6.55
宁夏	72.14	31.91	12.87	6.38	0.59	7.76	4.44
新疆	82.39	13.70	19.29	2.35	1.26	15.63	11.54
西部 8 省区平均值	77.49	25.10	12.14	4.30	0.79	9.87	5.58

注：2010 年数据来源于《中国城乡建设统计年鉴（2010）》；2014 年数据来源于《中国城乡建设统计年鉴（2014）》，无西藏自治区数据；“--”代表无数据。

4.2.2.2　供水

根据表4-42计算数据分析，2014年西部8省区建制镇供水各项指标的平均值均比2010年有所增加和提高。其中：集中供水的建制镇占全部建制镇的比例提高3.31个百分点，公共供水设施平均值增加89.57个，自备水源单位平均值增加183.29个，年供水总量平均值增加750.43万立方米，供水管道长度平均值增加1892.15千米，用水人口平均值增加29万人。通过数据比较可知，近年来西部地区小城镇供水公共服务水平正在逐步提高。但是，目前西部地区小城镇供水普及率不高的发展现状依然存在。

表4-42　2010年与2014年西部8省区建制镇供水情况比较

地区	2010 年底建制镇供水					
	集中供水的建制镇占全部建制镇的比例（%）	公共供水的设施个数（个）	自备水源单位个数（个）	年供水总量（万立方米）	供水管道长度（千米）	用水人口（万人）
内蒙古	86.7	638	513	12046	7982	229.0
广西	98.0	742	1183	23805	8879	398.4
贵州	95.2	858	945	17931	7277	324.6
云南	94.9	598	719	24177	9166	255.1
青海	68.4	70	18	2297	729	25.3
宁夏	87.2	121	135	2418	1540	44.2
新疆	95.1	231	204	3446	2928	64.6
西部 8 省区平均值	89.36	465.43	531	12302.86	5500.14	191.6

续表

地区	2014 年底建制镇供水					
	集中供水的建制镇占全部建制镇的比例（%）	公共供水的设施个数（个）	自备水源单位个数（个）	年供水总量（万立方米）	供水管道长度（千米）	用水人口（万人）
内蒙古	91.5	717	687	14410	9550	196.4
广西	98.9	884	1395	27622	11219	463.4
贵州	94.3	1026	1028	23201	10357	380.6
云南	97.8	739	1453	17512	12886	340.7
青海	80.6	87	43	2201	939	41.9
宁夏	87.2	146	129	1910	2498	39.7
新疆	98.4	286	265	4517	4297	81.7
西部 8 省区平均值	92.67	555	714.29	13053.29	7392.29	220.6

注：2010 年数据来源于《中国城乡建设统计年鉴（2010）》；2014 年数据来源于《中国城乡建设统计年鉴（2014）》，无西藏自治区数据。

4.2.2.3 气热道路桥梁

表4–43数据显示，2014年底西部8省区建制镇用气人口、集中供热、道路长度、道路面积、道路照明灯盏数和桥梁座数各项指标的平均值分别为83.04万人、746万平方米、3172.57千米、3092.43万平方米、54140盏、1019.71座。与2010年底西部民族地区各项指标平均值比较，分别增加了8.05万人、406.50万平方米、175.71千米、906.57万平方米、22608.71盏、176.14座。上述数据比较分析说明，近年来西部地区小城镇在气热道路桥梁等公共服务方面进步显著。然而，用气人口占总人口、集中供热面积占实有住宅建筑面积的比重依然很低，同样反映了目前西部地区小城镇气热道路桥梁等公共服务水平和能力有待进一步提高。

表4–43　2010年与2014年西部8省区建制镇气热道路桥梁比较

地区	2010 年底建制镇气热道路桥梁情况					
	用气人口（万人）	集中供热（万平方米）	道路长度（千米）	道路面积（万平方米）	道路照明灯盏数（盏）	桥梁座数（座）
内蒙古	50.4	1369	3399	2398	53943	987
广西	325.9	7	6610	5051	58683	1214
贵州	59.3	101	3930	2825	45929	1011
云南	55.2	--	3649	2773	35012	1273

续表

地区	2010 年底建制镇气热道路桥梁情况					
	用气人口（万人）	集中供热（万平方米）	道路长度（千米）	道路面积（万平方米）	道路照明灯盏数（盏）	桥梁座数（座）
青海	7.6	82	594	410	4534	145
宁夏	15.2	239	1016	611	7721	195
新疆	11.3	239	1780	1233	14897	1080
西部 8 省区平均值	74.99	339.5	2996.86	2185.86	31531.29	843.57
地区	2014 年底建制镇气热道路桥梁情况					
	用气人口（万人）	集中供热（万平方米）	道路长度（千米）	道路面积（万平方米）	道路照明灯盏数（盏）	桥梁座数（座）
内蒙古	47.3	2365	5164	3582	86110	1287
广西	380.1	--	392	6169	89953	1402
贵州	58.3	323	6652	5111	88432	1331
云南	54.0	--	5039	3556	62079	1535
青海	10.5	75	817	608	7758	199
宁夏	17.5	571	1229	708	19182	166
新疆	13.6	396	2915	1913	25467	1218
西部 8 省区平均值	83.04	746	3172.57	3092.43	54140	1019.71

注：2010 年数据来源于《中国城乡建设统计年鉴（2010）》；2014 年数据来源于《中国城乡建设统计年鉴（2014）》，无西藏自治区数据；“--”代表无数据。

4.2.2.4　排水和污水处理

表4-44计算数据显示，2014年底西部8省区建制镇污水处理厂个数、污水处理厂处理能力、污水处理装置个数、污水处理装置处理能力、排水管道长度、排水暗渠长度各项指标的平均值分别为15.43个、3.69万立方米/日、65.43个、4.74万立方米/日、1556.86千米和974千米。相比较2010年底西部8省区建制镇排水和污水处理各项指标的平均值而言，污水处理厂和污水处理装置总数共增加44.86个，污水处理厂和污水处理装置综合处理能力增加2.43万立方米/日，排水管道长度增加516.43千米，排水暗渠长度增加332.71千米。由此可知，近年来西部地区小城镇排水和污水处理能力正在逐步提高。笔者在调研中也发现许多小城镇都建有污水处理厂。

表4-44 2010年底与2014年底西部8省区建制镇排水和污水处理比较

地区	2010年底建制镇排水和污水处理					
	污水处理厂个数（个）	污水处理厂处理能力（万立方米/日）	污水处理装置个数（个）	污水处理装置处理能力（万立方米/日）	排水管道长度（千米）	排水暗渠长度（千米）
内蒙古	15	11.93	50	3.78	962	318
广西	5	0.38	10	0.45	3130	1914
贵州	16	4.07	36	2.97	893	1082
云南	8	5.66	27	4.90	1476	967
青海	1	0.02	6	--	132	29
宁夏	5	2.13	5	1.13	369	62
新疆	9	0.66	10	0.63	321	117
西部8省区平均值	8.43	3.55	20.57	2.31	1040.43	641.29
地区	2014年底建制镇排水和污水处理					
	污水处理厂个数（个）	污水处理厂处理能力（万立方米/日）	污水处理装置个数（个）	污水处理装置处理能力（万立方米/日）	排水管道长度（千米）	排水暗渠长度（千米）
内蒙古	2	6.00	16	9.83	1594	559
广西	7	0.36	35	1.60	3975	2296
贵州	47	9.01	278	16.52	1751	2365
云南	10	1.51	77	1.31	1832	1224
青海	1	2.25	9	0.02	278	53
宁夏	34	5.47	34	3.25	820	221
新疆	7	1.22	9	0.67	648	100
西部8省区平均值	15.43	3.69	65.43	4.74	1556.86	974

注：2010年数据来源于《中国城乡建设统计年鉴（2010）》；2014年数据来源于《中国城乡建设统计年鉴（2014）》，无西藏自治区数据；“--”代表无数据。

4.2.2.5 园林绿化及环境卫生

表4-45计算数据显示，2014年底西部8省区建制镇绿化覆盖面积、绿地面积、公园绿地面积、生活垃圾中转站、环卫专用车辆设备、公共厕所各项指标的平均值分别为5472公顷、2779公顷、139公顷、403座、1097台、1759座。上述各项指标平均值与2010年比较，绿化覆盖面积增加926公顷，绿地面积增加498公顷，公园绿地面积减少63公顷，生活垃圾中转站增加149个，环卫专用车辆设备增加476台，公共厕所增加165座。综合分析，近年来西部地区小城镇园林绿化和环境卫生公共服务功能逐步加强，

人民的生活居住环境逐步改善；同时园林绿化和环境卫生的服务水平还有待于进一步提高，特别是公园绿地面积需要增加，生活垃圾中转站、环卫专用车辆设备等要与小城镇城镇化发展相配套，使城镇保持良好的环境卫生，提升小城镇的宜居性。

表4-45　2010年底与2014年底西部8省区建制镇园林绿化及环境卫生比较

地区	2010 年底建制镇园林绿化及环境卫生					
	绿化覆盖面积（公顷）	绿地面积（公顷）	公园绿地面积（公顷）	生活垃圾中转站（座）	环卫专用车辆设备（台）	公共厕所（座）
内蒙古	9640	4782	471	395	890	4490
广西	5560	2453	223	305	1665	1962
贵州	8173	3272	147	490	732	1594
云南	3128	2014	339	313	567	1882
青海	1035	617	5	45	92	203
宁夏	880	411	34	133	241	402
新疆	3406	2420	192	98	159	627
西部 8 省区平均值	4546	2281	202	254	621	1594
地区	2014 年底建制镇园林绿化及环境卫生					
	绿化覆盖面积（公顷）	绿地面积（公顷）	公园绿地面积（公顷）	生活垃圾中转站（座）	环卫专用车辆设备（台）	公共厕所（座）
内蒙古	9395	4468	49	486	920	3534
广西	6729	3193	236	574	3308	2159
贵州	10202	3842	129	1020	1284	2014
云南	4226	2637	282	363	853	3178
青海	1502	910	121	64	197	301
宁夏	1267	726	32	139	845	485
新疆	4986	3679	125	177	269	643
西部 8 省区平均值	5472	2779	139	403	1097	1759

注：2010 年数据来源于《中国城乡建设统计年鉴（2010）》；2014 年数据来源于《中国城乡建设统计年鉴（2014）》，无西藏自治区数据；“--”代表无数据。

综上所述，西部大开发战略实施以来，西部地区小城镇公共服务供给在基础设施与基本公共服务水平和能力等方面均得到一定程度的改善和提高。但是，公共服务供给的质量整体不高，还需要进一步加强和提升。

4.2.2.6　房屋建筑

表4-46的计算数据显示，2014年底西部8省区建制镇年末实有住宅建筑面积、人均

住宅建筑面积、年末实有公共建筑面积、年末实有生产性建筑面积等各项指标的平均值分别为7151.4万平方米、29.29平方米、1662.7万平方米、1043.7万平方米。与2010年底各项指标平均值比较，2014年底西部8省区建制镇年末实有住宅建筑面积增加1311.7万平方米，人均住宅建筑面积增加3.29平方米，年末实有公共建筑面积增加184.8万平方米，年末实有生产性建筑面积增加113.8万平方米。由此可知，近年来西部地区小城镇住房条件和人民生产、生活条件均得到极大改善和提高。

表4-46　2010年底与2014年底西部8省区建制镇房屋建筑比较

地区	2010 年底建制镇房屋建筑情况			
	年末实有住宅建筑面积（万平方米）	人均住宅建筑面积（平方米）	年末实有公共建筑面积（万平方米）	年末实有生产性建筑面积（万平方米）
内蒙古	6953.5	22.73	1397.6	1137.9
广西	11703.7	26.40	3508.7	1933.9
贵州	9354.3	26.00	1929.6	976.7
云南	9109.4	34.05	2193.9	1213.1
青海	876.2	25.93	411.5	305.5
宁夏	1230.9	23.28	420.6	507.6
新疆	1649.8	23.58	483.6	434.8
西部 8 省区平均值	5839.7	26.00	1477.9	929.9
地区	2014 年底建制镇房屋建筑情况			
	年末实有住宅建筑面积（万平方米）	人均住宅建筑面积（平方米）	年末实有公共建筑面积（万平方米）	年末实有生产性建筑面积（万平方米）
内蒙古	7320.7	27.29	1773.0	1218.0
广西	13878.5	27.85	3993.7	2257.4
贵州	12898.4	29.86	2104.8	1418.1
云南	10631.4	29.16	2177.2	1058.4
青海	1388.8	29.04	491.6	328.7
宁夏	1626.0	33.79	344.6	373.7
新疆	2315.9	28.07	754.1	651.6
西部 8 省区平均值	7151.4	29.29	1662.7	1043.7

注：2010 年数据来源于《中国城乡建设统计年鉴（2010）》；2014 年数据来源于《中国城乡建设统计年鉴（2014）》，无西藏自治区数据。

4.3 西部地区小城镇公共服务供给区域比较

前文从一定时间点、时间段对西部民族地区小城镇公共服务供给现状的研究，分别属于“点”和“线”的研究，这是纵向时间维度的研究。另外，拟从空间维度，对一定区域范围内西部地区小城镇公共服务供给现状进行比较分析，包括西部地区与全国、东部地区、中部地区小城镇公共服务供给现状的比较分析；西部地区内部的西北地区、西南地区以及各省区小城镇公共服务供给现状的比较分析。

4.3.1 小城镇公共服务供给的区域比较

小城镇公共服务供给的区域比较，主要是指西部地区与全国、东部地区、中部地区、西部8省区、西部其余地区[①]小城镇公共服务供给情况的比较。

4.3.1.1 供水、用水情况比较

根据表4–47计算数据分析可知，2014年底，西部8省区集中供水的建制镇的比例较高，仅略低于同期东部地区，有95.27%的建制镇实现了集中供水。然而，从供水普及率比较，2014年底西部8省区建制镇供水普及率的平均水平，不但低于东部地区和全国同期平均水平，而且还低于西部地区、西部其余地区同期平均水平，仅高于中部地区同期平均水平；从人均日生活用水量比较，西部8省区建制镇人均日生活用水量平均水平仅略高于西部地区、西部其余地区同期平均水平，比全国、东部地区、中部地区同期平均水平都要低。由此可知，目前西部地区小城镇供水公共服务质量较低，需要进一步提高。

表4–47　2014年底全国各地区建制镇供水、用水情况比较

地区名称	建制镇个数（个）	集中供水的建制镇个数（个）	占全部建制镇的比例（%）	供水普及率（%）	人均 * 日生活用水量（升）
全国	17653	16533	93.66	82.77	98.68
东部地区	5315	5096	95.88	88.68	106.82
中部地区	4671	4262	91.24	75.90	92.71
西部地区	6230	5925	95.10	80.87	79.33
西部 8 省区	2641	2516	95.27	79.91	81.60
西部其余区地	3589	3409	94.98	81.72	75.36

注：* 本章“人均”，除特殊说明外，均为建制镇建成区居住人口，即户籍人口和暂住人口之和。数据根据《中国城乡建设统计年鉴（2014）》计算整理。

① 西部其余地区是指陕西省、甘肃省、四川省和重庆市。下文同指。

从公共供水情况比较来看，到2014年底，西部8省区建制镇有公共供水设施3885个，公共供水水厂1959个，公共供水综合生产能力393.3万立方米/日；年供水总量为91373万立方米，供水管道长度为51746千米。以上指标与全国及其他区域比较，无论是供水设施数量，还是供水能力，西部8省区均为最低。即使在西部地区，除供水管道长度、自备水源单位中的综合生产能力外，西部8省区建制镇供水的各项指标均低于西部其余地区（参见表4–48）。

表4–48　2014年底全国各地区建制镇公共供水情况比较

地区名称	公共供水			自备水源单位		年供水总量（万立方米）	供水管道长度（千米）
	设施个数（个）	水厂个数	综合生产能力（万立方米/日）	个数（个）	综合生产能力（万立方米/日）		
全国	29112	15249	6344.3	47738	1606.6	1316054	438847
东部地区	10637	5218	3898.6	20414	888.2	831720	224190
中部地区	7328	4346	1395.1	14820	381.5	256366	93380
西部地区	8900	4950	858.3	10291	264.3	188034	95187
西部 8 省区 *	3885	1959	393.3	5000	140	91373	51746
西部其余地区	5015	2991	465	5291	124.3	96661	43441

注：* 此处西部 8 省区只包括广西、贵州、云南、青海、宁夏、新疆和内蒙古，不包括西藏。数据根据《中国城乡建设统计年鉴（2014）》计算整理。

综上区域比较分析，目前西部8省区小城镇供水公共服务设施比较落后，供水公共服务能力、质量、水平均比较低。

4.3.1.2　道路桥梁

根据表4–49计算数据比较分析，2014年底西部8省区道路长度、桥梁座数、道路照明灯盏数等指标，在全国各地区中均为最低。人均道路长度、人均道路面积，西部8省区落后于全国和东部地区同期水平，略高于中部地区、西部地区和西部其余地区同期水平；每千米桥梁座数，西部8省区比全国及其他区域均少；每千米道路照明灯盏数，西部8省区仅略高于中部地区。

表4–49　2014年底全国各地区建制镇道路、桥梁情况比较

地区名称	道路长度（千米）	人均道路长度（米）	道路面积（万平方米）	人均道路面积（平方米）	桥梁座数（座）	每千米桥梁座数（座）	道路照明灯盏数（盏）	每千米道路照明灯盏数（盏）
全国	327498	1.75	236514	12.63	109751	0.34	5302937	16.19
东部地区	165210	1.96	124724	14.78	69419	0.42	3317281	20.08

续表

地区名称	道路长度（千米）	人均道路长度（米）	道路面积（万平方米）	人均道路面积（平方米）	桥梁座数（座）	每千米桥梁座数(座）	道路照明灯盏数（盏）	每千米道路照明灯盏数（盏）
中部地区	80169	1.55	56011	10.80	19945	0.25	944103	11.78
西部地区	61014	1.48	42918	10.41	15713	0.26	815105	13.36
西部 8 省区	30411	1.57	21647	11.20	6938	0.23	378981	12.46
西部其余地区	30603	1.40	21271	9.72	8775	0.29	436124	14.25

注：数据根据《中国城乡建设统计年鉴（2014）》计算整理。

通过上述区域比较可见，近年来西部地区在道路桥梁方面成就显著，某些指标已经超过中部地区和西部地区平均水平。但是无论从总数还是从平均值比较来看，仍与全国及东部地区存在较大差距。

4.3.1.3　燃气、供热

根据表4–50计算数据比较分析，2014年底西部8省区用气人口、集中供热面积总数在全国所占比重依然很低；燃气普及率低于全国及其他区域同期水平；人均集中供热面积仅低于东部地区同期平均水平。

表4–50　2014年底全国各地区建制镇燃气、供热情况比较

地区名称	用气人口（万人）	燃气普及率(%)	集中供热面积（万平方米）	人均集中供热面积（平方米）
全国	8947.7	47.77	30840	1.65
东部地区	5666.2	67.15	17988	2.13
中部地区	1620.4	31.25	1306	0.25
西部地区	1426.8	34.62	4634	1.12
西部 8 省区	581.3	30.08	3730	1.93
西部其余地区	845.5	38.62	904	0.41

注：数据根据《中国城乡建设统计年鉴（2014）》计算整理。

由于国家集中供暖线的原因，中部地区的绝大多数省份不集中供暖，为了更能说明问题，我们将东、中、西部大致处于同一纬度的集中供热省份山东、山西、青海三省建制镇的供热情况进行比较发现，山东建制镇人均集中供热面积5.81平方米，山西建制镇人均集中供热面积2.71平方米，青海建制镇人均集中供热面积1.29平方米，仅为山东的22.20%、山西的47.60%（见表4–51）。

表4-51　2014年山东、山西、青海供热情况统计

地区名称	集中供热面积（万平方米）	人均集中供热面积（平方米）
山东	10033	5.81
山西	753	2.71
青海	75	1.29

注：数据根据《中国城乡建设统计年鉴（2014）》计算整理。缺西藏数据。

由此可见，目前西部地区小城镇集中供热公共服务水平提升较大，尽管与东部地区水平还存在一定差距，但是已经超过全国、中部地区、西部地区和西部其余地区水平。但是，目前西部地区小城镇燃气公共服务水平区域比较，无论从用气人口还是从燃气普及率来看都是最低的，并且与全国、东部地区尚存较大差距。

4.3.1.4　环境卫生

一是垃圾处理、公共厕所比较。表4-52计算数据显示，2014年底西部8省区建制镇平均每平方千米有生活垃圾中转站0.70座，每万人有生活垃圾中转站1.46座，每万人有环卫专用车辆设备3.97台，每万人有公共厕所6.37座。通过区域比较分析可知，目前西部8省区小城镇环境卫生整体水平不高，公共环境卫生服务能力低于全国和东部地区同期平均水平。在西部地区，公共环境卫生设施、设备更多集中于四川、陕西、甘肃和重庆等省（直辖市）的小城镇，西部8省区小城镇公共环境卫生设施、设备相对缺乏，公共环境卫生服务能力较低。

表4-52　2014年底全国各地区建制镇垃圾处理、公共厕所情况比较

地区	生活垃圾中转站（座）	每平方千米生活垃圾中转站（座）	每万人拥有生活垃圾中转站（座）	环卫专用车辆设备（台）	每万人拥有环卫专用车辆设备（台）	公共厕所（座）	每万人拥有公共厕所（座）
全国	35527	0.94	1.90	105982	5.66	113880	6.08
东部地区	11874	0.71	1.41	59929	7.10	59932	7.10
中部地区	8936	0.86	1.72	24184	4.66	23340	4.50
西部地区	13078	1.61	3.17	17292	4.20	23217	5.63
西部 8 省区	2823	0.70	1.46	7676	3.97	12314	6.37
西部其余地区	10255	2.51	4.68	9616	4.39	10903	4.98

注：数据根据《中国城乡建设统计年鉴（2014）》计算整理。缺西藏数据。

二是生活污水处理比较。表4-53计算数据显示，2014年底西部8省区对生活污水进行处理的建制镇比例为7.91%，分别比全国、东部地区、西部地区、西部其余地区低13.79、37.58、7.77、13.49个百分点。污水处理厂108个，占全国污水处理厂总数的3.65%，

占西部地区污水处理厂总数的10.87%；处理能力为25.82万立方米/日，仅占全国污水处理能力的1.93%，东部地区污水处理能力的2.33%，中部地区污水处理能力的33.88%，西部地区污水处理能力的19.90%。污水处理装置458个，占全国污水处理装置总数的5.28%，占西部地区污水处理装置总数的22.16%，处理能力33.18万立方米/日。通过区域比较可知，目前西部地区可以对生活污水进行处理的小城镇数量较少，并且小城镇污水处理设施短缺，污水处理能力较低。

表4-53　2014年全国各地区建制镇污水处理情况统计

地区名称	对生活污水进行处理的建制镇		污水处理厂		污水处理装置	
	个数（个）	比例（%）	个数（个）	处理能力（万立方米/日）	个数（个）	处理能力（万立方米/日）
全国	3821	21.7	2961	1338.71	8667	1006.34
东部地区	2418	45.49	1666	1107.8	5215	743.2
中部地区	329	7.04	217	76.21	945	104.89
西部地区	977	15.68	994	129.76	2067	139.94
西部 8 省区	209	7.91	108	25.82	458	33.18
西部其余地区	768	21.40	886	103.95	1609	106.76

注：数据根据《中国城乡建设统计年鉴（2014）》计算整理。缺西藏数据。

三是排水比较。根据表4-54计算数据进行区域比较，2014年底，西部8省区建制镇排水管道长度、排水暗渠长度不但低于中东部地区，而且低于西部其余地区；排水管道暗渠密度更是远远低于全国、东部地区、中部地区和西部其余地区，甚至低于西部地区同期水平。据此判断，目前西部8省区小城镇排水公共服务区域比较水平最低，服务能力最差。

表4-54　2014年全国各地区建制镇排水情况统计

地区名称	建制镇建成区面积（平方千米）	排水管道长度（千米）	排水暗渠长度（千米）	排水管道暗渠密度（千米/平方千米）
全国	37945.72	150595	74936	5.94
东部地区	16732.70	83967	36156	7.18
中部地区	10426.49	36143	21057	5.49
西部地区	8122.88	25213	15265	4.98
西部 8 省区	4033.35	10898	6818	4.39
西部其余地区	4089.53	14315	8447	5.57

注：数据根据《中国城乡建设统计年鉴（2014）》计算整理。缺西藏数据。

四是园林绿化比较。根据表4-55计算数据进行区域比较分析，2014年底，西部8省区建制镇绿化覆盖率、绿地率与全国、东部地区、中部地区还存在一定差距，但相比较西部地区和西部其余地区略好。然而，西部8省区建制镇人均公园绿地面积在全国最低，并且与全国、中部地区特别是东部地区存在巨大差距。由此可知，目前西部8省区小城镇园林绿化服务区域比较水平较低。

表4-55　2014年全国各地区建制镇园林绿化情况统计

地区名称	绿化覆盖面积（公顷）	绿化覆盖率（%）	绿地面积（公顷）	绿地率（%）	公园绿地面积（公顷）	人均公园绿地面积（平方米）
全国	603203	15.9	340124	8.96	44768	2.39
东部地区	337154	20.15	219347	13.11	33518	3.97
中部地区	173533	16.64	78643	7.54	7886	1.52
西部地区	70302	8.65	34760	4.28	2322	0.56
西部 8 省区	38307	9.50	19455	4.82	974	0.50
西部其余地区	31995	7.82	15305	3.74	1348	0.62

注：数据根据《中国城乡建设统计年鉴（2014）》计算整理。缺西藏数据。

综合分析，目前西部地区小城镇环境卫生公共服务全国比较整体水平较低，特别是与东部地区、中部地区存在较大差距，不能完全满足居民生产生活质量的提高。

4.3.1.5　住房建筑比较

表4-56数据显示，2014年底，全国建制镇人均住宅建筑面积为34.55平方米，东部地区建制镇人均住宅建筑面积38.76平方米，中部地区建制镇人均住宅建筑面积32.87平方米，西部地区建制镇人均住宅建筑面积31.35平方米，西部8省区建制镇人均住宅建筑面积28.74平方米，分别比全国、东部、中部、西部少5.81平方米、10.02平方米、4.13平方米和2.61平方米。

2014年底，全国建制镇实有公共建筑面积116190.5万平方米，人均公共建筑面积7.44平方米。东部地区建制镇实有公共建筑面积57389.6万平方米，占全国建制镇实有公共建筑面积的49.39%，人均公共建筑面积8.93平方米。中部地区建制镇实有公共建筑面积28143.1万平方米，占全国建制镇实有公共建筑面积的24.22%，人均公共建筑面积6.05平方米。西部地区建制镇实有公共建筑面积24173.6万平方米，占全国建制镇实有公共建筑面积的20.81%，人均公共建筑面积6.64平方米。西部8省区建制镇实有公共建筑面积11639万平方米，占全国建制镇实有公共建筑面积的10.02%，人均公共建筑面积

6.68平方米，分别比全国、东部人均公共建筑面积少0.76平方米、2.25平方米。

表4–56　2014年全国各地区建制镇住宅建筑情况统计

地区名称	实有住宅建筑面积（万平方米）	人均住宅建筑面积*（平方米）	实有公共建筑面积（万平方米）	人均公共建筑面积**（平方米）
全国	539543.3	34.55	116190.5	7.44
东部地区	249109.2	38.76	57389.6	8.93
中部地区	152811	32.87	28143.1	6.05
西部地区	114186.2	31.35	24173.6	6.64
西部 8 省区	50059.7	28.74	11639	6.68
西部其余地区	64126.5	33.73	12534.6	6.59

注：* 按《中国城乡建设统计年鉴（2014）》的统计结果，此处“人均住宅建筑面积”为建制镇建成区户籍人口人均住宅建筑面积。** “人均公共建筑面积”为建制镇建成区户籍人口人均公共建筑面积。数据根据《中国城乡建设统计年鉴（2014）》计算整理。

综合分析，西部大开发以来，随着西部地区城镇化进程的加快，小城镇公共建筑发展迅速。但是，目前西部地区小城镇住宅建筑水平区域比较最低，新型城镇化过程中人民的住房保障水平和能力亟待提高。

4.3.1.6　教育服务比较

根据2015年《中国县域统计年鉴·乡镇卷》相关统计数据，对2014年底全国各地区乡镇小学、教师情况进行比较分析，2014年底，西部8省区全部乡镇共有小学47220所，平均每个乡镇有小学7.26所，每万人拥有小学3.06所；小学在校学生人数共计1239.4万人，教师80.6万人，生师比为15.38/1，平均每个小学有学生262人。从小学学校数看，西部8省区平均每个乡镇有学校数仅比中部地区平均值低，高于全国及其他地区同期水平；每万人拥有小学数高于全国各地区同期水平。从生师比、平均每个小学拥有学生人数等指标看，西部8省区乡镇小学生师比区域比较情况说明其小学教师配置数量高于东部地区、中部地区，但少于全国、西部地区和西部其余地区同期水平；西部8省区乡镇平均每个小学有学生人数仅高于中部地区平均值，低于全国及其他地区同期水平（见表4–57）。

表4-57　2014年底全国各地区乡镇小学、教师情况比较

地区	学校数（所）	每个乡镇有小学数量（所）	每万人有小学数量（所）	在校学生数（万人）	教师数（万人）	生师比	平均每个小学有学生数（人）
全国	216207	6.59	2.23	6404.8	417.7	15.33/1	296
东部地区	46827	6.16	1.42	1986.3	127.9	15.53/1	424
中部地区	80443	9.26	2.75	2060.6	124.9	16.50/1	256
西部地区	78079	5.53	2.69	2110.9	139.1	15.18/1	270
西部 8 省区	47220	7.26	3.06	1239.4	80.6	15.38/1	262
西部其余地区	30859	4.05	2.26	871.5	58.5	14.90/1	282

注：数据来源于 2015 年《中国县域统计年鉴·乡镇卷》。

综合比较分析，目前西部地区教育公共服务从硬件设施看较以前有了很大改善，各项指标区域比较水平均较高；但是教育服务的软件配置水平较低，教师特别是优秀教师缺乏，学生辍学流失现象较其他地区严重。

4.3.1.7　医疗卫生比较

表4-58的数据显示，2014年底，西部8省区所有乡镇共有卫生院7639个，平均每个乡镇有卫生院1.17个，平均每个乡镇村卫生室14.29个，平均每个乡镇卫生院有床位25.35张。通过上述指标的区域比较发现：平均每个乡镇有卫生院的数量，西部8省区最高；平均每个乡镇村卫生室的数量，西部8省区最低；平均每个乡镇卫生院床位数，西部8省区仅高于西部地区同期平均值，低于全国及其他地区水平。据此判断，目前西部8省区小城镇医疗卫生设施条件较以前有了很大改善，其中平均每个乡镇拥有卫生院的数量区域比较排名第一。但是，目前西部8省区许多小城镇硬件设施不足的现状仍然存在，村卫生室设置、床位配置等指标远远低于全国及其他地区平均水平。

表4-58　2014年全国各地区乡镇基层医院设置情况比较

地区	乡镇卫生院（个）	平均每个乡镇有卫生院（个）	乡镇卫生院床位数（张）	平均每个乡镇卫生院床位数（张）	村卫生室（个）	平均每个乡镇拥有村卫生室（个）
全国	36902	1.13	1167245	31.63	645470	19.69
东部地区	8306	1.09	324900	39.12	199511	26.24
中部地区	9696	1.12	369613	38.12	200892	23.13
西部地区	16123	1.14	403840	25.05	202360	14.33
西部 8 省区	7639	1.17	193665	25.35	92951	14.29

注：数据根据《中国卫生统计年鉴（2015）》计算整理。

根据表4–59数据区域比较分析，从医疗卫生机构执业（助理）医师总数看，西部8省区所有乡镇共有执业（助理）医师14.88万人，占全国总数的12.66%，占西部地区总数的44.21%。从平均每个医疗卫生机构有执业（助理）医师人数和平均每个乡镇有执业（助理）医师人数两项指标看，西部8省区均最低，其中平均每个乡镇有执业（助理）医师人数不及中东部地区平均水平的一半。据此判断，目前西部8省区小城镇医疗卫生软件水平区域比较最低。

表4–59　2014年底全国各地区乡镇医疗卫生人员情况比较

地区	医疗卫生机构（个）	执业（助理）医师（万人）	平均每个医疗卫生机构有执业（助理）医师（人）	平均每个乡镇有执业（助理）医师（人）
全国	85744	117.53	13.71	35.85
东部地区	31562	41.13	13.03	54.10
中部地区	27496	42.74	15.54	49.21
西部地区	26686	33.66	12.61	23.84
西部 8 省区	12816	14.88	11.61	22.88
西部其余地区	13870	18.78	13.54	24.66

注：数据根据 2015 年《中国县域统计年鉴 · 乡镇卷》计算整理。

综合分析，目前西部8省区小城镇在医疗卫生供给上，无论从医疗机构等硬件设施比较，还是从医疗技术人员等软件配置比较，与全国其他区域均存在一定差距。

4.3.1.8　社会保障比较

根据2015年《中国县域统计年鉴 · 乡镇卷》相关统计数据，对2014年底全国各地区乡镇社会福利情况比较分析，2014年底，西部8省区平均每个乡镇有各种社会福利收养性单位1.10个，平均每个乡镇社会福利收养性单位有床位32.95张，平均每个乡镇社会福利收养性单位现有收养人19.56人。通过区域比较可知，西部8省区小城镇拥有社会福利收养性单位的平均值仅比东部地区和中部地区低，高于全国、西部地区和西部其余地区同期平均水平；但是，小城镇社会福利收养性单位拥有床位的平均值，以及小城镇社会福利收养性单位收养人数的平均值，均为最低。因此，目前西部8省区小城镇社会保障水平比较低，社会保障能力不高（见表4–60）。

表4-60　2014年底全国各地区乡镇社会福利情况比较

地区	社会福利收养性单位数（个）	社会福利收养性单位床位数（万张）	社会福利收养性单位收养人数（万人）	平均每个乡镇有社会福利收养性单位数（个）	平均每个乡镇社会福利收养性单位床位数（张）	平均每个乡镇社会福利收养性单位收养人数（人）
全国	33404	214.11	144.43	1.02	65.31	44.05
东部地区	9285	78.83	47.85	1.22	103.70	62.94
中部地区	11661	77.70	58.74	1.34	89.46	67.63
西部地区	12458	57.58	37.84	0.88	40.78	26.80
西部 8 省区	7130	21.43	12.72	1.10	32.95	19.56
西部其余地区	5238	36.15	25.12	0.69	47.46	32.98

注：数据根据 2015 年《中国县域统计年鉴 · 乡镇卷》计算整理。

4.3.1.9　公共文化比较

根据2015年《中国县域统计年鉴 · 乡镇卷》相关统计数据，对2014年底全国各地区乡镇公共文化情况比较分析，2014年底，西部8省区平均每个乡镇有图书馆、文化站1.65个，有剧场、影剧院0.08个，有体育场馆0.19个。通过区域比较可知，西部8省区小城镇拥有图书馆、文化站的平均值低于全国、东部地区和中部地区同期平均水平；拥有剧场、影剧院的平均值远远低于全国、中东部地区同期平均水平，与西部地区、西部其余地区持平；拥有体育场馆的平均值不及全国、中东部地区同期平均水平，略好于西部地区、西部其余地区。因此，目前西部地区小城镇公共文化服务设施较为不足，特别是剧场、影剧院和体育场馆等公共文化设施供给水平明显低于全国、东部地区和中部地区平均水平（见表4-61）。

表4-61　2014年底全国各地区乡镇公共文化情况比较

单位：个

地区	图书馆、文化站	剧场影剧院	体育场馆	平均每个乡镇有图书馆、文化站	平均每个乡镇有剧场、影剧院	平均每个乡镇有体育场馆
全国	72675	5144	8995	2.22	0.16	0.27
东部地区	20033	2007	2281	2.64	0.26	0.30
中部地区	27063	1807	3919	3.12	0.20	0.45
西部地区	21650	1161	2497	1.53	0.08	0.18
西部 8 省区	10715	526	1233	1.65	0.08	0.19
西部其余地区	10935	635	1264	1.44	0.08	0.17

注：数据根据 2015 年《中国县域统计年鉴 · 乡镇卷》计算整理。

4.3.1.10　人口就业比较

表4-62数据显示，2014年底，西部8省区乡镇从业人员总数为8902.9万，占同期常住人口比重为57.78%，第一产业从业人员、第二产业从业人员、第三产业从业人员占从业人员的比重分别为62.72%、15.19%、22.09%。通过区域比较分析，西部8省区小城镇从业人员占常住人口比重基本接近于全国及其他地区水平，但第一产业从业人员占从业人员总数的比重最高，第二产业从业人员、第三产业从业人员占从业人员总数的比重均最低。由此判断，目前西部地区小城镇人口就业仍以第一产业为主，全国其他地区（包括西部其余地区）小城镇就业结构优于西部8省区。

表4-62　2014年底全国各地区乡镇人口就业情况比较

地区	第一产业从业人员占从业人员比重（%）	第二产业从业人员占从业人员比重（%）	第三产业从业人员占从业人员比重（%）	从业人员总数（万人）	从业人员占常住人口比重（%）
全国	46.22	28.05	25.73	55407.6	57.10
东部地区	34.48	38.19	27.33	18616.7	56.45
中部地区	46.53	27.85	25.62	16937.3	57.98
西部地区	56.50	18.86	24.64	16798.1	57.83
西部 8 省区	62.72	15.19	22.09	8902.9	57.78

注：数据根据 2015 年《中国县域统计年鉴・乡镇卷》计算整理。

综上，目前西部地区小城镇公共服务供给与全国及其他地区比较，无论是基础设施还是基本公共服务在水平、质量、能力等方面均存在一定差距，公共服务供给的区域不平衡性较为突出。

4.3.2　西部8省区小城镇公共服务供给比较

在对西部地区小城镇公共服务供给与全国范围其他地区比较的基础上，拟对西部8省区内部（包括西北地区、西南地区和各省区[①]）进行更为具体的比较。

根据不同的地理区位及经济发展水平，前文将西部8省区分别划分为西南地区、西北地区和华北内蒙古自治区三个分区。由于不同分区在自然、社会环境等方面也存在较为明显的差异，加之各省在经济社会发展方面的差异，导致西部8省区公共服务水平也极不均衡。此外，各类公共服务供给也表现出不一致情况，大多数公共服务供给指

① 这里西北地区指的是西藏、青海、宁夏、新疆4个省区；西南地区指的是云南、贵州和广西3个省区；华北地区仅为内蒙古自治区；以下皆同。

标最高的省份与最低的省份之间相差在2倍以上，部分公共服务供给指标最高的省份与最差的省份相差甚至多达10倍以上。具体而言，西南地区资源禀赋较好。西南的云南、贵州、广西水资源充沛，能源、矿产资源丰富，自然条件较好。而西北的西藏、青海、宁夏、新疆和华北的内蒙古，则水资源相对匮乏，自然条件比较恶劣。这些因素直接造成了各地区公共服务供给的“不均等”。

4.3.2.1 基础设施地区差异性特征明显

从2014年建制镇公共基础建设投资来看，西北地区各省区平均值为262774万元，远低于西南各省区平均值1323083万元，省区之间存在较为明显的差异。

①供水。我国水资源南北分布不均。就西部8省区而言，西南诸省区水资源要比北部各省区丰富。但就建制镇供水用水而言，各省区情况不一、条件各异。其中广西、新疆、云南三省区集中供水的乡镇比例最高，分别达到98.93%、98.37%、97.83%，供水普及率分别为86.02%、82.39%、85.29%；青海、宁夏和内蒙古三省区集中供水情况较差，其集中供水的建制镇个数分别占各省区建制镇总数的80.58%、87.18%、91.51%；供水普及率极低，分别为72.24%、72.14%、65.39%。从人均用水情况来看，西北地区人均日生活用水量为74.88升，内蒙古为57.35升；而西南地区人均日生活用水量为98.53升，人均日生活用水量最高的广西壮族自治区是106.61升，比最低的内蒙古自治区多49.26升（见表4–63）。

表4–63 2014年西部8省区建制镇供水、用水情况比较

地区名称	集中供水的建制镇个数（个）	占全部建制镇的比例（%）	建制镇居住人口（万人）	用水人口（万人）	供水普及率（%）	人均日生活用水量（升）
西部 8 省区	2516	95.27	1932.57	1544.4	79.91	81.60
贵州	609	94.27	481.95	380.6	78.97	96.36
云南	541	97.83	399.42	340.7	85.29	90.26
广西	646	98.93	538.76	463.4	86.02	106.61
青海	83	80.58	58.04	41.9	72.24	62.26
宁夏	68	87.18	54.96	39.7	72.14	77.54
新疆	181	98.37	99.14	81.7	82.39	80.79
内蒙古	388	91.51	300.3	196.4	65.39	57.35
西北地区	332	90.96	212.14	163.3	76.98	74.88
西南地区	1796	96.98	1420.13	1184.7	83.42	98.53

注：数据根据《中国城乡建设统计年鉴（2014）》计算整理。

②道路桥梁。由于西南地区山高林密，而西北地区和内蒙古自治区则地势相对平坦，加之人口密度较低，所以西南地区的人均道路长度、人均道路面积，以及每千米桥梁座数均低于西北地区和内蒙古自治区。2014年，西南地区建制镇人均道路长度仅为1.43米、人均道路面积10.45平方米，而西北地区建制镇人均道路长度为2.34米、人均道路面积为15.22平方米。西北地区建制镇平均每千米有桥梁0.32座，西南地区建制镇平均每千米有桥梁0.20座（详见表4-64）。

表4-64　2014年底西部8省区建制镇道路、桥梁情况比较

地区名称	道路长度（千米）	人均道路长度（米）	道路面积（万平方米）	人均道路面积（平方米）	桥梁座数（座）	每千米桥梁座数（座）
西部 8 省区	30411	1.57	21647	11.20	6938	0.23
贵州	6652	1.38	5111	10.61	1131	0.17
云南	5039	1.26	3556	8.90	1535	0.30
广西	8595	1.60	6169	11.45	1402	0.16
青海	817	1.41	608	10.47	199	0.24
宁夏	1229	2.24	708	12.87	166	0.14
新疆	2915	2.94	1913	19.29	1218	0.42
内蒙古	5164	1.72	3582	11.93	1287	0.25
西北地区	4961	2.34	3229	15.22	1583	0.32
西南地区	20286	1.43	14836	10.45	4068	0.20

注：数据根据《中国城乡建设统计年鉴（2014）》计算整理。

③燃气、供热。从表4-65可以直观发现，2014年底，西部8省区之间燃气、供热差距显著。在燃气方面，内蒙古自治区和西北地区的燃气普及率较低，内蒙古自治区仅为15.76%，西北地区平均值为19.61%，西南地区则为34.67%。建制镇燃气普及率最高的是广西，燃气普及率为70.55%，是建制镇燃气普及率最低的贵州省12.10%的5.83倍。在集中供暖方面，实施集中供热的省区中（贵州、青海、宁夏、新疆、内蒙古），人均集中供热面积最高的宁夏回族自治区（10.39平方米）是最低的贵州省（0.67平方米）的15.51倍。西北地区建制镇人均集中供热面积为4.91平方米，西南地区则为0.22平方米，西北地区是西南地区的22.32倍。

表4-65　2014年底西部8省区建制镇燃气、供热情况比较

地区名称	用气人口（万人）	燃气普及率(%)	集中供热面积（万平方米）	人均集中供热面积（平方米）
西部8省区	581.3	30.08	3730	1.93
贵州	58.3	12.10	323	0.67
云南	54.0	13.53	0	0
广西	380.1	70.55	0	0
青海	10.5	18.16	75	1.29
宁夏	17.5	31.91	571	10.39
新疆	13.6	13.70	396	3.99
内蒙古	47.3	15.76	2365	7.88
西北地区	41.6	19.61	1042	4.91
西南地区	492.4	34.67	323	0.22

注：数据根据《中国城乡建设统计年鉴（2014）》计算整理。

④环境卫生。根据《中国城乡建设统计年鉴（2014）》相关统计数据分析，西部8省区在环境卫生基础设施建设方面的差异也较为明显。从垃圾处理、公共厕所方面看，最高省份为最低省份的2倍有余。西部8省区中，建制镇每平方千米生活垃圾中转站最多的是贵州为1.02个，最低的是青海为0.46个；每万人占有生活垃圾中转站最多的是宁夏2.53座，最低的是云南0.91座。建制镇每万人占用公厕内蒙古最多为11.77座，广西最少为4.01座；每平方千米占有公厕最多的是云南省4.67座，最少的是贵州和新疆为2.02座。

从污水处理和排水方面看，西部8省区中建制镇污水处理基础设施差异非常大。宁夏建制镇污水处理比例最高为30.8%，高于排在第二位的贵州13个百分点，比排在最低的广西高29.6个百分点。

从园林绿化方面看，由于内蒙古自治区的牲畜放养模式和西南地区的伐薪烧炭思想严重，其域内生态环境保护的任务艰巨。2014年底，西部8省区建制镇园林绿化率最高的新疆（15.63%）是最低的云南（6.21%）的2.52倍。2014年底，内蒙古建制镇的绿化覆盖率仅为9.77%，西南地区为8.63%，大大低于西北地区的12.48%，西南地区3.95%的绿地率不及西北地区（8.55%）的一半。内蒙古建制镇的人均公园绿地面积为0.16平方米，仅为西北地区建制镇平均值的12.21%[①]。

⑤公共建筑。2014年底，西部8省区（不含西藏自治区）建制镇实有公共建筑面

① 数据根据《中国城乡建设统计年鉴（2014）》计算整理。

积11639万平方米，其中：混合结构以上公共建筑面积9449.7万平方米，占全部公共建筑总面积的81.19%。在人均公共建筑面积方面，青海建制镇人均公共建筑面积最高为10.28平方米，贵州最低为4.87平方米，两者相差2.11倍[①]。

4.3.2.2　基本公共服务供给地区不平衡性突出

目前，西部8省区小城镇在医疗卫生、社会保障、公共文化和人口就业等公共服务供给方面，亦表现为十分突出的不平衡性。

①医疗卫生。西南地区较西北地区建制镇医疗卫生要条件要好。2014年底，西部8省区平均每个乡镇拥有卫生院最多的是内蒙古为1.73个，最少的是西藏为0.99个。每个医疗卫生机构平均床位数最多的广西为10.16个，最少的西藏为0.5个。每个医疗卫生机构执业（助理）医师最多的贵州为3.99人，最少的西藏为0.29人。西北地区平均每个医疗卫生机构有床位2.02张，有执业（助理）医师0.72人，分别相当于西南地区的22.80%和21.95%。因此，西部8省区在医疗卫生服务方面地区不平衡性十分突出（详见表4-66）。

表4-66　2014年底西部8省区乡镇医疗卫生机构情况比较

地区	平均每个乡镇拥有卫生院（个）	平均每个医疗卫生机构床位（张）	平均每个卫生机构执业（助理）医师（人）	平均每个行政村拥有卫生室（个）
西部 8 省区	1.17	4.85	1.86	1.24
贵州	1.13	8.98	3.99	1.25
云南	1.12	7.43	2.49	1.11
广西	1.13	10.16	3.36	1.53
西藏	0.99	0.5	0.29	1.02
青海	1.10	1.24	0.54	1.08
宁夏	1.16	1.22	0.53	1.08
新疆	1.07	5.12	1.5	1.21
内蒙古	1.73	4.18	2.18	1.24
西北地区	1.06	2.02	0.72	1.12
西南地区	1.12	8.86	3.28	1.31

注：数据根据《中国卫生统计年鉴（2015）》计算整理。

②社会保障。近年来，西部8省区经过全社会的共同努力，社会保障取得了巨大成就，但整体依然表现社会保障的非均等化，存在较为明显的地区差距。以社会福利收

① 数据根据《中国城乡建设统计年鉴（2014）》计算整理。

养性单位为例，2014年底西南地区平均每个建制镇社会福利收养性单位个数是西北地区的4.57倍，是内蒙古的2.08倍。然而，每个收养单位的床位数和收养人数，西南地区却远不及西北地区和内蒙古自治区（详见表4–67）。

表4–67　2014年底西部8省区乡镇社会福利收养性单位情况比较

地区	各种社会福利收养性单位数（个）	平均每个乡镇福利收养性单位个数（个）	各种社会福利收养性单位床位数（张）	平均每个社会福利收养性单位床位数（张）	各种社会福利收养性单位收养人数（万人）	平均每个社会福利收养性单位收养人数（人）
西部 8 省区	7130	1.10	21.43	30.06	12.72	17.84
贵州	1039	0.82	4.64	44.66	2.03	19.54
云南	571	0.46	2.67	46.76	1.53	26.80
广西	4184	3.71	5.93	14.17	3.8	9.08
西藏	188	0.27	0.46	24.47	0.37	19.68
青海	136	0.37	0.61	44.85	0.45	33.09
宁夏	61	0.32	0.55	90.16	0.43	70.49
新疆	357	0.41	1.7	47.62	1.08	30.25
内蒙古	594	0.77	4.87	81.99	3.03	51.01
西北地区	742	0.35	3.32	44.74	2.33	31.40
西南地区	5794	1.60	13.24	22.85	7.36	12.70

注：数据根据 2015 年《中国县域统计年鉴·乡镇卷》计算整理。

③公共文化。从图书馆、文化站来看，在西部8省区中宁夏回族自治区图书馆、文化站总数最少，青海省平均每个乡镇有图书馆、文化站数量最少；西南地区拥有图书馆、文化站总数多于西北地区和内蒙古自治区，但是平均每个乡镇有图书馆、文化站数量则是西南地区最少，内蒙古自治区最多。从剧场、影剧院来比较，总数最多的是广西壮族自治区（131个），最少的是青海省（9个），前者是后者的14.56倍；平均每个乡镇有剧场、影剧院数量最多的是内蒙古自治区和宁夏回族自治区（0.15个），最少的是西藏自治区（0.02个），前者是后者的7.5倍；西南地区剧场、影剧院总数比西北地区多155个，平均数多0.02个。从体育场馆来看，西部8省区中拥有体育场馆最多的是新疆维吾尔自治区（320个），最少的是宁夏回族自治区（26个），前者是后者的12.31倍；平均每个乡镇有体育场馆最多的是广西壮族自治区（0.22个），最少的是西藏自治区（0.09个），前者是后者的2.44倍；尽管西南地区拥有的体育场馆总数多于西北地区，但是平均每个乡镇所拥有的体育场馆数量却是西北地区多于西南地区（详见表4–68）。

表4-68　2014年西部8省区乡镇公共文化情况比较

地区	图书馆、文化站数(个)	平均每个乡镇图书馆、文化站数（个）	剧场、影剧院数（个）	平均每个乡镇剧场、影剧院数（个）	体育场馆数（个）	平均每乡镇体育场馆数（个）
西部 8 省区	10715	1.65	526	0.08	1233	0.19
贵州	2051	1.62	49	0.04	180	0.14
云南	1666	1.35	103	0.08	244	0.20
广西	1403	1.25	131	0.12	245	0.22
西藏	1756	2.57	10	0.02	62	0.09
青海	313	0.86	9	0.03	36	0.10
宁夏	226	1.17	29	0.15	26	0.14
新疆	1605	1.85	80	0.09	320	0.37
内蒙古	1695	2.2	115	0.15	120	0.16
西北地区	3900	1.85	128	0.06	444	0.21
西南地区	5120	1.41	283	0.08	669	0.19

注：数据根据 2015 年《中国县域统计年鉴·乡镇卷》计算整理。

④人口就业。人口就业与地区经济和产业发展有着显著相关性。由于西部8省区经济发展情况不尽相同，产业定位也不同，故各省区乡镇人口就业情况也必然存在差异。总体来看，由于西部8省区经济发展水平较为落后，工业化水平较低，第一产业从业人员占全部从业人员的一半以上，但总体上呈逐年下降趋势（2013年为63.43%，2014年为62.72%）。值得注意的是，西部8省区中，云南、西藏、青海乡镇第一产业从业人员比例依然出现增加趋势。从业人员占乡镇常住人口比例最高的是贵州省为69.59%，最低的是新疆维吾尔自治区为47.48%（详见表4-69）。

表4-69　2014年西部8省区乡镇从业人员情况统比较

地区	第一产业从业人员占从业人员比重（%）		第二产业从业人员占从业人员比重（%）		第三产业从业人员占从业人员比重（%）		2014 年从业人员总数（万人）	占乡镇常住人口比重（%）
	2014 年	2013 年	2014 年	2013 年	2014 年	2013 年		
西部 8 省区	62.72	63.43	15.19	15.06	22.09	21.51	8902.9	57.78
贵州	51.98	53.78	14.14	14.11	33.88	32.11	1993.8	69.59
云南	72.20	72.13	9.92	10.24	17.87	17.62	2086.9	56.26
广西	61.85	62.24	20.33	20.12	17.82	17.64	2617.4	57.29

续表

地区	第一产业从业人员占从业人员比重（%）		第二产业从业人员占从业人员比重（%）		第三产业从业人员占从业人员比重（%）		2014 年从业人员总数（万人）	占乡镇常住人口比重（%）
	2014 年	2013 年	2014 年	2013 年	2014 年	2013 年		
西藏	72.45	71.08	12.73	12.39	14.82	16.52	138.3	50.33
青海	54.87	54.51	21.69	20.99	23.43	24.50	223.6	48.31
宁夏	54.43	55.95	22.72	22.73	22.85	21.33	238.1	51.40
新疆	71.00	72.45	10.75	10.27	18.25	17.27	706.2	47.48
内蒙古	63.21	64.77	15.00	14.35	21.79	20.88	898.6	57.00
西北地区	65.37	65.95	15.01	14.79	19.61	19.26	1306.2	48.59
西南地区	62.14	62.78	15.25	15.21	22.62	22.01	6698.1	60.11

注：数据根据 2015 年《中国县域统计年鉴 · 乡镇卷》计算整理。

综上，西部地区小城镇公共服务供给同样存在明显的区域差异性，公共服务供给的非均等化特征较为明显。

4.4 小　结

通过对西部地区小城镇公共服务供给状况在“点”“线”“面”上的综合分析，从时间和空间两个维度的具体比较，可以得出如下结论。

从纵向时间维度分析，自西部大开发战略实施以来西部地区小城镇公共服务供给水平在不断提高，基础设施建设和基本公共服务的公共财政投资力度在加大，基础设施较以前有了较大改善；基本公共服务能力显著提升。但是，西部地区小城镇公共服务取得进步和成就的同时，依然存在基础设施供给匮乏、基本公共服务覆盖率低等一系列问题。

从横向空间维度判断，目前西部地区小城镇公共服务供给无论是从总量还是从平均值比较，整体相对于全国略显不足，特别是与东部地区和中部地区存在较大差距，区域差异化和非均等化供给特征明显；即使在西部地区，西部8省区与西部其余地区小城镇比较，亦存在一定程度的差异化供给和非均等化供给。

总体而言，目前西部地区小城镇公共服务供给水平较低，难以保障公民生存和发展的基本需求；基本公共服务非均等化特征明显，不能完全满足经济社会发展的需要，亟待加大公共服务供给能力和水平。

第5章　西部地区小城镇公共服务需求状况研究

在新的历史发展阶段，我国新型城镇化进程不断加快，西部地区小城镇建设进入持续飞跃发展期，经济社会发展水平的不断提高带来公共服务需求全面快速增长，人民群众期待获得更高质量的公共服务。本章立足公共服务目标群体视角，通过问卷调查、实地调研等方法和手段，对西部地区小城镇自下而上的公共服务需求进行科学的实证分析和研究，识别提炼出新阶段西部地区小城镇民众最急需的公共服务菜单和偏好结构，从“人”的需求到“产业”的需求，再到“企业”的需求，进而深刻认知西部地区小城镇公共服务发展的一般规律与普遍问题，为提出对策建议奠定基础。

5.1　新型城镇化下小城镇公共服务需求的总体概述

公共需求对政府公共服务供给能力要求主要表现在：一是政府通过加强公共基础设施建设及提高公共服务水平，积极保证公民的基本生活需求，提供教育、就业、医疗等社会成员基本生存所需的各项服务；二是通过制度设计和设施建设提供每个公民可能的发展空间，满足公民自身发展的需求，减少社会成员生产生活中自身需求满足的各种障碍，使制度安排和制度设计能够满足其个人利益实现。总体看来，公共需求的全面增长与公共产品供给的短缺以及公共服务的不到位，将成为今后一段时期西部民族地区小城镇经济社会发展的突出矛盾和主要问题。全社会全面快速增长的公共需求开始形成新时期改革发展的新的动力和压力，如何通过有限公共资源的合理利用产生最大的社会效益，从而实现资源配置的“帕累托改进”，成为现阶段中国各级政府面临的最大考验。

然而，新型城镇化赋予了小城镇两种属性：一是宜产业性，二是宜居性。对于小城镇而言，无论哪种类型的小城镇，传统的抑或是现代的，一般的抑或是有特色的，人居环境优越型小城镇抑或是特色产业发展型小城镇，其宜产业性和宜居性都是无法割裂出来分别进行研究的。同时，供给和需求是一枚硬币的两个面，从需求的维度来看，特色产业发展型小城镇，不仅对促进产业发展增加物质资本和土地生活力的“硬件服务”具有基本的需求，还对提高劳动者生产力的“软件服务”具有附加配套需求；而人居环境优越型小城镇亦是如此，不仅对劳动者提供便利、舒适的“生活类公共服务”具有更高层次的需求，更加对产业发展提供投资环境和政策空间的“生产类公共服务”具有强烈的需求。

5.2 宜居性角度下小城镇民众对公共服务满意度和紧迫度评判

理论界对小城镇人居环境质量评价的指标体系研究较为丰富。本书以公共服务为视角，对西部地区小城镇镇区居民和农村居民分别进行了公共服务满意度和紧迫度的调查。镇区居民对公共服务满意度和需求紧迫度主要从居民生活、景观环境、社会服务、市政公用设施四大类进行评判，农村村民对公共服务满意度和需求紧迫度主要从适宜生活生产的农村居民生活类服务、景观环境、社会服务、基础设施类服务四大类进行评判。

5.2.1 镇区居民对公共服务满意度和需求紧迫度调查

5.2.1.1 数据情况说明

在充分收集国内外相关资料、反复论证的基础上，建构了本研究具有地方特色的指标体系，见表5-1；继而参考国内外相关调查问卷内容，结合西部地区小城镇公共服务发展的实际情况，自行编制了调查问卷。问卷主要从宜居性视角兼顾生存发展需要设置了居民生活、景观环境、社会服务、市政公用设施四大类问题对镇区居民满意度进行调查。调查组分别在西北地区小城镇、西南地区小城镇、内蒙古自治区小城镇收回有效问卷288份，采用的调研方法是随机抽样调查与半结构式访谈相结合的方法。总体上看，受访人员具有如下几个特点：①受访者的职业身份主要为教师、公务员、个体户（包括部分在镇上做生意的农民）、公司雇员、司机等；②受访者以中、青年为主，25～55岁占89.6%；③受访者文化程度，小学占21.4%，初中占36.3%，中专或高中占32.1%，大专及大专以上占10.2%；④受访者在当地居住时间至少在10年以上，且对当地的社会发展、人文环境或多或少有感性或理性认识。由此可知，调查对象大都是思想成熟且对当地比较熟悉、对社会问题有“看法”的人，其所填问卷或所谈观点基本上可以较真实地反映他们对本地区公共服务的评判与要求。

表5-1　镇区居民对公共服务满意度评价指标体系

<table>
<tr><th>类</th><th colspan="2">款</th><th>项</th></tr>
<tr><td rowspan="3">居民生活类
公共服务</td><td colspan="2">保障房</td><td>供给制度、移民安置房、棚户区改造</td></tr>
<tr><td colspan="2">消费水平</td><td>水、电、气、垃圾等生活必需品价格
医疗、卫生、教育消费</td></tr>
<tr><td colspan="2">社区服务</td><td>面向群众的便民利民服务，面向特殊群体的社会救助、社会福利和优抚保障服务水平</td></tr>
<tr><td rowspan="3">景观环境类
公共服务</td><td colspan="2">园林绿化</td><td>公园、城镇绿化程度</td></tr>
<tr><td colspan="2">市容环境卫生</td><td>道路清洁
公厕及卫生条件</td></tr>
<tr><td colspan="2">环境质量</td><td>城镇的噪声、城镇的空气质量
周围水域（河道）环境、防洪</td></tr>
<tr><td rowspan="6">市政公用
设施</td><td colspan="2">生活用水、用电</td><td>是否会经常停水、停电</td></tr>
<tr><td colspan="2">生活用气</td><td>是否方便</td></tr>
<tr><td colspan="2">生活用暖</td><td>是否有集中供暖</td></tr>
<tr><td colspan="2">菜市场</td><td>家附近是否有菜市场</td></tr>
<tr><td colspan="2">市政道路交通</td><td>公共停车场、公共交通工具、出行通达便利情况</td></tr>
<tr><td colspan="2">通信设施</td><td>电话、网线、是否有公共网络覆盖</td></tr>
<tr><td rowspan="13">社会类
公共服务</td><td rowspan="2">教育
服务</td><td>硬件服务</td><td>教学设施</td></tr>
<tr><td>软件服务</td><td>教学水平</td></tr>
<tr><td rowspan="2">医疗
服务</td><td>硬件服务</td><td>医疗设施</td></tr>
<tr><td>软件服务</td><td>医疗水平</td></tr>
<tr><td rowspan="2">社会福利与社会保障</td><td>硬件服务</td><td>敬老院、孤儿院、幼儿园、托儿所等</td></tr>
<tr><td>软件服务</td><td>制度设计</td></tr>
<tr><td rowspan="2">社会
治安</td><td>硬件服务</td><td>执勤点设置</td></tr>
<tr><td>软件服务</td><td>案件发生率</td></tr>
<tr><td rowspan="2">就业
创业</td><td>硬件服务</td><td>职业学校、人才市场</td></tr>
<tr><td>软件服务</td><td>培训</td></tr>
<tr><td rowspan="2">文化与科技</td><td>硬件服务</td><td>娱乐和体育设施（电影院、体育馆、博物馆、图书馆、健身广场）</td></tr>
<tr><td>软件服务</td><td>精神文化活动和体育运动</td></tr>
<tr><td>管理水平</td><td colspan="2">建设规划、土地利用、空间布局、城镇管理等</td></tr>
</table>

5.2.1.2 镇区居民对公共服务满意度评价和需求紧迫度排序

根据前文小城镇公共服务满意度评价指标体系的相关内容设计问卷调查表，要求镇区居民对本地各类公共服务单项指标的现状即满意程度进行评价：满意、比较满意、一般（或无所谓）、不太满意、不满意。有些指标还要采用纵向发展评价法，即比以前好、跟以前差不多、比以前差。问卷调查的具体结果如下。

①居民生活类公共服务。据对288份有效问卷的统计，居民对保障房、移民安置房、棚户区改造供给的整体满意度是比较满意的。也有一些不满意的地方，如对保障房供给制度的设定不满意率达36.9%；房屋宽敞与舒适程度、房屋结构的不满意率分别为57.3%、58.4%，而对日照通风条件的不满意率也达38.6%，出现这种结果的原因一方面是住宅建设不规范；另一方面可能是随着物质生活水平的提高，更多的居民对住宅内部设施条件和外部环境、市政配套等方面提出了更高要求。调查显示，居民最看重的是房子的位置，其次是面积，最后才是质量、朝向、房型、外观面貌等。消费水平方面，居民对水、电、气、垃圾等生活必需品价格的满意度为56.3%，但是不满意率也较高，这其中的原因是深层的，如水、电、气、垃圾等价格在某个特殊时期受市场供给不足的影响而大幅上涨，这样就很容易导致居民因相对收入减少而出现的生活质量下降的问题，现在就有很多居民反映所用自来水费太高，家庭用水的价格是3.0元/吨，而商业用水的价格高达9.0元/吨，显然，这样的水费价格是与当地经济发展水平不符的，更有许多小城镇的煤气价格过高。有62.5%的居民对医疗、卫生、教育消费的满意度评价较低，主要原因是认为药品价格过高。有41.7%的居民对社区服务评价不高，原因是许多返乡农民工从大城市回来，将小城镇社区服务与大城市社区进行比较，认为小城镇社区仅能满足基本服务，缺乏多样性、个性化服务，便民利民服务水平较低，详见表5-2。

据统计测算，西部地区小城镇居民生活类公共服务各地区需求紧迫度排序依次为降低医疗卫生等生活消费水平→改革保障房供给制度→提高社区服务水平。

表5-2 居民生活类公共服务满意度评价

单位：%

款	项	满意	比较满意	无所谓	不太满意	不满意
保障房等	供给制度	25.3	37.8	0	18.7	18.2
	房屋宽敞与舒适程度	14.6	28.1	0	30.2	27.1
	日照通风条件	27.1	34.4	0	21.9	16.7
	房屋结构	15.6	21.9	4.2	34.4	24.0

续表

款	项	满意	比较满意	无所谓	不太满意	不满意
消费水平	水、电、气、垃圾等生活必需品价格	29.2	27.1	0	26.8	16.9
	医疗、卫生、教育消费	14.6	22.9	0	35.4	27.1
社区服务	社区服务水平	18.8	38.5	1.0	18.8	22.9

注：数据来源于2015年报告调查问卷。

②市政公用设施。据对288份有效问卷的统计，居民对市政公用设施公共服务的满意度均在50%以上，尤其是对市政道路交通和通信设施的满意率达60%以上，对生活用水、用电、用气的满意率在55%以上，其他如生活供暖和菜市场情况的满意率略低，主要原因是西南地区小城镇生活集中供暖尚未普及，而西南地区冬季湿冷、其他取暖成本过高。居民对菜市场的满意率较低的原因主要还是对其卫生条件的评价较低。据统计，西南地区小城镇居民市政公用设施需求紧迫度排序依次为生活用水、用电→生活供暖→市政道路交通→菜市场→生活用气→通信设施；西北地区和内蒙古自治区市政公用设施需求紧迫度排序依次为菜市场→生活用水、用电→市政道路交通→生活用暖→生活用气→通信设施。

表5-3　市政公用设施满意度评价　单位：%

款	项	满意	比较满意	一般	不太满意	不满意
生活用水、用电	是否会经常停水、停电	16.7	39.6	26.9	12.5	4.3
生活用气	是否方便	24.9	34.5	21.9	10.3	8.4
生活供暖	是否有集中供暖	12.5	33.8	16.7	27.6	9.4
菜市场	家附近是否有菜场、卫生条件如何	18.3	32.6	19.0	15.2	14.9
市政道路交通	公共停车场、公共交通工具、出行通达便利情况	19.8	41.7	20.1	12.4	6.0
通信设施	电话、网线、是否有公共网络覆盖	25.9	44.3	15.2	10.8	3.8

注：数据来源于2015年报告调查问卷。

③景观环境类公共服务。对288份有效问卷的统计显示，近60%的居民认为水、气、噪、固的污染要比5~10年前严重些；从环境质量来看，居民对镇内噪声污染的意见最大，其不满意率高达62.5%。研究对噪声的来源作了进一步的调查，居民普遍反映商业网点、卡拉OK厅是主要的噪声污染源，所占比重为34%。有些镇上的音像店播放的音响声在100米开外都能清晰听见，附近居民对这些音像店的意见非常大。其他的噪

声污染源主要有路上的车辆声和街上行人的嘈杂声，所占比重分别为16%、27%。受访居民对空气质量的满意率达到了53.1%，其不满意率为41.7%，进一步调查显示，这部分人对空气质量感到不满意的主要原因就是认为灰尘多、汽车尾气难闻，分别占调查总数的25%和23%。受访居民对周围水域（河道）环境的评价近乎是喜忧参半，即满意率（47.9%）和不满意率（45.8%）大体相当，居民感到不满意的原因主要就是认为一些小沟渠脏臭严重、有些小工厂的污水未经处理就直接排到河流、水的硬度高等，难怪他们感叹地说“现在很难看到像以前那样清澈的河水了”，但是对防洪的满意度还是较高的，达到71.6%。环境保护和生态建设的配套机制不健全，使得部分小城镇人居环境遭受了负外部性影响。有些小城镇沿着通航河道而建，这种大家“共饮一江水”的布局方式很容易因上游城镇的排污而造成对下游城镇水域的污染和环境的破坏，但由于我国的水管理体制是一种典型的“九龙治水”，与水相关的各部门各自为政，相互之间缺乏协调和衔接，没有制定出区域内或流域内生态环境的共同保护机制和环境违法行为联防机制，从而就出现了“上游污染下游买单”的现象。

居民对镇内的道路清洁状况的满意度较高，达到了61.6%，一些受访者普遍认为环卫工人对工作很负责，能及时将垃圾清运干净，自己平时也主动将生活垃圾倒入固定的垃圾堆场，有少部分人甚至愿意将不同垃圾分装处理。不过，一些不满意现在市容环境卫生的人反映的一个突出问题就是公厕卫生条件较差。还有部分居民对园林绿化不满意，认为镇内的绿化面积偏少，许多小城镇还没有公园。

从需求紧迫度的角度看，西南地区小城镇居民景观环境类公共服务需求紧迫度排序依次为市容环境卫生→园林绿化→环境质量；西北地区和内蒙古自治区景观环境类公共服务需求紧迫度排序依次为环境质量→市容环境卫生→园林绿化，具体详见表5-4。

表5-4　景观环境类公共服务满意度评价　　单位：%

款	项	满意	比较满意	一般	不太满意	不满意
园林绿化	公园、城镇绿化程度	23.7	24.1	15.5	17.3	19.4
市容环境卫生	道路清洁	27.2	34.4	8.3	16.6	13.5
	公厕及卫生条件	19.7	21.9	26.7	19.3	12.4
环境质量	城镇的噪声	13.5	15.6	8.4	40.6	21.9
	城镇的空气质量	20.8	32.3	5.2	22.9	18.8
	周围水域（河道）环境	17.7	30.2	6.3	20.8	25.0
	防洪	31.9	39.7	11.4	13.5	3.5

注：数据根据调查问卷统计。

④社会类公共服务。对社会人文环境的评价，主要从教育服务、医疗服务、社会福利与社会保障、社会治安、就业创业、文化与科技、管理水平等几个方面来调查分

析。从总体上看，社会类公共服务满意度总体上评价不高，教育和医疗的硬件设施供给大大高于软件服务水平；社会保障居民接受市场化服务程度较低，当前敬老院、幼儿园、托儿所等社会福利机构公共服务供给水平较低，而需求又处于极度旺盛状态；就业创业培训逐渐完善起来，但是长期满足职业需求的教育机构建立太少；文化娱乐类基础设施大多数乡镇还是以修建广场为主，种类较少，精神文化活动和体育运动方式极为单一，越来越不能满足人民群众的需求；大多数的群众认为现在的社会秩序比以前好，人文氛围也比以前好，自身周边黄赌毒的事件很少发生，青少年犯罪问题也较少，非法音像制品和出版物并不泛滥，积极、健康、充满活力的社会文化氛围正在形成，具体详见表5–5。

但是，由于大多数小城镇建设起步晚、底子差，行政管理水平跟不上社会、市场变化。一方面，小城镇建设规划滞后，城镇管理方式粗放，管理水平和力度较差。西部地区小城镇的空间发展过程绝大多数都属于一种自发性的成长状态，起初根本没有统一的规划和布局，时至今日，基层政府在制定城镇发展规划纲要时也或多或少地带有政府领导的“政绩意图”或“个人意志”元素，所制定出来的城镇建设规划要么天生就是“畸形儿”，以眼前的、局部的经济效益为重，而对长远的、整体的环境效益和社会效益重视不够；要么就是不具有可操作性，科学性、实效性和前瞻性都较差，城镇发展观念和规划意识都较薄弱。特别是有些城镇的相关职能部门缺乏城市规划与管理方面的专业人才，现有的一些工作人员基本上也没有经过专业培训，这种专业知识贫乏的状况必然进一步影响城镇建设的效率和质量。另外，我国法律明确规定乡镇政府不具有执法主体资格，但在实际的城镇管理与城镇规划建设实践中，乡镇政府的责任却又非常重大，这种有责无权的状况就极易导致小城镇的建设与管理大打折扣，也严重削弱了小城镇人居环境建设的质量。另一方面，土地资源利用不合理成为西部地区小城镇管理水平落后的重要羁绊。土地利用的不合理表现在三个方面。一是部分小城镇的规划设计严重脱离实际，盲目学大中城市建所谓的标志性建筑或设施，使得其用地规模与小城镇的实际“承受能力”不符，这样不仅造成了土地资源的浪费，也挤占了住宅、学校、医院等对土地资源的需求，从而影响和降低了小城镇公共服务的整体质量。二是“马路经济”的形成使得小城镇用地布局不合理。所谓“马路经济”就是指小城镇的开发建设集中在主要街道或过境公路两侧，呈现出一种轴向式的布局。这种布局有一个突出的问题就是不能很好地对小城镇内部进行功能分区，如有些小商铺、小工厂甚至危险品仓库就直接穿插在居民区中间，这既造成了居住、工业、仓储等用地功能混杂，又会对人居生活造成极大的安全隐患。三是镇、村土地产权不清，使得不同使用性质的用地相互交错，特别是有些居民利用自己的宅基地自建私房，这些都增加了小城镇开发建设和管理的难度。

从需求紧迫度的角度看，西部地区小城镇居民社会类公共服务需求紧迫度排序依次均为社会保障与社会福利→社会管理水平→医疗服务→教育服务→就业创业→社会治安→文化与科技。

表5-5 社会类公共服务满意度评价

单位：%

<table>
<tr><th>款</th><th colspan="2">项</th><th>满意</th><th>比较满意</th><th>一般</th><th>不太满意</th><th>不满意</th></tr>
<tr><td rowspan="2">教育服务</td><td>硬件服务</td><td>教学设施</td><td>27.1</td><td>33.3</td><td>17.7</td><td>16.7</td><td>5.2</td></tr>
<tr><td>软件服务</td><td>教学水平</td><td>21.2</td><td>30.3</td><td>28.2</td><td>11.7</td><td>16.7</td></tr>
<tr><td rowspan="2">医疗服务</td><td>硬件服务</td><td>医疗设施</td><td>11.8</td><td>24.6</td><td>11.3</td><td>38.4</td><td>13.9</td></tr>
<tr><td>软件服务</td><td>医疗水平</td><td>10.4</td><td>17.1</td><td>10.0</td><td>32.3</td><td>30.2</td></tr>
<tr><td rowspan="2">社会福利与社会保障</td><td>硬件服务</td><td>敬老院、孤儿院、幼儿园、托儿所等</td><td>7.9</td><td>15.9</td><td>39.7</td><td>28.5</td><td>8.0</td></tr>
<tr><td>软件服务</td><td>制度设计</td><td>10.9</td><td>25.9</td><td>29.4</td><td>24.9</td><td>8.9</td></tr>
<tr><td rowspan="2">社会治安</td><td>硬件服务</td><td>执勤点设置</td><td>33.8</td><td>32.8</td><td>21.5</td><td>10.1</td><td>1.8</td></tr>
<tr><td>软件服务</td><td>案件发生率</td><td>32.6</td><td>29.6</td><td>17.8</td><td>14.3</td><td>5.7</td></tr>
<tr><td rowspan="2">就业创业</td><td>硬件服务</td><td>职业学校、人才市场</td><td>10.3</td><td>26.7</td><td>23.4</td><td>24.3</td><td>15.3</td></tr>
<tr><td>软件服务</td><td>培训</td><td>38.6</td><td>29.6</td><td>16.8</td><td>13.3</td><td>1.7</td></tr>
<tr><td rowspan="2">文化与科技</td><td>硬件服务</td><td>娱乐和体育设施（电影院、体育馆、博物馆、图书馆、健身广场、科技馆）</td><td>39.9</td><td>26.6</td><td>17.8</td><td>10.6</td><td>5.1</td></tr>
<tr><td>软件服务</td><td>精神文化活动和体育运动</td><td>9.4</td><td>19.8</td><td>26.0</td><td>30.2</td><td>14.6</td></tr>
<tr><td>管理水平</td><td colspan="2">建设规划、土地利用、空间布局、城镇管理等</td><td>7.9</td><td>15.9</td><td>39.7</td><td>28.5</td><td>8.0</td></tr>
</table>

注：数据根据调查问卷统计。

5.2.2 小城镇农村居民对公共服务满意度和需求紧迫度调查

为了更加全面地了解西部地区小城镇公共服务的需求情况，我们将前面西北地区、西南地区和内蒙古自治区的小城镇分成三类：一类是靠近大城市的重点镇、城关镇，二类是一般乡镇，三类是远离中心城市的小城镇和林场、农场民族乡，并且对这三类乡镇的农村居民的公共服务满意度和需求紧迫度进行了调查。

5.2.2.1 数据来源及说明

此次调查，在充分收集国内外相关资料、反复论证的基础上，建构了本研究具有地方特色的指标体系；继而参考国内外相关调查问卷内容，结合西部地区小城镇农村部分公共服务发展的实际情况，自行编制了调查问卷。问卷主要从宜居性视角兼顾生存发展需要设置了居民生活类、景观环境类、基础设施类、社会服务类四大类对农民满意度进行调查。调查主要采取与职能部门座谈讨论、随机抽样调查、典型调查、通信调查和比较调查5种调查方式，共发放问卷300份，实际收回有效问卷292份。

调查对象中，小学文化程度以下者占8%，小学文化程度者占35%，初中文化程度者占35%，高中及以上文化程度者占22%；有39.85%的农民主要依靠种植业为生，有19.54%的农民主要依靠养殖业为生，有33.41%的农民主要依靠外出打工为生，有4.02%的农民主要依靠自主创业，有3.18%的农民依靠其他收入为生；农民家庭人均年纯收入在3000元以下的占11.51%，3000～5000元的占50.62%，5000～8000元的占21.05%，8000元以上的占15.82%。

5.2.2.2　农村居民对公共服务满意度评判

居民生活类公共服务满意度调查。①住房保障评价，有57.94%的农民住房为自家的钢筋混凝土或砖瓦结构，36.17%的农民住在自家简易破旧的土砖或抖墙屋，5.00%的农民住在移民安置的保障房内，住竹草土坯或无房的农户为1.54%。②物价水平评价，有35.75%的农民认为物价太高，有56.6%的农民认为物价偏高，认为正常的只占5.76%。在西部地区由于受交通限制，物品运输成本远远大于其他地区，是物价水平偏高的主要原因。③公共服务消费评价，农民主要消费支出除食品、烟酒、衣着外，由多到少依次为交通通信、教育文化娱乐、医疗保健。在西部8省区，由于打工人口较多，交通通信方面的费用较高，但乡村公共交通工具通村率还是不高，尤其是三类地区的农村；与全国不同的是，西部地区医疗保健支出高于教育文化娱乐支出，主要是大病医疗制度还存在缺陷，而教育作为基本公共服务，随着义务教育的普及，农民子女基本教育的支出不再成问题，个性化教育的高档消费还没有形成普遍认识，在农村幼儿园托儿所比例还是不大，这也是留守儿童当前普遍存在的问题之一。④家庭用水情况，有75.62%的农户用的是自来水，19.35%的农户靠取山塘水，3.21%的农户取河流、湖泊水，还有1.91%农户饮水问题无法保障[①]。⑤炊事能源情况，有55.31%的农民使用柴草作为燃料，61.25%的农户依靠电能，其余依次为沼气（46.58%）、煤气（21.53%）和煤炭（19.88%）[②]。⑥交通通信工具使用情况，有35.1%的村民有固定电话，52.3%的村民有手机，0.6%的村民有电脑，25.6%的村民使用摩托车，2.2%的村民有生活用汽车。由于有些地区没有宽带，接收外界信息的渠道仍然有限。

景观环境类公共服务满意度调查。①在对新农村建设和美丽乡村建设的整体村庄

---

① 问卷中此项为多选题。

② 同①.

景观满意度调查中，非常满意的占21.15%，比较满意的占53.21%，比较不满意的占20.01%，非常不满意的占5.36%。②在农民对居住地的环境质量评价中，有35.64%的农民认为居住地环境较好，有30.00%的农民认为有空气、水质、噪声、土壤、矿物质等污染但不太严重，有23.35%的农民认为一般严重，认为非常严重和比较严重的比例分别为3.45%和3.66%，还有3.90%的农户居住地污染已经治理。在对环境质量不满意的农民中，90%以上的村民认为垃圾问题处理不善。在调查的小城镇中，有16.98%的农户家周围有垃圾站，有28.3%的农户家周围有公共厕所。村民垃圾随意堆放比较普遍，只有部分村镇有垃圾定点收集池或集中处理坑，生活垃圾难以处理影响到村容村貌。在对村庄公共厕所类型的调查中，有60%的村民家附近的公共厕所是方便粪便收集用作肥料的旱厕；30%是有冲水装置的公共厕所，这类村寨基本位于离大城市较近、发展较好的城关镇或中小城镇，西北、华北等地区由于常年温差大、日温差也较大，农村冲水装置很难养护，这类厕所比较少；10%的公厕是用破碎砖瓦简单堆砌或用废弃的木材搭建，或是用编织袋简单遮挡，大部分没有顶棚，卫生条件极差。根据实地调查，这类厕所很长时间才做一次清洁，在雨季或遇暴雨时污水与粪便会溢出，并随地表径流将污染物运移到地表水体，污染环境。在西部许多村寨中，粪便的处理大多被作为农肥入田，其中，有化粪池收集的比例为69%；粪便直接排入临近河流的比例为4%；粪便由尚不完善的管道统一排入化粪池的比例仅为10%；采用混合排放（如排入河流、农田和化粪池）的占16%。

社会公共服务满意度调查。农村有7.8%的农民家附近有职业技术学校，对职业技术学校的教学满意度评价较差；有79.25%的农户家周围有学校，满意度一般；有33.96%的农户家周围有医院（医务所），对医疗条件满意度评价较差；49.5%的农户家周围有敬老院，对敬老院的服务满意度评价一般；22.64%的农户家周围有信用社，满意度较好；有6.6%的农民家附近有公园，公园设施的满意度较好；有38%的农民家周围有文化广场，76%的农民所在村有图书室，对其评价较为满意；有35%的农民认为本村的治安不好。

基础设施类公共服务满意度调查。交通设施方面，8.2%的农民所在乡镇有火车，29.9%的农民所在乡镇有二级以上公路通过，64.5%的农民能在一小时内到达县政府，西南地区的满意度高于西北地区。电力通信设施上，67.2%的农民家周围已完成农村电网改造，71.6%的农民家周围有邮电所。市场建设方面，西部地区59.0%的农民所在乡镇有综合市场，有18.2%的农民所在乡镇有专业市场，有14.7%的农民所在乡镇有农产品专业市场，有79.5%的农民所在乡镇有储蓄所。

5.2.2.3　三类不同区位类型的小城镇农村居民对公共服务需求紧迫度

为深入了解西部地区三类不同区位类型的小城镇农村居民对公共服务需求的紧迫程度，我们通过调查对一类靠近大城市的重点镇、城关镇，二类一般乡镇和三类远离中心城市的小城镇、林场、农场、民族乡进行了比较研究。根据样本数据，三类地区农民对政府公共服务提出的各类需求大体上分为两类，即硬件类需求和软件类需求。

①一类地区农村居民对就业、创业服务需求最为紧迫。一类地区的调查点是西北甘肃省肃州区、甘州区，西南贵州省花溪区、观山湖区，内蒙古自治区赤峰市等靠近大城市的重点镇、城关镇，属于经济发展条件较好的地区。一类地区农民对农村公共服务需求紧迫度依次为：软件设施方面，该类地区农民需求“最紧迫”的是就业信息与培训、农民创业政策、金融政策；需求“次紧迫”的依次为教学水平、医疗水平、社会福利与社会保障制度、文化保护、农村科技推广、农产品价格信息、环境治理与治灾。在硬件设施方面，需求“最紧迫”的是教学设施、医疗设施、乡村路及公共交通；需求“次紧迫”的依次为垃圾处理及公共厕所、住房保障、专业市场、敬老院和幼儿园等、娱乐广场和体育设施、人畜饮水、农村电网、炊事能源、通信设施。

②二类地区农村居民对就业、医疗等社会服务需求最为紧迫。二类地区包括西北甘肃省凉州区、平川区和西南贵州省的黔西县、独山县、遵义县等在本省区中经济发展次好地区的建制镇。二类地区农民对农村公共服务需求紧迫度依次为：软件设施方面，“最紧迫”的是就业信息与培训、医疗水平、教学水平；需求“次紧迫”的是农民创业政策、金融政策、农村科技推广、农产品价格信息、社会福利与社会保障制度、环境治理与治灾、文化保护。硬件设施方面，“最紧迫”的依次是教学设施、医疗设施、乡村路及公共交通；“次紧迫”的为住房保障、人畜饮水、垃圾处理及公共厕所、敬老院及幼儿园等、炊事能源、专业市场、农村电网、通信设施、娱乐广场和体育设施。

③三类地区农村居民对农村基础设施类公共服务的需求最为紧迫。三类地区包括甘肃省高台县和贵州省黔南州惠水县、黔东南州三都水族自治县等。三类地区农民对农村公共服务需求紧迫度依次为：软件设施方面“最紧迫”的是医疗水平、社会福利和社会保障制度、教学水平；需求“次紧迫”的为就业信息与培训、农村科技推广、环境治理与治灾、农产品价格信息、金融政策、农民创业政策、文化保护。硬件设施方面“最紧迫”的依次是人畜饮水、乡村路及公共交通、农村电网；“次紧迫”的为炊事能源、住房保障、教学设施、医疗设施、垃圾处理及公共厕所、通信设施、敬老院及幼儿园等、专业市场、娱乐广场和体育设施。

表5-6　三种类型地区农村居民对公共服务需求的紧迫度

硬件类公共服务												
项目	人畜饮水	农村电网	炊事能源	垃圾处理、公共厕所	乡村路及公共交通	通信设施	住房保障	教学设施	医疗设施	敬老院、幼儿园等	专业市场	娱乐广场和体育设施
一类地区需求紧迫度	9	10	11	4	3	12	5	1	2	7	6	8
二类地区需求紧迫度	5	10	8	6	3	11	4	1	2	7	9	12
三类地区需求紧迫度	1	3	4	8	2	9	5	6	7	10	11	12

软件类公共服务										
项目	教学水平	医疗水平	社会福利与社会保障制度	就业信息与培训	环境治理与治灾	农民创业政策	农产品价格信息	农村科技推广	文化保护	金融政策
一类地区需求紧迫度	4	5	6	1	10	2	9	8	7	3
二类地区需求紧迫度	3	2	8	1	9	4	7	6	10	5
三类地区需求紧迫度	3	1	2	4	6	9	7	5	10	8

注：表格设计借鉴胡豹等的《新型农村公共财政体系构建的理论与实证》，浙江大学出版社出版；数据来源系实地调查统计测算；农民对软硬件设施的紧迫度投票：一是根据当前社会存在的各类风险需求进行判定的，二是对自己已经具备的软硬件设施情况进行判定投票的。

从上述各类小城镇农民需求紧迫度的调查分析可以看出，越是靠近大城市的重点镇、城关镇，越是对就业信息与培训、农民创业政策、金融政策等软件设施需求越高；越是远离中心城市的小城镇、林场、农场、民族乡，越是对农业生产所需的人畜饮水、乡村路及公共交通、农村电网等基础设施类公共服务需求越旺。调查中发现，第一类、第二类地区的小城镇在硬件类需求最紧迫的前三项指标教学设施、医疗设施、乡村路及公共交通完全相同，软件类公共服务需求最紧迫的公共服务都是就业信息与培训。也就是说，当前在西部地区，除了远离中心城市的小城镇、林场、农场、民族乡之外，大部分乡镇农村居民渴望融入城市就业的需求是最旺盛的。第一类地区农村居民对自主创业的积极性特别高。随着经济转型升级，返乡农民工自主创业并带动就业，成为西部地区许多小城镇发展的新态势。也正因为大量农民工的融入，扩大城镇医疗、教育、公共交通、老人子女的安置场所的规模和数量成为必然。同时，也随着许多特色小城镇的建设和开发，越来越多第一类、第二类地区小城镇农村居民对文化保护的需求逐渐迫切起来。“望得见山，看得见水，记得住乡愁”成为他们在取得经济收入、改变生产生活方式之后，寻求精神满足和生存空间文化价值的重要体现。

第三类地区小城镇村民最紧迫的公共服务需求还处于改善生产生活基本公共服务和改善环境的层次上。种植业农民对生产性基础设施需求最旺盛，养殖业农民对农产品市场信息和畜牧产品生产安全需求最旺盛，农民工对就业信息和有效培训需求最旺盛。调查发现，无论是哪种类型的农民，其生产、就业均对科学技术的需求处于非常旺盛的状态当中。农业生产需求先进的科技作指导，来向精细化、机械化方向迈进；农民就业需求适用的技能来胜任，向专业化、职业化方向发展。但是，调查中农民“专业技术水平不高”“农业生产投入高、产出低”“文化素质低”“ 农业产业结构调整力度不大”“就业门路不广”“家庭负担过重”依然是影响他们生存发展的大问题。对政府公共服务的需求主要集中在“加大农业基础设施建设的力度”“开设农业技术升级服务和系统培训”“对本地农业实行产业化经营”“加大信贷力度”“发展本地乡镇企业”“提供农产品市场信息”“降低自主创业门槛”“稳定农用物资价格水平”等几个方面。在西部地区，加大民族乡镇基本公共服务供给依然是民族工作的重中之重。

5.3 宜产业性角度下特色小城镇公共服务需求样本研究

当前我们之所以大谈供给侧改革，因为推进供给侧结构性改革，就是要通过建立多层次创新体系，充分发挥政府、国有企业、私营企业在不同创新环节、创新模式上的作用；要从生产环节入手，推动过剩产能化解，促进产业优化重组，发展新兴产业和现代服务业，增加公共产品和服务供给，提高供给结构对需求变化的适应性和灵活性。而当前西部地区小城镇的发展新态，正好证实了其在产业创新发展方面的载体地位。尤其是特色产业发展型小城镇的进步，在经济增长中的贡献作用是非常显著的，主动适应这些类型小城镇的需求变化，应该是小城镇供给侧改革的重要抓手。

西部地区的小城镇区别于东部，经济发展缺乏典型性和功能性。由于西部地区大城市密度较小，实力相对较弱，能够直接得到大城市辐射的小城镇极少，所以绝大多数小城镇开发晚、底子薄、市场意识淡薄，缺乏经济增长点，基础设施建设落后，公共服务供给滞后。西部大开发10年（2001—2010年奠定基础阶段），调结构、搞基础，建立和完善市场体制，培育特色产业，西部地区的小城镇发展取得了一定的成绩，水能资源产业发展型小城镇、国防工业发展型小城镇、矿能工业园区型小城镇、现代服务业优化发展型小城镇、旅游景观型小城镇、商贸集散型小城镇、交通枢纽型小城镇等具备一定产业集聚功能和服务功能的小城镇已初现雏形。然而，随着西部开发步入新阶段（2010—2020年加速发展阶段），随着西部地区产业开发范围和工业发展规模的不断扩大，原有守旧的开发模式和短视的利益机制，以及新时期、新产业发展的不适应给西部地区许多小城镇的进一步成长和创新发展带来了难题。

5.3.1 水能资源产业发展型小城镇公共服务需求样本调查

我国西部地区水利资源丰富，拥有全国54.36%的水资源总量。西部地区的水利资源开发不仅为全国水利事业发展作出了巨大的贡献，也撬动了西部地区的经济发展。但是，在封闭式计划型开发模式下，外部企业联合地方政府纷纷利用土地不能进行市场等价流转的制度缺陷对水利资源富集的地区进行“圈水”，通过极低甚至象征性的补偿，大量征用当地农民赖以生存的土地、住房、水流、林木等生产生活资料并将其排斥在资源开发收益之外，使其成为当今中国小城镇贫困人口和经济建设中的特殊群体。

下面以三板溪水电建设工程对周边乡镇生产生活的影响作为样本，对水能资源产业发展型小城镇公共服务需求进行分析。

三板溪水电站是国家“十五”计划的重点水电建设工程，是国家实施西部大开发和“西电东输”战略的建设项目，是贵州省重点招商引资项目，该水电站坝高185.5米，为世界第三高坝。水电站位于沅水干流上游河段、清水江中下游锦屏县平略镇三板溪村境内，是沅水干流15个梯级水电站唯一具有多年调节能力的龙头水电站，也是沅水干流第二个百万级水电站。电厂坝址控制流域面积11051平方千米，在水库达到正常蓄水水位475米后，水库库容40.94亿立方米，蓄水深度有55层楼房高，形成79.56平方千米的辽阔水域面积。该水电站由湖南省五凌电力公司投资建设，总投资61.15亿元，以发电为主，其电力全部主供湖南电网，总装机容量100万千瓦，年发电量24.28亿千瓦时。水电站兼有经济效益和社会、防洪、灌溉、旅游等综合效益于一体。

2001年工程建设以来，水库淹没涉及了贵州省黔东南州锦屏县、剑河县、黎平县3个县的19个乡（镇），移民总人口达3.98万。其中，剑河县是该水电站建设的主库区，被淹土地面积44.25平方千米，占整个库区被淹面积的52%，涉及9个乡镇80个村320个村民小组6561户3.14万农民。剑河县原面积2176平方千米，辖12个乡镇308个行政村（居委会），截至2006年末，全县总人口24.63万，其中以苗族、侗族为主的少数民族人口占96%。2006年7月三板溪水电站首台机组发电，2007年4月剑河县城和南加、南哨、南寨、柳川、革东5个集镇几乎整体迁至寨章一带复建。新县城位于三板溪水电站库区水尾，用地面积126.8公顷（相当于1.268平方千米）。

自三板溪水电站建成运行之后，剑河县地方财政收入年均增长率为20.3%以上。不仅如此，剑河县通过三板溪水电站的建设带动了革东小城镇建设的巨大发展。革东新县城如今作为剑河县政治、经济、文化中心，已经成为一个布局科学合理、基础设施完善、功能高效齐全、生活环境优美的西部小镇。但是在县城以外的乡镇，直接关乎民生的社会建设却显得尤为滞后。

在剑河不涉及搬迁的乡镇，许多农户还居住在简易破旧的抖墙屋或土砖房里，生活在闭塞的山坳中①；加之水库淹没区沿线6.8万群众，学生就学、乡邻互串、赶场赶集均主要依赖水运出行。其他乡镇库区农民若要外出打工、经商则需坐船至新县城再坐长途汽车前往，外面的人进入也需如此，当地群众生产生活受到极大的交通限制。据实地调查：居住在周边乡镇的农民主要依靠农业生产和外出打工维持生计，年人均纯收入为3821元；72户农户有57.89%的家中住房是简易的土砖房；有31.58%的农户靠取山塘水、江河水实现人畜饮水；52.63%的农户砍取薪柴作为能源；10.53%的农户住家周围没有学校、60.53%的住家周围没有医院、73.68%的住家周围没有垃圾站（垃圾填埋场）、78.95%的住家周围没有卫生厕所；有34.21%的农户住家周围是山间泥路或简易路，同时有84.74%的农户出村、出寨、出乡镇需要依靠水路通行（见表5–7）；另还有89.47%的农户认为住家周围存在环境污染。三板溪库区水质总磷和氨氮超标受到污染，在清水江支流和乌下江支流水面漂浮着大量的青浮萍和水葫芦，影响了主航道的正常运行，成为库区移民水上出行的安全隐患②。

---

①　例如距离柳川镇4千米左右的乃寿村，是一个依陡峭山坡而建的苗族村寨，移民搬迁后，从外面看整个村寨只剩几十户人家，但村里还足足剩有200多户。

②　据当地环境检测部门分析，造成水质污染的主要原因：一是近年来清水江受流域内磷化工、造纸、煤炭开采、金属矿采选等企业排放的工业废水，特别是上游黔南地区磷矿工业含磷废水的影响，总磷超标2.7倍；二是三板溪水电站蓄水前没有按照国家环保总局的环评要求，对剑河新县城及迁建集镇的生活污水、垃圾进行彻底清理，水库残存大量有机物，过多有机物分解会耗竭水中溶解氧，影响水生生物正常生长，降低河流自净能力；三是清水江上游沿岸城镇及村寨尚未建设垃圾填埋场和污水处理设施，生活污水和生活垃圾未经任何处理直接排入水体，造成氨氮超标，污染了水质；四是规模化的畜禽养殖、水产养殖，以及农业生产大量使用农药、化肥，除小部分为农作物吸收外，绝大部分流入水体，所有这些都对水体造成了不利影响。

表5-7　水能资源产业发展型小城镇公共服务需求汇总简表　　单位：%、户

<table>
<tr><td rowspan="2">被访者基本情况（人）</td><td colspan="3">文化程度</td><td colspan="2">性别</td><td colspan="2">民族</td></tr>
<tr><td>小学 29</td><td>高中 12</td><td>初中 37</td><td>男 55</td><td>女 23</td><td>苗族 61</td><td>侗族 17</td></tr>
<tr><td colspan="8"></td></tr>
<tr><td rowspan="2">★生活来源</td><td>靠农业生产</td><td>靠救济</td><td>外出打工</td><td>做生意</td><td>出租房</td><td>土地补偿款</td><td>靠政府工资收入</td></tr>
<tr><td>76.31</td><td>0</td><td>42.11</td><td>13.16</td><td>0</td><td>23.68</td><td>5.26</td></tr>
<tr><td colspan="8"></td></tr>
<tr><td rowspan="2">月均收入情况</td><td>年年负债</td><td colspan="2">200 元至以下</td><td colspan="2">200 以上至 637 元</td><td>637~886 元</td><td>886~1500 元以上</td></tr>
<tr><td>2.56</td><td colspan="2">42.05</td><td colspan="2">24.62</td><td>12.82</td><td>17.95</td></tr>
<tr><td colspan="8"></td></tr>
<tr><td rowspan="2">住房类型</td><td colspan="2">住简易的抖墙屋</td><td colspan="2">住土砖房</td><td colspan="2">住钢筋混凝土砖木房</td><td>住茅草房或无房</td></tr>
<tr><td colspan="2">10.53</td><td colspan="2">57.89</td><td colspan="2">23.68</td><td>5.26</td></tr>
<tr><td colspan="8"></td></tr>
<tr><td rowspan="2">饮水问题</td><td colspan="2">难以保障</td><td colspan="2">取山塘水</td><td colspan="2">取江河水</td><td>使用自来水</td></tr>
<tr><td colspan="2">0.63</td><td colspan="2">29.95</td><td colspan="2">1.63</td><td>67.79</td></tr>
<tr><td colspan="8"></td></tr>
<tr><td rowspan="2">能源问题</td><td colspan="2">靠砍取薪柴</td><td colspan="2">使用煤炭</td><td colspan="2">使用煤气</td><td>使用沼气</td></tr>
<tr><td colspan="2">52.63</td><td colspan="2">7.89</td><td colspan="2">7.89</td><td>31.58</td></tr>
<tr><td colspan="8"></td></tr>
<tr><td rowspan="2">★★住家附近交通问题</td><td colspan="2">走山间泥路</td><td colspan="2">靠水运</td><td colspan="2">走简易路</td><td>有通村公路</td></tr>
<tr><td colspan="2">10.53</td><td colspan="2">84.74</td><td colspan="2">23.68</td><td>65.79</td></tr>
<tr><td colspan="8"></td></tr>
<tr><td rowspan="2">住家附近环境问题</td><td colspan="2">污染已经治理</td><td colspan="2">污染非常严重</td><td colspan="2">有污染但不太严重</td><td>无污染</td></tr>
<tr><td colspan="2">52.63</td><td colspan="2">2.63</td><td colspan="2">89.47</td><td>2.63</td></tr>
<tr><td colspan="8"></td></tr>
<tr><td rowspan="2">住家附近基础设施</td><td colspan="2">有学校</td><td colspan="2">有医院（医务所）</td><td colspan="2">有垃圾站（填埋场）</td><td>有卫生厕所</td></tr>
<tr><td colspan="2">89.47</td><td colspan="2">39.47</td><td colspan="2">26.32</td><td>21.05</td></tr>
</table>

注：资料来源于 2013 年报告实地调研。

另外，剑河县南寨乡的众多村寨分布在清水江两岸，一条始建于1986年的悬索桥，架于南寨乡的南包村和反皓村两村之间，长期以来成为附近9个村寨几千村民过河的

“必经之路”，每天过桥村民超过200人次。因三板溪水库蓄水、水位抬升，悬索桥不得不拆除。水路不通，渡河危险系数高，许多群众已经不敢让自己的孩子上学了。而当地政府因已拆桥的跨度小造价低，现在水面宽度成倍增加，补偿款远不够重建新桥，对此问题一直没有进行处理，由此造成柳川镇水上交通事故时有发生。除了库区沿岸少数民族群众的交通出行困难之外，该地区火灾也时有发生。在剑河县南加新集镇，不到6年时间内，发生了至少5次以上火灾事故，百姓的生命财产遭受了严重的损害①。2016年2月20日，剑河县岑松镇温泉村又发生了一起特大寨火。该村有589户2306人散居在7个自然村寨中，因附近有多处温泉而得名。发生火灾的是一个叫“内寨”的苗寨，房屋以木质结构为主，村民居住较为密集，虽然因温泉资源开发部分村民已经搬迁，但火灾还是造成60栋民房被毁、120人受灾。除了村民居住密集、“天干物燥”之外，造成重大损失的重要原因还是部分消防设施过期、陈旧，没有发挥作用。

综上，水利开发造成了当地部分乡镇的整体搬迁的同时，也衍生了农民就业、养老、住房、医疗等民生性公共服务短缺，移民利益补偿赔偿不公，群体性事件频发，社会管理职能缺位等问题。所有这些问题的妥善解决，都成为西部地区资源开发型小城镇公共服务最紧急、最迫切的需求。

5.3.2 矿能工业园区型小城镇公共服务需求样本调查

受传统封闭式计划型开发模式的长期影响，西部地区许多小城镇形成的“高消耗、高污染”的粗放型矿产资源企业的建设环境，长期影响着其他产业发展的硬环境和软环境。多少年来随着各类矿产资源的开采和利用，小城镇内的自然生态环境也在剧烈地发生着变化，久而久之就形成了所谓的生态“顽疾”，这种状况不是一朝一夕所能解决的，无形中也就给当代人的人居环境蒙上了一层阴霾，如煤矿矿区就常有土地塌陷的事故发生，这不仅直接导致当地人们生存生活环境的恶化，而且会因土地塌陷而产生大量的失地农民，势必增加当地小城镇诸如就业和社会保障等人居软环境方面的压力。当前，改善资源型小城镇的投融资环境、增强西部地区小城镇资源环境承载能力是矿能工业园区型小城镇公共服务的重要工作。与此同时，随着西部大开发的不断深入，矿能资源型小城镇还将面临资源枯竭、产业转型的需要。小城镇承接东部产业转

---

① 2004年6月18日，南加新集镇B段一户人家发生火灾，因发现早、扑救及时，未造成他人财产损失及人员伤亡事故；2004年11月18日，南加新集镇A段供销大楼发生火灾，17户人家所有财产被大火烧得荡然无存，经济损失达50余万元；2004年12月14日，南加新集镇C段发生火灾，20户人家房子被烧毁，经济损失数十万元；2006年1月5日凌晨，南加新集镇C段再次发生火灾，37户受灾、16户无家可归、28余间房子化为灰烬，经济损失达70余万元；2009年1月25日(除夕夜)，南加新集镇28号平台发生火灾，造成38户受灾，数十间民房化为灰烬。

移的产业落户机制、产业空洞化小城镇的市场培育机制、激励机制等相关公共服务机制研究亦显得十分必要和迫切。

下面以资源枯竭型小城镇万山镇作为样本，对矿能工业园区型小城镇公共服务需求进行分析。

万山，一座因汞而生、因汞而兴的城市，被誉为“中国汞都”，曾是全国最早的“工矿特区”。自秦汉时期采掘朱砂算起，万山的汞矿开采冶炼史已有两千多年。20世纪50年代以来，万山累计产汞和朱砂3万多吨，上缴国家利税15亿多元，为国家建设作出了巨大贡献。过去掠夺式开采也给万山留下环境污染、地质隐患、经济社会发展停滞的“三重困境”。多数矿业企业规模小、效益差，工业固体废料堆积如山、大气飘尘污染严重，“高消耗、高污染”的粗放型企业远远超出小城镇的环境承载能力，并影响了小城镇其他产业发展的投融资环境。居民的生产、生活受到严重影响，例如饮用水源被抢占和污染，饮水困难日益严重，居民不得不与企业发生冲突，从而也引发了一些群体性事件。尽管自2009年3月被列入全国资源枯竭型城市以来，万山转型发展得到了中央、贵州省、铜仁市的亲切关怀和大力支持，提出并实施了“产业原地转型、城市异地转型”发展战略，初步形成以汞化工为重点不断延伸、以精深加工为中心的汞产业链，并以工业园区的形式得以发展，生态环境逐步恢复，居民生产生活日益改善。但随着宏观经济形势改变，面临经济下行压力大、增长动力转换、资源环境约束趋紧等问题，给万山产业发展带来了新的困境。第一，工业经济增长的内生动力弱，园区部分高耗能企业受行业疲软影响，行业价格倒挂，企业亏损，产品滞销。同时，园区新投产企业少，拉动工业经济增长的作用没有凸显，加之部分企业流动资金不足，生产经营困难加剧。第二，在宏观经济下行的影响下，部分企业资金紧张问题因金融机构机制不够健全，小城镇投融资平台单一，资金来源渠道有限，而得不到有效解决，导致部分项目建设较为迟缓。第三，新项目的工业用地申报程序复杂，时间较长，严重制约了项目建设进度；人才、政策支持力度不够，缺乏大项目支撑，小城镇很难在自身资源优势基础上形成龙头和大项目带动效应。第四，仅靠有限的政府财政资金和项目资金投入，小城镇开发区基础设施建设跟不上快速发展要求，原产业区因企业搬迁造成的生活区公共服务瘫痪、环境治理停滞给居民造成的生活困难情况百出。

为此，西部地区的资源型小城镇长期面临的移民安置与环境修复以及由此衍生的农民就业、养老、住房、医疗及其补偿赔偿等问题则成为矿业资源开发型小城镇公共服务中亟须解决的重大问题。

5.3.3　国防工业发展型小城镇公共服务需求样本调查

20世纪60年代中期，为了应对日益紧张的国际局势，我国政府从1964年开始在西部13个省、自治区开展了以国防科技工业为重心的规模空前的三线建设。建设历时17年，在三线地区兴建1100多个大中型工矿交通企业、科研院所、大专院校，建起了当代中国强大的西部国防工业基地，形成了可靠的战备大后方。这些三线建设企业不仅对促进当地经济社会发展作出了巨大的贡献，也为当地城市体系的构建发挥了重要的作用。我国西部地区许多小城镇都是依附于本地的工业厂矿等大企业发展起来的。随着国家对“企业办社会”制度的逐渐取消，许多“三线建设时期”遗留下来的国防军工企业职工的公共服务需求不断涌现，企业生活区融入城市的公共服务适配机制亟须更新和重建。

下面以四川省江油市攀钢集团长钢公司作为样本，对国防工业发展型小城镇公共服务需求进行分析。

攀钢集团四川长城特殊钢有限责任公司，原名冶金工业部长城钢厂（简称攀长钢），位于诗人李白的故里四川江油市。公司始建于1965年，是我国重点特殊钢科研、生产基地，国家重点军工配套企业和四川省大型骨干企业。2004年与攀钢集团重组，形成资源、技术优势互补，普钢、特钢紧密结合的钢铁集团。目前公司已具备年产粗钢65万吨、成品材70万吨、年销售收入达35亿元的生产经营能力，可为用户提供12大类、350余个牌号、5000余个规格的高级优质特殊钢和金属制品，其中34个产品荣获国家、部、省级优质产品称号。初步形成了“特钢生产工艺优、专用设备配套全、科研开发实力强、产品技术含量高”的企业特色。虽然如此，但是随着大环境的压力，长钢还是出现了产量紧缩的现象，部分厂区也出现了废弃、破败的景象。

随着国家对“企业办社会”制度的逐渐取消，企业不顾职工实际需要和地方政府的承接能力，在剥离生活后勤服务系统中一味减负，使得职工生活区的公共服务质量下降、矛盾涌现。从住房条件来看，长钢家属区的住房建筑年久失修、分布杂乱，建筑间距不能满足日照要求，有些已经成为危房。通信线缆和电线随意搭接，并与行人出行的垂直距离过短，存在一定的安全隐患，员工的生命财产安全得不到保障。街道卫生质量差，空气质量差，这与绿化的严重缺乏、不成系统息息相关。供水也是个大问题。家属区的饮用水质极差，过滤系统老旧落后，每日的供水时间不足10个小时，一天停水三次，给居民生活带来极大的困扰。

原企业后勤等部门的剥离，使得许多这些“三线建设时期”遗留下来的国防军工企业家属区的危房改造、环境治理、供水供电供气无人承担；融入地方，地方乡镇政府也没有足够的财力解决这一庞大的国企后勤服务，使得这些曾经“献青春、献子孙”

的企业工人以及退休职工成为困难群体。企业改革使小城镇发展面临新的机遇和挑战。许多小城镇的发展最初得益于国防企业的建立，现在“企业办社会”制度取消了，企业为乡镇的发展提供了更广泛的市场，但也对公共服务提出了更高的要求。所以，像这一类国防工业型小城镇，目前要解决好以下问题：一是如何顺应产业转型需求，抓好企业孵化、培育，建设好高标准、高起点的招商引资平台；二是如何积极营造良好的发展环境，继续为镇域内中央、省属企业搞好服务，妥善化解企业与周边村寨矛盾纠纷；三是如何搞好农业产业结构调整，加强城镇交通、水利等基础设施建设，加强城镇管理等。

5.3.4 旅游文化产业发展型小城镇公共服务需求调查

西部地区受自然环境和社会环境特殊性的制约，大多数小城镇经济社会发展水平落后于全国平均水平，这种发展的不均衡不仅不利于我国整体经济的发展，也不利于各民族共同繁荣的实现。任何事物都具有两面性，在原有的经济发展模式下，西部地区的自然地理与社会文化环境是制约民族地区经济发展的重要因素；从旅游产业模式的角度分析，西部地区特殊的自然地理风光与民族文化历史等因素是发展旅游产业得天独厚的条件[①]。因此，借鉴其他地区已有的旅游城镇建设经验，利用后发优势，大力发展旅游文化产业，是西部地区小城镇转型发展的必然要求。调研发现，目前西部地区该类型小城镇纷纷涌现，旅游文化产业逐步成为主导产业或支柱产业。

然而，随着西部大开发战略的逐步推进和新型城镇化战略的提出，西部地区小城镇发展旅游文化产业，必然会对基础设施建设、公共文化、科技教育、生态环境保护等诸方面公共服务提出新需求。当前，认清和解决西部地区旅游文化产业发展型小城镇特殊的公共服务需求，是推进该类小城镇健康快速发展的前提和基础。

下面以云南省勐腊县勐仑镇为样本，对西部地区旅游文化发展型小城镇公共服务需求进行分析。

勐仑镇位于西双版纳南端，地处勐腊县西北部，距县城97千米，地形地貌呈“群山环绕、河谷平坝居中”的特点，是云南省确定的首批旅游小镇，也是云南省重点中心镇之一。截至2014年底，勐仑镇行政区面积为327.87平方千米，常住人口共计25779人，境内居住着傣、哈尼、汉、彝族及其他民族，其中傣族人口占人口总数的近56%。

勐仑镇旅游资源和历史文化资源丰富。一是自然旅游资源丰富。勐仑自然保护区是西双版纳国家级自然保护区的重要组成部分，其中栖息和生长着大量的珍稀生物物

① 李野萍. 民族地区旅游小城镇发展路径研究[D]. 武汉：中南民族大学，2013.

种；勐仑镇森林—石林相复合的地貌奇观，为未来旅游产业深度开发提供了重要的资源支持；素有“东方多瑙河”之称的澜沧江—湄公河穿境而过，为勐仑镇开发国际级区域旅游大板块提供了重要支持；勐仑的干季在11月到次年6月，几乎横跨中国3个旅游黄金周，适游期接近7个月，利于旅游产业发展。二是历史文化资源丰富。以傣家文化为主的多民族文化是勐仑可持续发展的灵魂，傣家建筑（以“干栏式”和“歇山式”建筑为特色）、贝叶文化[①]、傣家文艺、傣家风情及其他民族风情，展示了勐仑旅游文化的独特魅力；勐仑是茶马古道的重要源头，未来滇南茶马文化即将成为文化旅游的新亮点；毗邻金三角，位于中国、缅甸、老挝、泰国的交界处，浓郁的边城文化是勐仑未来旅游文化发展的特色优势所在。

近年来，勐仑镇坚持现代服务业和传统产业改造升级“双轮驱动”战略，不断完善产业发展体系。通过完善全域旅游的规划工作，加强城镇基础设施建设，大力发展乡村旅游，推进生态文明建设，开展环境综合治理等措施，全力提升旅游小镇品质。目前，勐仑旅游小镇已经成为“勐仑—磨憨通道经济带”的起点和“文化旅游功能区”的中心。勐仑镇今后将按照创新、协调、绿色、开放、共享五大发展理念的战略要求，凭借优越的区位优势和丰富的旅游文化资源，必将成长为一座以良好生态（热带雨林）为本底、以严格保护本地生态、文化为前提的，以农业为基础产业，以旅游业为主要引擎产业和重要产业，以物流和教育服务业等现代服务业为重要补充的，西南国际大通道上具有集散服务功能的、功能相对比较完善的、综合性的边地傣家主题小镇。

随着旅游文化产业的发展，勐仑镇原有的城镇基础设施和公共服务供给越来越不能满足产业发展的需求。根据实地调研发现，目前勐仑镇公共服务需求主要包括以下方面。

一是基础设施方面的公共服务需求。近年来，勐仑镇依托特殊的地理区位优势[②]，以彰显“热、傣、水、边、山环水绕、田城相依、热带雨林、民族文化”等特色资源为导向，着力推动勐仑旅游小镇建设，加大“景勐仑”，西双版纳职业学院勐仑新校区，百利盛度假园区，自来水厂，集镇美化、绿化、亮化，旧城风貌改造提升工程，高速路连接线改扩建工程，“一水两污”，南仑河度假园区，龙辉广场，科普教育中心等建设项目，城镇功能得到整体提升。但是，勐仑镇目前城镇市政基础设施和农田水利设施依然很薄弱，并且农村均等化公共服务水平不高。截至2016年10月，勐仑镇实现集中供水2350户，全镇集中供水普及率仅为40%左右，并且经常出现停水现象，给

---

① 南传佛教与原始宗教并存，寺院教育与国民教育并存，宗教文化与民族文化相结合，产生博大精深的贝叶文化。

② 从地理区位讲，勐仑镇距西双版纳傣族自治州州府78千米，距勐腊县城97千米，处于西双版纳热带雨林中间地带，经磨憨口岸与东南亚市场紧密对接，是大湄公河次区域旅游圈的重要组成部分。

居民生产生活带来诸多不便的同时，严重影响了勐仑旅游产业发展。

二是教育、就业、社会保障、公共安全等方面的基本公共服务需求。随着城镇化进程的加快，失地农民逐年增多，就业和社会保障压力不断加大，维稳形势依然严峻。2012年，勐仑镇启动“农转城”工作，到2016年6月，共办理农转城总户数832户3118人。在“农转城”工作实施过程中，由于存在权益保障落实不到位和服务水平低等问题，“农转城”人口的土地承包经营权、宅基地及农房使用权、林地承包和林木所有权、原户籍地计划生育政策、原农村集体经济组织资产收益分配权五项权益，以及城镇住房、养老、医疗、就业、教育五项保障没有落实到位，引起部分“农转城”居民不满。

目前，勐仑镇在加快旅游文化产业过程中除需要满足居民教育、就业、社会保障等方面的基本公共服务需求的同时，还必须满足进城农民就业指导、教育培训、社会治安等方面的特殊需求。因为旅游文化产业的发展对勐仑基础教育形成了一定冲击的同时，也加大了社会就业的压力。根据调研走访了解到，勐仑许多村寨特色完整的民俗文化渐渐吸引大量游客的到来，也使许多女孩当起了导游，月收入可以达到1500~2000元。在她们中的多数父母看来，即使孩子们初中、高中毕业也不会找到一份稳定的工作，还不如让自己的小孩早点辍学。所以，近年勐仑初中和高中辍学率明显增加，给教育特别是基础教育提出了新要求。此外，进城农民和辍学学生人数的增加，也对勐仑就业形成了新的压力，满足进城人口的就业服务是加快旅游文化产业发展的新需求，如有关旅游就业能力和历史文化知识的教育培训等。

三是民族历史文化的传承与保护方面的特殊公共服务需求。勐仑镇作为少数民族聚居的小城镇，其旅游文化产业的开发和发展必然需要加强民族历史文化传承与保护。勐仑镇是傣族“干栏式”和“歇山式”建筑的典型代表，也是贝叶文化的发源地，同时还汇聚着多彩的民族风情和习俗，这些都是勐仑发展旅游产业的重要资源。例如城子村不但是勐仑镇最大的傣族自然村落，也是勐腊县最大的傣族村寨。现在村内还有200多座保存较好的干栏式傣族民居建筑，是一道独特的风景线，从村庄的制高点佛寺向下俯视，一座座黑灰瓦顶的干栏式傣族民居宁静古朴、鳞次栉比的场景蔚为壮观[①]。所以，加快旅游文化产业发展的同时，加强勐仑镇民族历史文化保护与传承，是实现传统村寨历史文化与旅游新兴业态良性互动发展的必然要求。

四是自然生态保护方面的公共服务需求。勐仑镇位于西双版纳热带雨林中间地带，辖区内的雨林谷景区位于西双版纳国家级自然保护区内，是一个融生态旅游、科普教育为一体的3A级旅游风景区。景区划定面积89公顷，保持着最原始的热带雨林生态系

① 金少萍. 南传上座部佛教与傣族的村社生活：西双版纳勐腊县勐仑镇城子村的田野调查[J]. 西南民族大学学报，2010.

统，是我国唯一的热带雨林国家级自然保护区。景区内丰富的生物多样性及特殊的沟谷环境形成了千姿百态的自然奇观。但是，近年旅游景区的开发和小城镇建设对生态环境造成了一定破坏，热带雨林面积有所减少。因此，如何在加大旅游景区开发建设的同时，又能保护好热带雨林的原始面貌，是勐仑建设旅游文化发展型小城镇面临最大的发展需求。

五是环境卫生方面的公共服务需求。小城镇发展旅游文化产业，不但需要良好的自然生态环境，更需要良好的公共卫生环境。但是，勐仑镇在推进旅游文化产业发展的过程中乱搭乱建、占道经营、集镇村寨环境卫生差等现象十分明显。勐仑镇环境卫生统计数据显示，2016年，勐仑发生私搭乱建违章建筑2起、占道经营130起、乱放广告牌60余起、私搭彩钢瓦遮阳棚10起等影响市容市貌的现象。另外，实地调研发现，镇周边村寨普遍存在公共卫生设施不完善，环境卫生脏、乱、差现象突出等问题，给许多游客带来不便和不良印象，直接影响了勐仑旅游产业的发展。所以，目前勐仑镇旅游产业发展对公共环境卫生服务需求亦十分突出。

通过上述样本分析，西部地区旅游文化发展型小城镇加快旅游产业发展的同时，对就业、教育、社会保障、基础设施建设等公共服务具有一般性需求，还对民族历史文化保护、生态环境保护、公共卫生等公共服务具有特殊性需求。因此，西部地区该类型小城镇加强基本公共服务和城镇功能建设的同时，实现民族历史文化保护与旅游产业互动发展是必然要求，产、城、人、文一体化发展是必然趋势，民族历史文化是小城镇未来发展的“魂”，也是旅游产业转型升级发展的特殊优势和重要资源。

5.3.5　商贸物流产业发展型小城镇公共服务需求调查

西部地区许多小城镇凭借特殊的交通战略区位，自古以来就是重要的交通枢纽和商贸集散中心，例如内蒙古赤峰市克什克腾旗经棚镇、宁夏回族自治区固原市原州区三营镇、贵州省铜仁市松桃县迓驾镇等小城镇，至今仍然是重要的商贸流通型小城镇。随着西部大开发的推进，西部地区交通基础设施大为改善，互联网等现代信息技术的推广普及，纷纷涌现出一大批以现代物流产业为主导的商贸流通型小城镇。这些小城镇在继续担负区域商贸集散中心功能的同时，也承担着重要的交通运输和通信枢纽功能。因此，新阶段城镇功能转变，交通、商贸、通信产业融合发展等新变化的出现，以及西部地区经济社会发展的基本现状，必然带来西部地区商贸流通型小城镇公共服务发展的新需求。

通过对不同产业类型小城镇的样本调查发现，在宜产业视角下西部地区小城镇发展特色产业，对基础设施建设和基本公共服务均表现出不同程度的需求。由此看来，产业是小城镇发展的支撑，基础设施建设、基本公共服务等城镇功能的完善，是西部地区小城镇产业发展的重要保障。

5.4 创业导向下小微企业发展对小城镇公共服务的需求调查

劳动就业服务是为提高劳动者生产力的软件公共服务的重要内容之一。一段时间以来，以“创业”带动“就业”的新思路，成为全国上下缓解就业压力的新举措。2014年9月的夏季达沃斯论坛上，李克强总理发出了“大众创业、万众创新”的号召，他提出要在960多万平方千米土地上掀起“大众创业”“草根创业”的新浪潮，形成“万众创新”“人人创新”的新态势。与此同时，早在2011年，国家各部门联合发布了新的《中小企业划型标准》，首次将“微型企业”的概念官方性地推进大众视野，并在党的十八大报告中把“提高大中型企业核心竞争力，支持小微企业发展”作为推进经济结构战略性调整的重要内容，这实质上表明了一条清晰的政策思路：要转变经济发展方式，就要“把推动发展的立足点转到提高质量和效益上来”；要实现经济的可持续发展，就要“着力激发各类市场主体发展新活力，着力增强创新驱动发展新动力”。因此，把“扶持小微企业”当作一种重要的平衡政策，在经济新常态下通过增加公共服务的有效供给统揽全局，对于扩大国内需求，缩小地区经济差距，打破城乡二元结构积弊，实现经济包容性增长与防止通货膨胀的双赢具有重大意义。

西部地区由于长期基础设施落后，科技、文化、教育滞后，观念保守、信息闭塞，在市场化过程中，小城镇发展起点低、起步晚、商品意识淡薄，各种经济主体难以形成将潜在生产要素和资源优势转化为现实生产力和经济优势的制度环境；基层政府也难以形成一套能提高生产效率和实现经济增长的激励性制度安排与公平竞争的制度保障，导致小城镇经济缺乏活力和投资动力，进而形成了远远落后于东部的内在制度机理。伴随着我国经济体制改革的深化和国内外金融形势的变化，西部承接东部产业转移加速，以农林牧渔业和加工制造业为主的劳动密集型小微企业数量剧增，经济新常态给西部地区小城镇民营经济注入了前所未有的发展活力，并且得到了地方政府的积极响应。各地小城镇“3个15万元”“3个20万元”的微企扶持政策此起彼伏，大量返乡农民工和城乡剩余劳动力的自主创业，为缓解东西部就业矛盾、维护社会稳定起到了重要的作用。但同样随着东部产业结构的调整和转型升级，我们不得不理性地意识到，从“打工经济”向“创业经济”转型或两者兼有之的小城镇农民工身份转变带来的一系列棘手而又现实的“新需求”亟待得到社会各界的认知和化解。

5.4.1　西部地区创业导向下的小微企业发展概况

5.4.1.1　西部地区扶持小微企业创业发展的具体政策

自2012年国务院发布《关于进一步支持小型微型企业健康发展的意见》以来，除中央层面外，全国各地方政府陆续出台了扶持微型企业创业发展的政策，西部地区扶持政策大致归纳如下：

①建立地方法规和政策体系，为扶持微型企业发展提供制度保障。为促进微型企业发展出台综合性地方政府规章。如2012年2月8日，贵州省政府发布《关于大力扶持微型企业发展的意见》《贵州省扶持微型企业发展实施办法》，提出“形成各级政府为主、相关部门协同、社会各方参与、工商协调服务、建设管理并重的工作机制”，并对申报条件、实施程序和扶持政策等问题分别作出了具体规定。《甘肃省人民政府关于促进小型微型企业发展的指导意见》主要从扶持小微企业的意义、指导思想、基本原则、总体目标、扶持范围、基本扶持政策、监督管理机制等多方面作出规定，为当地支持小微企业发展提供了法规依据。

在综合性政府规章的基础上针对专门问题制定专门规范性文件。如宁夏回族自治区银监局发布的《关于进一步改进小型微型企业金融服务的意见》、重庆市工商局等单位联合发布的《重庆市微型企业创业培训实施细则（试行）》等。

②设立专门的管理机构，为扶持微型企业发展提供组织保障。部分省区（市）设立了专门的管理机构负责领导、协调和监督本区域内微型企业的发展工作。如广西壮族自治区和重庆市分别成立微型企业发展工作领导小组，并下设办公室负责具体事务。贵州省为扶持微型企业发展，在省工商管理部门专门成立了“微型企业办公室”，牵头组织、实施和管理微型企业发展问题。

③加大财税支持力度，对小微企业实施普惠政策。根据本省实际，加大对微型企业的财政支持力度。如重庆市、广西壮族自治区分别采取“1+3”和“1+x”模式，为新创的微型企业提供财政资金补贴。贵州省从2012年起，为符合条件的微型企业创业者提供“3个15万元”的扶持措施，即“个人出资10万元，政府补助5万元；缴纳税收后奖励15万元；贷款15万元”的扶持政策。此外，根据《政府采购促进中小企业发展暂行办法》的规定，一些地方还通过政府采购支持微型企业发展，如广西支持微型企业的产品和服务进入政府采购项目等。

落实税费优惠政策，切实减轻小微企业经营负担。如贵州省被扶持的小微企业缴纳税收后奖励15万元。此外，各地还陆续对行政事业性收费事项进行清理，免征管理类、登记类和证照类等行政事业性收费。

④提高针对微型企业创业发展的公共服务水平。加强微型企业服务平台建设，提升服务平台电子化和企业信息化水平。如重庆市于2011年投入9000万元建成中小企业综合服务平台，向中小微企业提供公共服务和专业服务，以400-023-1258为统一号码为企业提供电子商务服务和各类信息服务。贵州省2011年出台了《贵州省中小企业公共服务示范平台管理暂行办法》，明确对省内中小企业公共服务示范平台进行重点扶持，加强监督管理，就公共服务示范平台的申报条件、申报材料、工作程序等问题进行明确规定。

通过“中小企业服务年”等活动提升服务。如贵州省将2011年确定为“中小企业政策服务年”，着力实施“百户优强中小企业扶持计划”和“万户小老板工程”，在抓中小企业品质提升、技术创新和技术改造的同时，抓服务水平提升。

通过创业园区、产业集聚区、小企业孵化器建设，引导（小）微企业与大型企业相结合，鼓励小微企业集聚发展。贵州省在高新技术园区和经济技术开发区内兴建大学生创业园、留学归国人员创业园和中小企业孵化园等特色园区，通过提供优惠政策支持创业。

5.4.1.2 西部地区小微企业发展的主要特点

一是西部地区小微企业数量受政策影响因素较大。以2012年《关于进一步支持小型微型企业健康发展的意见》为分水岭，2012年以前成立的小微企业称为自由发展期的小微企业，2012年以后由政府扶持的小微企业称为创业政策扶持期的小微企业。自由发展期包含从1997年到2011年几乎14年的时间。创业政策扶持期是从2012年文件发布至今。以贵州省为例，在自由发展期，截至2011年12月贵州省经过年检的微型企业[①]数量为11698户（不包含分支机构）；在创业政策扶持期，截至2013年1月，贵州省已设立登记微型企业28944户，在近一年的“创业政策扶持期”发展的微型企业数量就达到了自由发展期14年时间微型企业发展数量的2.47倍，微型企业数量受政策影响因素较大。

二是小微企业涉及的行业分布集中度较高。马克思认为，不同规模的企业会有不同行业分布特征，大部分的小微企业在最初的发展中则是在那些其他类型企业不愿涉足的产业寻找到生存空间。服务业是零散型产业存在规模经济的主要原因，当服务成为影响企业经营成败的关键因素时，在零散型产业中，消费者的个性特征明显，规模越小的企业就越有竞争力。从西部民族地区小微企业发展的行业分布来看，在自由发展期，小微企业则主要集中于租赁和商务服务产业，其企业数量占同期小微企业总数

① 按照《中小企业划型标准》规定。

的60%左右；然后依次是工业、批发业和零售业、信息传输业、软件和信息技术服务业等劳动密集型产业。在创业政策扶持期，小微企业的数量占农、林、牧、渔业的比重较大，工业其次，这与西部地区的基本情况和当前发展的主基调是分不开的。随着工业化、城镇化、农业现代化的进一步推进，现代农业和农业服务业、工业和生产型服务业成为市场需求的“新宠”，第一部门与二、三部门相结合也成为西部地区产业结构发展的新趋势，小微企业正是在这样的发展形势下找到了介入的空隙得以发展。加工制造业、特色食品加工业、电子信息和大数据产业正成为小微企业集中投资的重点行业。

三是小微企业创业带动就业效果显著。以贵州省为例，从2012年数据看，贵州省设立登记的28944户微型企业，共计带动就业人员161591人，户均带动5.58人就业。从带动就业人员的行业来看，户均带动就业人数较多的行业为餐饮业，加工制造业，农、林、牧、渔业，特色食品生产和民族手工艺品加工业，分别户均带动人员就业5.94人、5.7人、5.61人、5.52人、5.54人。截至2013年6月，贵州省扶持微型企业累计带动就业179633人。全省小微企业共带动本省户籍就业173705人，占96.7%；外省户籍就业5928人，占3.3%；带动妇女就业44908人，占 25%；带动少数民族就业37723人，占21%。

四是小微企业创业推动民间实际货币投资成效明显。同样以贵州省为例，贵州省2012年设立登记的28944户微型企业注册资本（实际货币投资）总额达到35.5亿元，户均12.27万元，政府财政补助资金推动民间实际货币投资比为1：2.45，其中扶持的20600户微型企业注册资本（实际货币投资）总额达到24.8亿元，户均12.04万元。到2013年6月，累计扶持的微型企业实际货币投资总额达到38.8亿元，户均11.83万元。政府财政补助资金带动民间实际货币投资比为1：2.37。

五是创业政策扶持期的小微企业大量活跃在县城和中心镇，是县域财税收入的主要来源。微型企业的数量和质量能够清晰地反映出一个地区的经济地位，哪个地区的小型微型企业发展得越快、越集中，哪个地区的县域经济就一定越活、越发达。据调查，创业政策扶持期发展起来的大部分微型企业已成为东部地区服装鞋帽、机电制造和电子科技等出口行业的“加工车间”，成为东部出口企业产业链条上的一个环节，许多小微企业在保持现有出口产品价格相对低廉优势的同时，更加注重培育以技术、品牌、质量、服务为核心竞争力的新优势，直接或间接地为提升西部地区小城镇产业发展的国际竞争力、树立良好的形象发挥了积极作用。

5.4.2 小微企业对小城镇政府公共服务的满意度评判

5.4.2.1 小微企业对小城镇政府公共服务的满意度总体呈向好趋势

调研中，企业家们对当前小城镇政府的公共服务水平总体给出积极的评价，认为与10年前相比，政府部门在政策出台的有效性、依法行政的理念、行政过程中的相关法律责任、审批时限等方面有很大的改进，小微企业的发展环境有很大的改善。调查问卷分析显示，近六成企业对当前政策环境给予了积极的评价。自《全面推进依法行政实施纲要》实施以来，西部地区许多小城镇政府在打破行业壁垒、促进公平竞争、简化行政审批事项、提高行政公开程度、增强行政救济实效等方面有了长足的进步，政府立法和决策的民主化、科学化水平不断提高，出现了由权力本位向责任本位、由注重依靠行政手段向注重依靠法律手段、由无限政府向有限政府、由管理型政府向服务型政府的转变。这些改变，为小微企业健康发展提供了良好的投资环境。

5.4.2.2 政策环境是影响小微企业投资的主要因素

调查结果显示，有三分之一的小微企业认为影响投资的因素是政策因素。在政策环境调查中，七成的企业负责人认为当地政府对国有企业的政策支持倾斜力度较大，当地政府对市场主体在政策供给上偏向于国有企业和外资企业。在享受过地方政府的政策支持和优惠的民营企业中，享受过创业指导和支持的企业最多，依次是税费减免、微企优惠政策、融资支持、涉农政策、财政补贴和民族地区优惠政策。

5.4.2.3 法治环境与小微企业发展程度密切相关

调研表明，政府依法行政水平、小微企业发展水平和小城镇经济发展程度密切相关。政府依法行政水平高，法治环境完善，民营企业投资信心提高，小城镇经济发展就快；反之，政府依法行政水平低，法治环境不完善，小微企业投资信心降低，小城镇经济发展就会受阻。调查问卷分析报告显示，超九成小微企业认为政府依法行政与小微企业发展之间有着直接而紧密的关系，而且政府依法行政水平已成为小微企业经营中考虑的风险因素，逾七成小微企业将之作为重要风险因素。可见，政府依法行政对于小微企业的发展、对于小城镇经济发展起着重要的作用；小微企业和地方经济的发展也促进了社会成员的观念转变、法治意识提高，加大了公众对政府依法行政的监督，对于政府依法行政也有着积极而直接的促进作用。

5.4.3 小微企业发展对小城镇政府公共服务的需求分析

近年来，西部地区小微企业的发展环境明显改善，政府扶持力度不断加大，但由于发展规模小、发展波动大和抗风险能力弱等原因，小微企业所能利用的资源有限、市场占有份额低，在市场竞争中一直处于“强位弱势”状态。尽管在小城镇小微企业数量增长较快，但每百人或千人拥有企业数量仍然较少；尽管小微企业带动小城镇的经济总量不断扩大，但科学发展的内生机制尚未形成；尽管小微企业结构调整和转型升级的意愿增强，但科技、管理、人才等支撑基础不尽厚实；尽管科技型企业技术创新活跃，但自主创新能力总体偏弱；尽管提升整体竞争力的集群化发展态势明显，但企业间的竞争合作关系构建迟缓。一些长期制约小微企业发展的世界性难题如融资难等问题依旧没有得到根本解决。一系列围绕小微企业“出生率”“优生率”“存活率”“成长率”发展的公共服务需求不断增长，具体而言主要表现在以下几个方面。

5.4.3.1　优惠政策的兑现需求

民营经济在小城镇经济发展中起着越来越重要的作用，许多小城镇大幅度精简行政审批，加强对小微企业的服务，尽管民营企业与国有企业及外来投资企业的优惠政策是一样的，但在实施起来还是存在差异。在调查中，部分小微企业认为，仍然没有享有与其他经济主体如国有企业和外来投资企业的同等待遇，民营企业生存的制度环境亟待提高。例如政府制定的优惠政策不能完全兑现，在招商引资的时候为了吸引企业投资，前期承诺了免税等优惠政策，有可能最后没法实现；或换届后的政府不认同前一届政府作出的决策，大大挫伤了民营企业投资的积极性，对政府形象也造成了负面影响；是预交的一些保证金之类的费用面临长拖不退的情况。

5.4.3.2　产业政策的稳定性需求

一些小城镇、一些政府部门、一些政策还存在朝令夕改的现象，使得产业政策缺乏稳定性。一方面，由于各行各业发展都存在着很大的差异，在政策制定上并没有差异化区分，没有采用针对性、差别化的产业政策，而是一刀切，并不利于小微企业的发展。另一方面，随着当前工业化带动战略的大力推进，许多小城镇建园区、修厂房，为了使园区不“空城化”，各地政府鼓励企业进园区，但是许多园区的条件并不利于企业恢复生产或者转产，甚至导致用地成本过高，影响企业生存和发展。实地调研中，很多产业园区实行的是先上车再买票的方式，导致地价成本不断翻高。

5.4.3.3　部门政策的协调性需求

不同部门在制定政策时，缺乏沟通、协助。例如土石方行业，城管部门规定晚上10点以后就必须停工、不能作业，而交警部门要求晚上10点以后拉土石方的大车才能进城，环保部门的证更是无法办理，如按规定办就根本没有作业时间。

5.4.3.4 公共服务方式的合理性需求

为减少行政审批，国务院已经多次减少和下放行政审批，各地小城镇也相应地采取行动。但民营企业仍然没有感觉到审批明显减少。例如：审批事项减少很多，但是减少的多是发生次数少、权力不明显的项目，开办企业必要的审批事项没有明显减少；主要审批时间缩短了，但是申报规定的前置条件增加了，条件、资格的限制更加严格，开办一家企业所需的审批总时间并没有大量减少，甚至有些前置条件和主要审批之间关系混乱、互为条件，使企业无法申报；很多审批以备案方式存在，备案条件及要求同审批没有太多差别，没有备案就不能到银行开户、贷款等，名为备案实为审批。

与此同时，政府信息公开不够，提高了小微企业经营成本。一些小城镇由于政府工作人员较少、工作方式改进不科学，政府信息公开范围依然狭窄、内容简单、时效性差，与企业的期待还有较大差距，如政府的财政收支、城市建设规划变动、重点优惠项目的申请等涉及企业切身利益的信息，相关部门往往以保密为由拒绝公开；还有的政府部门信息分类缺乏操作性，公开内容简单、流于形式，偏于成绩、掩饰不足；有些公务人员观念落后，缺乏服务意识，人为地对信息公开制造障碍等。调研中，部分企业反映，有些以咨询公司名义出现替民营企业向政府部门申请项目资助，条件是佣金占获得资金总额的30%～40%，有些地方的要价甚至是70%。政府信息的不透明大大提高了民营企业的经营成本，为政府部门以及个别工作人员提供了寻租空间，破坏了市场的公平竞争秩序。

5.4.3.5 依法行政的公平性需求

在西部地区的一些小城镇，政府依法行政水平存在明显的地区、部门和层级差异，与法治政府的要求还有一定差距，在一定程度上影响了民营企业法治环境的改善。地区差异主要表现在：经济发展越好的小城镇，政府依法行政水平越高；经济发展越落后的小城镇，政府依法行政中存在的问题也越多，体现出经济发展水平与政府治理观念和水平之间的密切关联。部门差异主要表现在：行政权力越集中的部门，企业反映的问题越多；行政权力较少的部门，反映的问题也较少，各部门扩张权力的倾向依然严重。层级差异主要表现在，高层政府的科学决策，在地方推行过程中掺入过多的地方利益，越是基层的政府，反映的问题就越多，地方政府理解和落实上级关于支持小微企业发展的政策不到位。

一些小城镇的政府部门在行政执法中，不作为、乱作为和选择性执法问题突出。调查中，有一些企业认为当前政府在行政执法中存在的主要问题是执法不公（区别执法标准、选择性执法等）。行政乱作为与其相对，主要表现在乱摊派、乱收费、乱培训，执法主体分工不明确、多头执法、重复执法。选择性执法虽然有威慑和示范效应，但是其弊端在于：一是给执法腐败提供了可操作的空间，执法者可以利用控制执法的疏漏率或者选择执法与否来威胁利诱管辖客体，从而实现权力寻租；二是有违执法公正，同等条件不同等对待，造成企业对执法正当性的怀疑，甚至还可能造成法律权威的丧失。

一些基层行政部门的审批、备案和执法权力，由于缺乏有效的监督，即使有程序和办结时间的规定往往也是形同虚设，对于来自企业的审批和报备的请求，很难在规定的时间内给予回复。

5.4.3.6　减轻小微企业税费负担的需求

总体来说，在西部地区民营企业承担的“费”是在降低的，但具体到不同行业，不同小城镇的情况又有不同。一些小城镇工商部门虽然取消了各种办证等费用，但一些小城镇又出现了中间机构、个体私营协会来收取会费；同时很多部门都想把企业纳入它们的管理范围，又面临很多如资源补偿费、环评费、防雷接地费等名目繁多的费用。

综上，从企业业态发展的角度看，尽管小城镇的小微企业数量增长较快，但新常态下科学发展的内生机制尚未形成；尽管传统制造企业的结构调整和转型升级意愿增强，但科技、管理、人才等支撑基础不够厚实；尽管科技型新兴企业技术创新活跃，但自主创新能力总体偏弱；部分企业集群化发展态势明显，但企业间的竞争合作关系构建速度迟缓。为此，如何引导中小企业进行科学投资与管理，提高企业核心竞争力，如何培养企业集群化发展意识，提升中小企业与大型企业共生能力、与生存环境协调发展能力进而提升企业的抗风险能力等一连串关乎西部民族地区小城镇民营企业“生存与发展”的重大问题亟待研究。从政府公共服务的角度看，当前政府扶持小微企业的目的是扩增市场主体的数量，以创业带动就业，但是不少原有个体工商户、家庭作坊等具有一定产业基础和竞争潜力的市场存量也存在着向规范企业组织形式转化的发展诉求。

5.5　小　结

西部地区小城镇提高生活类公共服务，可以不断满足小城镇宜居性发展需求；提高生产类公共服务，可以不断满足小城镇宜产业性发展需求。新型城镇化要求以人的城镇化为核心，增强小城镇服务功能，加快小城镇产业发展。笔者认为，按照新型城镇化的要求，提高西部地区小城镇公共服务，必须以满足小城镇的宜居性和宜产业性发展需求为前提。

为了全面了解和掌握目前西部地区小城镇宜居性和宜产业性发展需求，本书首先从宜居性角度展开现阶段西部地区小城镇民众对公共服务满意度和需求紧迫度的调查研究。经过调查研究发现，一方面城镇居民对不同类型公共服务表现出不同的需求紧迫度：生活类公共服务，需求最为紧迫的是医疗卫生；市政公用设施类公共服务，需求最为紧迫的是生活用水、用电；景观环境类公共服务，需求最为紧迫的是市容环境卫生；社会类公共服务，需求最为紧迫的是社会保障与社会福利。另一方面，西部地区不同类型小城镇民众对公共服务表现出不同的需求紧迫度：靠近大城市的重点镇、城关镇的农村居民对就业、创业服务需求最为紧迫；一般乡镇的农村居民对就业、医疗等社会服务需求最为紧迫；远离中心城市的小城镇、林场、农场、民族乡的农村居民对农村基础设施类公共服务的需求最为紧迫。

其次，从宜产业性角度对特色小城镇公共服务需求进行样本调查研究。通过对样本的调查分析发现，不同产业类型的小城镇对公共服务的需求不同：一是水能资源产业发展型小城镇，农民就业、养老、住房、医疗等民生性公共服务短缺，社会管理亟待加强；二是矿能工业园区型小城镇，移民安置、环境修复以及农民的就业、养老、住房、医疗等公共服务需求是重点；三是国防工业发展型小城镇，顺应产业转型需求，抓好企业孵化、培育，建设好高标准、高起点的招商引资平台，营造良好的发展环境，加强城镇交通、水利等基础设施建设，加强城镇管理等是主要公共服务需求；四是旅游文化产业发展型小城镇，对就业、教育、社会保障、基础设施建设等公共服务具有一般性需求，还对民族历史文化保护、生态环境保护、公共卫生等公共服务具有特殊性需求；五是商贸物流产业发展型小城镇，交通、商贸交易市场等基础设施建设是公共服务需求的首要重点，同时对住房保障、公共教育、医疗卫生、就业培训等基本公共服务表现出一定需求。

最后，为了进一步研究西部地区小城镇宜产业性发展需求，我们对部分西部省区小微企业展开实地调研，深入分析小城镇小微企业经营发展在产业政策、税费负担、公共行政管理等方面的公共服务需求。

总之，从西部地区小城镇宜居性和宜产业性考量和评判公共服务需求现状，既是对已有研究的创新尝试，也是为开创西部地区小城镇公共服务供给新路径奠定基础。

第6章　西部地区小城镇公共服务供需矛盾的经济学探究

随着全国城镇化战略的启动，尽管各级政府都在逐渐重视和加强城镇化发展，不断加大对小城镇的投资和建设，但是一级政府一级财政一级管理，无论是理论上还是现实中，县乡（镇）政府（本书统称为基层政府[①]）仍然是小城镇公共服务的主导者，只因不同的历史时期，发挥的作用和侧重会有所不同。许多研究者都喜欢用理性经济人假设来阐析政府公共服务供给不足的经济学背景，但是对于西部地区而言，小城镇公共服务供需矛盾突出的原因是多层的。小城镇公共服务供给，无论是城镇部分的公共服务供给还是农村领域的公共服务供给，都与投资主体本身存在着复杂的动态关系。从政府财政能力来看，西部地区基层财政收入能力的区域差异较大，普遍存在财政收入增长缓慢、自给率水平低下的现象；政府性债务、非税收入管理不规范等使得财政收支结构问题较多；同时，财政支出结构的体制挤占和财政支出规模约束导致了各级政府在提供公共服务时不得不发生多方博弈。一系列体制内外的矛盾、摩擦和基层财政的实际规模困境，以及基层政府财权、事权的不均衡，成为西部地区小城镇公共服务欠缺和基层政府提供公共服务效率低下的重要原因。从社会投资能力看，西部地区由于长期基础设施落后，科技、文化、教育滞后，观念保守、信息闭塞，在市场化过程中，小城镇公共服务发展起步晚、起点低，各种经济主体难于形成将潜在生产要素和资源优势转化为现实生产力和经济优势的制度环境；基层政府也难以形成一套能提高生产率和实现经济增长的激励性制度安排与公平竞争的制度保障，使得西部地区经济缺乏活力、公共服务缺乏投资动力，进而形成了远远落后于东部的内在制度机理。

① 基层政府指的是我国政府体系中位于最低层级的政府，严格意义上一般指乡（镇）级政府，实践中也往往把县、乡（镇）两级作为基层政府。一方面，对“县乡（镇）”两级政府的研究将有助于提高研究的焦距感；另一方面，对两级政府的明确划分可以全面掌握基层政府间的财力状况，是进一步研究“基层各级政府财政能力”的理论前提，为后面提出公共服务供给机制改革、提高小城镇公共服务水平打下了基础。

本章将从政府财政能力和社会投资能力两个方面进行分析。

6.1 我国财政体制演进与小城镇公共服务制度变迁

制度变迁是制度替代、转化和交易的过程，亦可以理解为一种更高效益制度的生产过程，而实际制度的约束条件是其边际替代成本。中华人民共和国成立之初，中央采取的是“统一全国财政收支、统一全国货物调度、统一全国现金管理[①]”的财政制度。直到1994年分税制财政体制改革才初步确定了中央与省级单位之间的财政体制，但改革并没有明确和统一省以下财政体制。按照集中财政的方式，我国省以下财政体制主要分为分税加共享（西部地区的内蒙古、重庆、四川、云南、西藏、甘肃、贵州7个地区实行）、分税加增量提成、分税加共享和增量分成（西部地区的广西、新疆、陕西、宁夏、青海5个地区实行）、分税加增长分成（主要是江苏、浙江2个地区实行）四种模式[②]。现行省以下财政体制包含了地方各级政府间许多复杂而易变的“共享”，稳定性差，各地不一，越到基层，形式越守旧。基层财政体制是中央对地方财政体制的贯彻和延伸。随着我国各个历史时期政治体制和经济体制的变迁，财税制度也进行了多次的改革和调整，西部地区小城镇的公共服务供给机制也随之不断变化。

6.1.1 计划经济时期财政制度与西部地区小城镇公共服务机制

计划经济时期，我国的财政体制可以归结为“统收统支”和“统一领导、分级管理”两种模式。中华人民共和国成立之初，为了克服国民经济恢复期军政开支庞大、财政收支脱节、不统一等困难，我国逐步建立起高度集中、统收统支的财政管理体制。财政决定着投资、生产、消费、分配等经济活动的各个领域，但没有承担起公共服务的职能。地方政府只是作为中央政府的派出机构，专署及县（市）的财政列入省级财政内，作为省级的一个报账单位，没有相应的财权和事权。县（市）所属的乡村财政，单独编造预算，不列入省级财政预算内[③]。当时国家财政收入主要以公粮为代表，加之足额上缴的农业税及其他税，乡镇财政收入则主要来自随公粮征收的不超过公粮15%的地方附加。其中，农业税及其他税属于乡镇预算内收入，公粮附加属于乡镇预算外收入用于乡镇公益事业。

1953—1956年大行政区财政取消，实行中央、省（市）、县（市）三级体制。区、

① 王秀文. 中国县级政府财政能力问题研究[D]. 长春：东北师范大学，2014.

② 杨之刚，等. 财政分权理论与基层公共财政改革[M]. 北京：经济科学出版社，2006.

③ 同①.

乡（村）镇的支出列入县（市）总预算内，为县（市）的单位预算，由县（市）统筹。这一时期通过社会主义改造，我国开始进入工业化发展阶段，农村非农产业、城镇个体私营经济、资本主义工商业受到抑制，农产品实行统购统销，工业以工农产品的“剪刀差”汲取农业积累，财政实行“统一领导、分级管理”，对乡镇的投入很少用于教育、卫生、市政建设等领域，主要体现在扶持农业生产方面，但份额非常小。西部民族自治地方基于个体的特殊原因，财政体制在中央统一领导分级管理的原则下，除关税、盐税和国有企业外，各自治区实行统收统支，并于1958年6月正式以立法形式出台了我国第一部《民族自治地方财政管理暂行办法》，规定民族自治地方如果统收统支有盈余则上缴中央，如有不足则由中央补助①。中央政府对管辖有民族自治地方的省计算支出基数时，在全省的支出总额以外，对自治州的支出基数增加7%~8%、对自治县的支出基数增加4%~5%作为特殊照顾。收支项目和上缴数额，5年不变。但上级补助数额可以按照民族自治地方每年建设事业费的需要予以变动。这些特殊的制度安排给民族地区增加了不少机动财力，但是由于三年自然灾害和“大跃进”，许多政策没有深入实施下去。

1958年以后，全国农村基层政权改为人民公社，经营方式改为同工同酬，“一大二公”的人民公社体制虽然滋生了平均主义、阻碍生产力的发展，但由于组织制度所具有的政治动员力量②，才使乡镇政权有能力组织大规模的农田水利设施的建设和改造，这些公共服务为今后农业生产的发展奠定了坚实的基础，但是小城镇的公益事业投入大多主要集中在县城。然而，这一时期无论在西部民族自治地方还是全国其他地区，政府和集体组织是乡镇公共服务唯一供给主体的模式，成为我国后来基层公共服务长期供给不足的原因。

1963年，中央对西部民族自治地方实施了“三项照顾”的民族政策（国家对边远山区、边远牧区的民贸企业，在自有资金、利润留成、价格补贴三方面实行照顾政策）。中央在批转国家民委党组《关于少数民族牧业区工作和牧业区人民公社若干政策的规定（草案）的报告》中还指出：“国家在财政经济和卫生、文化、教育等方面扶助牧业区发展。对牧业区有计划地发展草原水利建设和牧业区的其他基本建设，积极帮助集体牧民进行畜牧业的技术改革，制造和供应牧区适用的机械化和半机械化的生产工具和车辆，改善和增加生产和生活资料的供应。”同年底，国务院又批转了财政部、国家民委《关于改进民族自治地方财政管理体制的报告》和《关于改进民族自治地方

---

① 马应超，马海涛. 从民族地区财政体制的历史性变迁看我国公共财政体制改革的路径选择[J]. 财会研究，2008(11).

② 王小林. 结构转型中的农村公共服务与公共财政政策[M]. 北京：中国发展出版社，2008：67.

财政管理体制的规定（草案）》，继续对西部民族自治地方实施特殊政策，对于某些需要从税收上加以照顾和奖励的，可以减税或者免税。这些制度的制定和实施，有力地促进了西部民族自治地方经济社会发展，也为西部民族自治地方公共服务进行了补给。

6.1.2 分级包干的财政制度与西部地区小城镇公共服务机制

1978年我国政府开始从直接配置资源的角色逐步改变为让市场发挥作用的秩序维护者的角色，于是建立适应资源配置方式转变的现代财税制度成为必然。经历了“文化大革命”的中国经济百废待兴，高度集中、强调政府统一的计划经济体制已经不适应时代发展的要求，“大计划”催化的“大财政”，以资产所有者的身份渗透于微观经济的各个领域和方面。财权高度集中、财力分配实行平均主义，使得地方财政的利益主体地位一直未受重视，更不具备对自身行为负责的基本条件，市场无法真正活跃，需要予以纠正和改革。与市场化改革道路相一致，中国的财税改革同样走了一条波浪式前进、阶梯式上升的道路，税收制度从侧重于对流转征税转向偏重于对要素征税，预算管理从高度机密逐步公开透明，财政体制从行政性分权走向经济性分权①。中国开始实行以放权让利为特征的分级包干财政体制，并经历了1980年的“分灶吃饭”（除京津沪外）、1985年的“划分税种、核定收支、分级包干”和1988年全方位财政承包制三次重大改革。在不同的区域也实施了多种财政体制的试点②。其中，在北京、上海、天津三个直辖市继续实行总额分成的办法；在四川和江苏进行分灶吃饭的试点；对广东和福建实施大包干模式；对西部民族自治地方实施特殊照顾；对大部分地区实施“划分收支、分级包干”的模式，这种模式首次按照企业隶属关系划分财政收支范围，明确了中央和地方利益主体地位。这一时期，西部民族自治地方虽仍然实行差别化的财税政策，但是财政体制的特殊性从总体上是在逐渐消失的。

与此同时，我国农村开始实施家庭联产承包责任制，农业生产力得到释放，国家与农民的分配关系也发生了新的变化——大幅度提高了农产品的收购价格，财政用于农业的投入开始大幅增加。1983年我国成立了乡镇政府和村民委员会，1984年全面推开乡镇财政建设，并将用于农业基础设施建设的小型农田水利资金包干给地方。1985年财政部制定了《乡（镇）财政管理试行办法》，指出乡镇财政收入由国家预算内资金、预算外资金和自筹资金组成，由此农村统筹资金制度诞生。其基本特征是以“五个统筹”和“三个提留”的形式参与农户的收入分配，并集中用于乡村教育、道路建设等各项农村公益事业的建设。

---

① 楼继伟. 中国三十年财税改革的回顾与展望[N]. 财政部财政科学研究所官方网站，2008-06-27.

② 王秀文. 中国县级政府财政能力问题研究[D]. 长春：东北师范大学，2014.

6.1.3　分税制财政体制与西部地区小城镇公共服务机制

市场化改革带来了经济的快速发展，但是中央财政放权让利导致财政收入减少，社会各项经济建设和财政补贴政策又要求财政支出涨幅不断，最终财政赤字的快速累积愈演愈烈。直至1992年，宏观经济一改前两年高度紧缩的局面，开始出现通货膨胀的趋势。此时，我国的财税体制又将面临破旧立新的选择。1994年我国正式开启了宏观经济体制改革，以期从根本上解决中国经济周期性波动和政策变动的问题，在这次改革中，财税体制改革处于中心地位，一个重要的原则就是“根据事权与财权相结合的原则”，先分事权再分税①。分税制财政体制的实施，在税种划分上保证了中央政府实施宏观调控的控制力，但是分税体制改革没有涉及政府间的支出划分，地方政府的自有财力与其支出责任之间的差距较大。国家为了解决这个问题采取了“保基数”办法，相应调整政府间转移支付数量和形式，着重建立了中央对地方的税收返还制度。随着国家经济建设的发展，财政收入快速增长，税收基数占地方财政收入的比重则越来越低，而财权的层层向上集中，基层财政陷入困境，县级财政自给能力系数仅为0.5，乡镇财政的自给率也迅速下降。并且随着物价水平的增高，一些贫困县乡的财政收入仅能维持基层政权的运转或有不足，根本无法考虑当地公共事业的建设和发展。

6.1.4　公共财政体制与西部地区小城镇公共服务机制

1998年中央政府正式提出建立“公共财政体制”框架。作为政府职能的财政不再大包大揽，而是在市场经济条件下转变观念，逐步建立与中国国情、历史及市场发育程度相适应的公共财政，运用财政、货币等宏观调控手段为社会主义市场经济体制的建立和完善提供应有的公共服务和必要保障。

这一时期，我国财税领域继续沿革分税体制的改革路径，采取了规范预算外资金管理、农村税费改革、财政预算管理体制改革等一系列措施，并把改革方向转移到财政支出领域，不断增加对教育、就业、医疗、社会保障和住房为代表的基本“民生”领域的投入；公共财政开始了逐步覆盖乡村、小镇的进程，围绕推进地区间基本公共服务均等化，自2000年起，中央不断加大对西部地区的转移支付力度，并逐步形成了以税收返还、财力性转移支付、一般性转移支付和专项转移支付为主要形式、较

① 楼继伟. 中国三十年财税改革的回顾与展望[N]. 财政部财政科学研究所官方网站，2008-06-27.

为完整的转移支付体系①。在分税制方面，实施所得税收入分享改革，并对2002年的所得税增量，中央和地方各分享50%，对2003年以后的增量，中央分享60%，地方分享40%；中央增收的收入主要用于对中西部地区的一般性转移支付，以缩小地区差距②。在税收制度方面，出台了一系列节能减排和新能源开发利用的政策。在农村税费改革方面，2000年试点取消了乡统筹费、农村教育集资等专门面向农民征收的行政事业性收费和政府性基金、集资；取消屠宰税；取消统一规定的劳动积累工和义务工，使得农村“三乱”问题得以控制，但在西部地区基层财政收入结构也因此紧缩。2005年12月全国人大正式废止了《农业税条例》，国家与农民的分配关系发生根本性变革，但以“农业”为主的县、乡出现了大宗巨额财政缺口。从2006年起，又步入了以乡镇机构改革和县、乡财政管理体制等各项配套改革为主要内容的农村综合改革的新阶段，2007年在全国农村普遍实行免除学杂费的义务教育经费保障新机制③。在财政预算管理体制改革方面，2001年全面推行部门预算改革、推行综合预算编制；2003年推行国库集中收付和政府采购制度；2005年又开展了稳步推进绩效考评试点工作；等等。这些改革措施不仅是对财政管理体制的规范，使公共财政更加透明、公正，同时也是社会主义政治文明在财政宏观调控领域的具体体现，是社会主义民主政治在公共服务领域的践行。

正是这一阶段，中央提出了西部大开发战略，“小城镇”的概念也专门以文件的形式出现在大众视野。2000年6月，中共中央、国务院下发了《关于促进小城镇健康发展的若干意见》，各地参照深化和完善省以下分税制的指导意见和综合改革试点的要求，完善小城镇财政管理体制。当年实行分税制财政体制的乡镇就达到了70%④，许多地区明确把小城镇国库建设作为一个突破口，设立独立的一级财税机构和镇级金库，小城镇无论是经济建设还是公共服务方面都得到了一次飞跃的发展，东部地区的温州模式、苏南模式为全国城乡统筹和新型城镇化建设描绘了蓝图，公共服务的社会投资也发挥了一定的作用。但是，伴随我国企业所得税分享改革、农村税费改革等财政体制改革，基层财政运行出现了许多新情况、新问题。

---

① 马应超，马海涛. 从民族地区财政体制的历史性变迁看我国公共财政体制改革的路径选择[J]. 财会研究，2008(11).

② 《关于印发所得税收入分享改革方案的通知》国发〔2001〕37号；《关于明确中央与地方所得税收入分享比例的通知》国发〔2003〕26号.

③ 国务院《关于深化农村义务教育经费保障机制改革的通知》.

④ 张宏力. 分税制小城镇财政体制改革的方向[J]. 中国改革，2000(12).

6.1.5 新一轮财税体制改革与西部地区小城镇公共服务机制

自1978年中共十一届三中全会以来，中国的财税体制已然经历了30多年的重大变革。作为经济体制改革和政治体制改革的交会点，我国财税体制的每一次变革主线和根本落脚点都是围绕资源配置问题而展开，并在其实施过程中紧密围绕中国经济社会的大环境留下了明显的时代烙印。2013年党的十八届三中全会把财税体制改革提升到"推进国家治理体系和治理能力现代化"的战略高度，从建立现代财政制度的角度提出改进，预算管理制度、完善税收制度、主张事权和支出责任相适应。目的是强化支出预算约束，加强税收在解决产能过剩、调节收入分配、促进资源节约和生态环境保护方面的功能，建设有利于财力与事权相匹配的转移支付制度，进而推进基本公共服务均等化。这次会议精神的进一步深化、2014年新预算法的颁布、2015年"十三五规划"的出台，这些重磅级的政策法规均从重构央地财政关系上给予了地方财政更大的积极性。其后5年，财税体制改革也将紧紧围绕"去产能、去库存、去杠杆、降成本、补短板"5个关键环节一步步展开。在"去产能、去库存"方面，财税改革将致力于政府投资在失败项目的识别和纠错上，致力于政府采购对产能过剩行业的警惕和对成长型创新性企业的支持上；在"去杠杆、降成本"方面，财税改革将致力于财政管理对地方政府性债务的管控和对社会资本参与公共服务项目的监管上，致力于降低政府行政成本和服务型政府的再建设上；在"补短板"方面，财税改革将致力于体现税收优惠、财政补贴和政府投资的公平性上，将进一步拓宽民营企业参与公共服务的领域上，营业税、房地产税、环境保护税、资源税、增值税、关税等税制改革也将做实党的十八届三中全会关于财税体制改革的大框架，为西部地区小城镇和资源型城镇、老工业型城镇发展营造新契机。事实上，许多地区的小城镇发展已经受到了中央和地方政府的重视，还有一些西部地区在推动小城镇建设和公共服务发展方面已经作出了有益的尝试，甚至在政府的引导下，社会资本已经在改变BT模式的基础上，探索着PPP模式的新发展，小城镇公共服务机制已处于再构建的新的发展机遇期，其对农村领域的覆盖将是西部地区公共服务建设的新命题。

6.2 西部地区基层政府财政能力探究

对公共服务供给主体能力问题的研究总是绕不开对政府间财权事权话题的讨论。从中华人民共和国成立初到改革开放，从分税制改革到新一轮财税体制变革，中央和地方的关系也是在一次次"放权—收权—放权"的博弈中互动发展的。"收"和"放"

都是资源配置变迁中推动经济增长的朵朵浪花，事实上，许多财政事权并不能均匀地在各级政府之间明确地划分，随着国家发展目标从“推动经济增长”向“现代化国家治理和推动共同体发展”转变，地方、市场、社会将成为当前结构性改革的主角，基层政府也将在新一轮财税体制改革中发挥特殊的作用和财政职能。

6.2.1 我国基层财政职能和政府间财权事权划分

基层财政是随着基层政权的建立而产生的。基层政府的运转和职能的履行，要以健全的财政为基础。作为我国财政体系的终端环节，基层财政在弥补市场缺陷、保证城镇经济健康发展和实现农业现代化中具有重要的作用。基层财政一方面担负着为国家筹集、分配和监督管理基层财政收支的主要任务，一方面还需履行向辖区居民供给公共服务的资源配置职能。

一项公共服务（包括产品）应该由哪一级政府提供，主要取决于伴随该公共服务（包括产品）生产规模带来的收益和成本。如果该公共服务没有规模经济或者外部成本和收益很少，表明该公共服务的生产规模趋于减少，适宜由地方政府提供。相反，如果该公共服务存在显著的规模经济、外部收益或成本，则需要对该公共服务在更大的范围内生产①。关于公共服务的政府间划分的正式文件主要有两个：一个是1993年出台的《国务院关于实行分税制财政管理体制的决定》，另一个是2016年9月出台的《国务院关于推进中央与地方财政事权和支出责任划分改革的指导意见》。

可以说，《国务院关于实行分税制财政管理体制的决定》初步构建了中央与地方财政事权和支出责任划分的体系框架，为我国建立现代财政制度奠定了良好基础。按照此文件，我国中央与地方事权和支出的划分是，中央财政主要承担国家安全、外交和中央国家机关运转所需经费，调整国家经济结构、协调地区发展、实施宏观调控所必需的支出以及由中央直接管理的事业发展支出②；地方财政主要承担本地区政权机关运转所需支出以及本地区经济、事业发展所需支出③。分税制改革的确在我国中央和省级政府间建立了一个明确而稳定的收入分配机制，但这次改革并没有对省级以下政府之间的收入分配进行细化，而是由省级政府自主决定其以下各级政府间的收入分配，这

---

① 刘宇飞. 当代西方财政学[M]. 北京：北京大学出版社，2000.

② 中央财政支出具体包括：国防费、武警经费、外交和援外支出、中央级行政管理费、中央统管的基本建设投资、中央直属企业的技术改造和新产品试制费、地质勘探费、由中央财政安排的支农支出、由中央负担的国内外债务的还本付息支出，以及中央本级负担的公检法支出和文化、教育、卫生、科学等各项事业费支出。

③ 地方财政支出具体包括：地方行政管理费，公检法支出，部分武警经费，民兵事业费，地方统筹的基本建设投资、地方企业的技术改造和新产品试制经费、支农支出、城市维护和建设经费，地方文化、教育、卫生等各项事业费，价格补贴支出以及其他支出。

给过去20多年来省级政府和基层政府之间留下了公共服务供给的多方博弈。

如前文所述，我国现行省以下财政体制主要分为分税加共享、分税加增量提成、分税加共享和增量分成、分税加增长分成四种模式，而西部各省区又主要采取的是“分税加共享”“分税加共享和增量分成”两种模式。

6.2.2　西部8省区基层政府公共服务供给博弈

1994年的分税制改革，中央政府在中央和地方事权基本不变的情况下进行了财权的集中，使得地方政府财政支出与收入的任务无法得到完全的执行，各地地方财政无论在支出范围还是支出结构上均处于不合理的地位，不仅使各地区政府间财政苦乐不均，也为基层财政困难留下了体制缺憾，在地区内部形成各级政府间的公共服务供给博弈，造成效率低下。

6.2.2.1　基层财政与上级财政的供给博弈

虽然我国的基层财政体制由地方政府自行确立，但是越到基层财政越困难也是客观事实。省（区）级财政关注最多的是省（区）本级各项建设和费用的支出，加之长期以来城乡二元结构分化，省（区）级财政更多眷顾于大中城市基本建设和基础设施的投入；基层政府因对辖区内居民公共需求偏好最为了解而理所当然地成为本级公共服务和整个城乡公共产品最直接的提供者。然而，基层政府本身限于机构膨胀、人员过多、短期政绩考评等多重因素的影响，财政支出呈刚性增长，在与上级政府提供公共服务的博弈中长期陷于不公正的处境中。

西部8省区基层财政不仅极为拮据，而且要担负着提供庞大的基本公共服务的沉重职责。与全国情况大体相当，西部8省区基层政府（县、乡）长期以来一直承担着包括70%的预算内教育支出和50%~60%的基本医疗支出。由于统计口径的调整，我们从“十一五”剖面数据来看，2005年西部8省区平均每个省区的省本级教育支出和医疗卫生支出分别占地方财政总支出的17.90%和26.29%；地市本级教育支出和医疗卫生支出分别占地方财政总支出的12.45%和23.45%；然而在县乡级财政支出中，教育支出和医疗卫生支出分别占地方财政总支出的69.65%和50.26%。2006年西部8省区平均每个省区的省区本级教育支出和医疗卫生支出分别占地方财政总支出的16.43%和23.71%；地市本级教育支出和医疗卫生支出分别占地方财政总支出的12.02%和21.58%；与省区本级和地市本级相比，县乡级财政支出中，教育支出和医疗卫生支出分别占地方财政总支出的71.55%和53.73%，远远超出省区本级和地市本级对教育和医疗卫生的支出之和。

6.2.2.2 基层政府与辖区居民对公共服务供给博弈

当基层政府无力提供辖区小城镇居民所需的各种公共服务时，就会出现财政内部预算对公共服务的供给博弈，以及基层政府与小城镇居民的供给博弈。

从20世纪末开始，随着西部地区国有经济向股份制和民营经济改制过渡，县乡两级政府支配的地方税受到了较深的影响，并直接导致了县级财政收入来源的萎缩，使得县财政力图从乡镇财政汲取收入，采取“保县紧乡”，直接或间接地增加了乡镇财政抽取财源的压力，形成了所谓的“收入上移”现象。

由此可见，在不考虑中央政府职能的情况下，西部地区政府层级结构内部形成的公共服务供给的多方博弈，增大了公共服务供给的难度。

6.2.3 西部8省区小城镇市政公共服务[①]政府性债务研究

对西部地区小城镇公共服务供需矛盾的经济学探究，对基层政府财政能力的全方位透析，都避不开对政府性债务这一敏感话题的讨论。西部地区基层财政收支差额的巨大悬殊，以及小城镇公共服务需求的旺盛增长使得基层政府不得不依靠举债发展。近年，西部地区小城镇市政公共服务（包括保障性住房建设和市政基础设施建设两部分）政府性债务主要用于基础设施建设和公益性项目，不仅在一定程度上缓解了西部地区基层政府历史欠账多、建设成本高等因素带来的资金筹措压力，还较好地保障了小城镇建设和社会发展的资金需要，推动了民生改善和社会事业发展，作为一项深得民心的民生工程，既体现了党的宗旨意识，又推动了城镇化建设速度。但是，从基层财政能力建设的角度看，政府性债务引发的各类经济风险、社会风险，对小城镇公共服务供给和政府公信力造成重大影响。

6.2.3.1 西部地区政府性债务发生总体情况

我国学术界对政府性债务的研究由来已久，对什么是政府性债务、政府性债务的形成原因等几方面进行了阐述。许忠达（2005）认为：“地方政府性负债是指地方政府通过举债以扩大投资，拉动内需，促进经济发展，或缓解财政暂时困难而承担的债务，从形成原因上分析地方政府性负债包括显性负债和隐性负债两种。”[②]赵全厚（2011）认为：“地方政府性债务是指地方政府（含政府部门和机构）、经费补助事业单位、融资平台公司等直接借入、拖欠或因提供担保、回购等信用支持，因公益性项目（指为社会公共利益服务、不以营利为目的，且不能或不易通过市场化方式运作的政府投资项

---

① 本书研究的市政公共服务是由保障性住房建设和市政基础设施建设两部分构成。

② 许忠达. 地方政府性债务的形成原因及风险防范对策[J]. 财会研究，2005(7)：10–11.

目，如公共交通、市政道路、水利等基础设施项目，以及义务教育、保障性住房、基础科研教育、社会公共卫生等基本建设项目）建设所形成的债务。”[①]简言之，政府性债务就是将政府作为负债主体，以政府的信誉、声望、预期项目财政收入作为负债担保，以发行债券或是直接借款为途径，向各融资单位进行筹集资金的行为。从目前来看，各级政府债务主要有以下类别。总的来说，政府性债务是地方经济发展过程中必然发生和不可避免的行为，主要是由于政府财力不够、资源分配不对等，以及体制机制有缺陷等原因造成（见表6-1）。

表6-1　各级政府债务主要类别比较

政府级次	政府债务主要类别
省级	政府统借统还外债、国债转贷、国内金融机构借款、国际金融组织贷款、专项借款、向单位借款、向个人借款、拖欠行政事业单位人员工资和离退休费、地方政府担保借款、社保基金缺口、下级政府财政危机、国有企业改革成本等
市（州）级	用于市政建设等的国内金融机构借款、国债转贷、专项借款、外债、财政周转金、政府担保内债、社保基金缺口、国有企业改革成本、向单位和个人借款、下级政府财政危机等
县级	市政基础设施建设等贷款、拖欠工资、向单位和个人的借款、政府担保内债、下级政府财政危机等
乡镇	公益事业负债、拖欠工资和工程款、为应付税费上缴任务和各级达标活动的负债、乡镇企业债务兜底、农村合作基金会专项借款等

资料来源：根据资料整理而得。

6.2.3.2　GZ省小城镇市政公共服务政府性债务典型案例

西部地区（特别是西部8省区）对政府性债务的依赖性很高，对获取政府性债务的欲望很强，本部分将以GZ省小城镇市政公共服务政府性债务为案例具体研究。

①GZ省小城镇市政公共服务政府性债务发生情况。GZ省县级政府性债务主要集中用于两个方面：一个方面是小城镇保障性安居工程建设，主要用于廉租房工程建设、公共租赁住房工程建设、经济适用住房工程建设、限价商品房住房工程建设、棚户区改造住房工程建设等；另一方面是小城镇市政公用基础设施建设，主要用于道路桥梁[②]建设、交通建设、水热电气垃圾处理以及城市市容、城市园林等，本研究将这两个方面的建设统称为市政公共服务。总体来看，GZ省市政公共服务政府性债务规模占全省政府性债务规模比重较大，占全省政府性债务规模近四成。从政府层级来看，市政公共服务政府性债务主要集中于县（区）一级政府，省本级市政公共服务政府性债务规

① 赵全厚. 我国地方政府性债务问题研究[J]. 经济研究参考，2011：2-19。

② 主要指属于市政建设范畴的道路桥梁建设；高速公路等道路建设不属此列。

模相对较小。截至2013年6月30日，县（区）级债务总体规模1687.89亿元，占全省市政债务规模的67.04%。数据表明，县（区）级政府承担着小城镇市政公共服务主要的建设任务和支出责任，是小城镇市政公共服务政府性债务的主要举债主体。分地域看，各县（区）市政公共服务政府性债务差异较大、规模差距显著。我们研究发现，不同小城镇经济增长因不同的区域战略，引发不同的市场化程度，各地基层政府同样的举债规模对经济增速存在差异。就经济发展较好的小城镇而言，地方政府债务规模与经济增速之间是一种倒U形的关系；在经济相对落后的小城镇，政府性债务规模与经济增速之间呈现单调递增的关系。

小城镇市政公共服务政府性债务类别情况（见图6–1）。按债务类别分，政府性债务可分为政府负有偿还责任的债务（一类债务）、政府负有担保责任的债务（二类债务）和政府可能承担一定救助责任的债务（三类债务）。总体来看，一类债务规模占市政公共服务政府性债务规模比重大。截至2013年6月30日，县级一类政府性债务1590.25亿元，占县级建设行业政府性债务的94.22%；二类债务42.98亿元，仅占县级政府性债务的2.55%；三类债务54.66亿元，占县级政府性债务的3.24%。

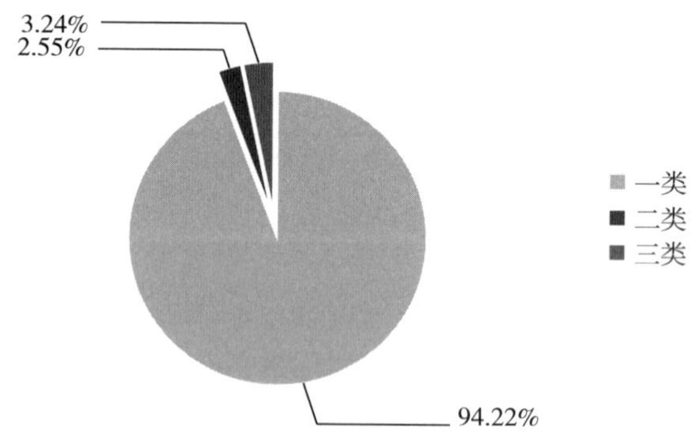

图6–1　县级市政公共服务政府性债务分类别统计

小城镇市政公共服务政府性债务投向情况。前文提到，小城镇市政公共服务政府性债务投向主要有保障性住房[①]建设和基础设施建设（包括道路桥梁建设、轨道交通建设、水热电气垃圾处理以及其他类等）。截至2013年6月底，县级市政公共服务政府性债务中，道路桥梁建设投入1043.06亿元，占县级市政公共服务政府性债务投入的56.88%；其他投入402.42亿元，占县级市政公共服务政府性债务投入的21.95%。道路桥梁建设和其他占比最多。轨道交通建设投入0.30亿元，占比仅为0.02%，在各类投向中占比最小（见图6–2）。

① 保障性住房主要包括廉租房、公共租赁住房、经济适用住房、限价商品房住房和棚户区改造住房及其他。

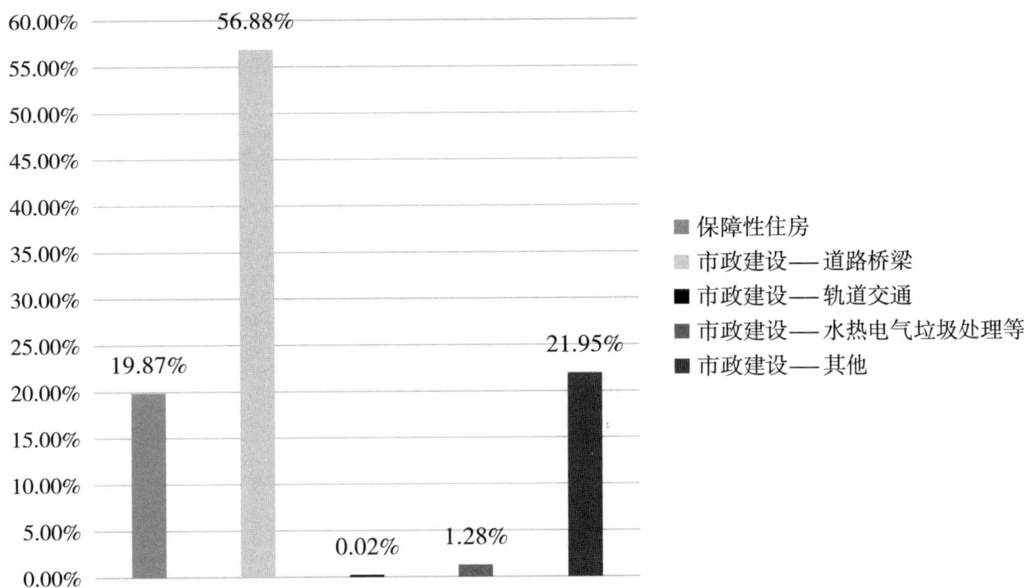

图6-2　县级市政公共服务政府性债务投向情况

小城镇市政公共服务政府性债务融资方式分析。西部部分地区县级市政公共服务政府性债务对回购（BT）融资方式的依赖性显著；垫资施工和延期付款情况较为突出。截至2013年6月30日，GZ省县级市政公共服务政府性债务中的47.64%采用回购（BT）方式，其余依次为政策性银行贷款、拖欠、其他单位和个人（其他）、垫资施工、延期付款等（见表6-2）。

表6-2　县级市政公共服务政府性债务融资方式

融资方式	融资金额（亿元）
回购（BT）	804.14
银行贷款——政策性银行	251.96
其他单位和个人——拖欠	148.46
其他单位和个人——其他	127.91
垫资施工、延期付款	87.80
银行贷款——商业银行	72.67
证券业金融机构融资	69.70
银行贷款——其他银行	48.22
信托融资——信托贷款	27.38
发行债券——企业债券	19.96
信托融资——其他	12.00

续表

融资方式	融资金额（亿元）
发行债券——地方政府债券	10.96
上级财政——外债转贷	4.21
融资租赁	1.44
其他金融机构融资	1.00
上级财政——国债转贷	0.08

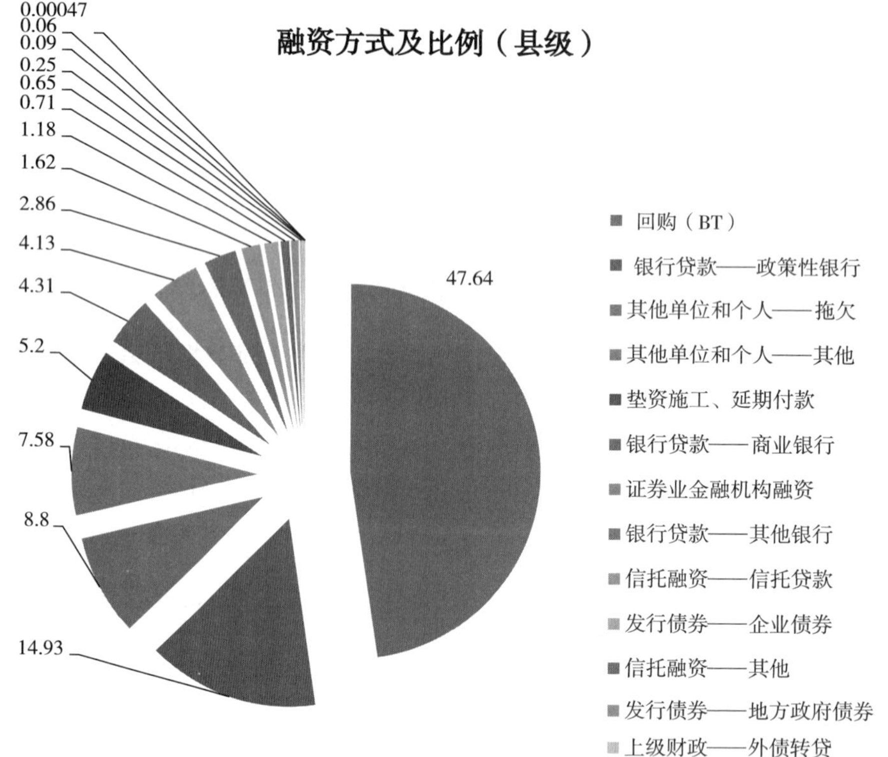

图6-3　县级市政公共服务政府性债务融资方式比例

说明：数据根据表 6-2 计算整理。

2013年7月以后，全省市政公共服务政府性债务还款总额2517.78亿元[①]；2013年下半年和2014年到期还款额均在500亿元以上，为还款高峰期；2014—2017年，每年到期还款额逐年下降；2017年及以后到期还款额又有显著上升。

②GZ省小城镇市政公共服务政府性债务的价值与风险。工业化、城镇化水平较低，城乡公共服务能力较弱，保障性工程发展水平落后一直是制约西部地区经济社会发展

① 不含因2013年7月以后新增债务产生的还款。本节下同。

的重要因素。面对有限的财力条件和旺盛的投资需求，GZ省基层政府通过各种形式的融资加大小城镇市政工程和保障性工程等基本公共服务的投资，将政府资金投入经济回报率最低、民间资本不愿意投入的基础建设项目上，为小城镇发展创造了良好的投资环境，对刺激各方面投资、吸引人才和技术，提升小城镇的声誉和形象发挥了重要的作用。

政府性债务对市政公共服务发展的积极作用显著。一是直接拉动经济增长。通过计算，截至2013年GZ省市政公共服务累计投资对小城镇的经济增长的贡献率达到30%左右，投资驱动作用明显。在已形成的市政公共服务投资中（包括保障性住房建设和市政基础设施建设）有近五成来源于政府性债务，直接拉动经济增长。二是促进小城镇社会建设不断完善。以公共租赁住房为主体的多层次小城镇住房保障体系初步建立。GZ省小城镇保障房建设工程重点推进了乡镇教师、卫生、人口计生干部职工公共租赁住房建设；加快推进了新参加工作人员、进城务工人员、返乡创业就业人员公共租赁住房建设；着力实施了以加强保障性住房文化、体育服务设施为突破口的小城镇“居有所乐”工程；积极通过城市综合体开发，围绕特色小城镇建设积极推进城市棚户区改造，帮助国有困难企业职工解决住房困难问题，不断提升新型城镇化建设水平，为政府性债务投资带来了重大的社会效益。以市政基础设施建设为主攻的城镇综合承载能力不断增强。2007—2013年于政府大力举债建设之间，GZ省城建投资增长了14.9倍，年平均增长率为56.77%。城市道路系统服务功能不断扩充，城市供排水系统服务质量不断提升，城市生态环境系统服务设施不断完善，城市能源系统行业管理进一步加强。以政府性债务投资为重要内容的市政基础建设对提升小城镇城镇综合承载能力发挥了重要的作用。三是推动物质文明和精神文明共同发展。据测算，小城镇市政公共服务有60%以上的政府性债务投向市政基础设施的道路桥梁建设。作为基础设施，城市路桥项目的通车和运营，不仅可以扩大城镇市容量，还带动了项目辐射区第三产业如交通管理、道路养护、汽车修理、加油站、餐饮、旅店，甚至是小城镇旅游产业的迅速崛起。市政环境的改善对于生态文明建设创造了良好的物质条件的同时，都市景区、城市公园、城市广场、体育服务等设施的建设，也增大了城乡居民精神文明发展的尺度。

但是，市政公共服务政府性债务存在的风险隐患是不可忽视的。一是结构风险需要警惕。县级政府是小城镇市政基础设施和保障房的建设主体和举债主体，部分债务规模比较大的县（区），市政公共服务债务的负债率已超过20%，债务率超过200%。与此同时，过分依赖回购（BT）模式和垫资付款，举债成本和社会风险较高。小城镇市政公共服务的政府性债务相对集中于回购（BT）、银行贷款（政策性银行）、垫资施工

（延期付款、拖欠）、信托融资（信托贷款）等几类，特别是对回购（BT）融资方式的依赖性显著，占县级市政公共服务政府性债务的45.56%。大量的BT项目、垫资施工和拖欠工程款，容易造成拖欠施工方工程款、民工工资、征地拆迁补偿等问题，引发群体性事件，破坏社会和谐稳定。二是管理风险存在隐患。在“举债”环节上，部分地区的领导干部对“该不该举债，规模是扩大还是收缩”认识看法不一，对举债规模、方式等问题缺乏科学的规划和安排。在“还债”环节上，部分地方政府领导、企业负责人对地方政府性债务固有的风险隐患认识不足，认为只要有钱可借，就尽量争取多借款，至于项目是否有效益，是否有还款来源，都没有统筹考虑。还有很多债务并不是财政部门出面借入或担保借入的，举债的决策主体和投资主体在责、权、利等关系界定上十分模糊。在债务统计管理上，统计信息不完善、信息失真现象大有存在，还有一些部门和单位出于各自的利益，不愿准确及时提供债务信息。三是政府融资风险向金融产业转移集聚、平台公司债务风险累积较快。目前小城镇市政公共服务政府融资以银行贷款为主，地方政府债务风险向银行体系转移的速度和集聚的程度不断增加。银行贷款无论是在利率、期限，还是在工具选择上，都难以适应融资期限长、规模大的城镇化项目。在利率上，贷款融资成本高，政府的公益类项目收益低，难以偿付。在期限上，中长期贷款占比上升导致银行资产负债期限错配，流动性下降。在融资工具上，平台公司是最为重要的举债机构，占比接近一半，但是大多平台公司管理不完善、责任主体不清晰、操作程序不规范，有些基层政府对自己平台公司的负债情况根本不清楚，政府总体负债和财政担保情况错综复杂。四是各地小城镇市政公共服务政府性债务对土地的依赖程度大。债务抵押物主要依靠土地，债务偿还也依靠土地出让金。过度使用土地进行抵押，对建设用地指标使用造成影响，使小城镇本来不足的建设用地更加不足。五是县级政府垫资施工、延期付款和拖欠工程款的情况较为突出。GZ省的县级政府垫资施工、延期付款和拖欠工程款占县级市政公共服务政府性债务的14%，严重影响了地方政府信用。六是小城镇市政公共服务还款能力较弱。与交通、水利等其他公共服务建设不同，一直以来，市政公共服务中尤其是小城镇道路、桥梁、水热电气垃圾处理等，都是一些投入较大，但是预期收费甚微、附属设施增值空间狭小、收益一般甚至无法弥补投入的公益性、基础性项目。

在西部地区，小城镇建设、经济发展、民生工程，没有投入是不行的，投资渠道当然是多方面的，政府性债务是一个十分重要的方面。对解决好小城镇贫困人群居住条件困难、共享改革开放成果的社会效益毋庸置疑，对于助推城镇化率的提高，尤其是让农民工市民化的可持续发展，是一个重要路径选择。但是市政公共服务的债务性投资收益率低、回报难、部分债务资金集中度成本较高也是不争的事实，过去几十年政府性债务大增反映了西部地区经济发展模式和融资模式的不可持续。投资模式的市场化改革迫在眉睫，降低政府参与经济的程度，激发企业参与经济的热情，加强西部地区经济活力，将是小城镇未来发展之路。

6.3　社会投资参与西部地区小城镇公共服务研究

社会投资是西部地区小城镇发展的又一路径之所在。据住房和城乡建设部统计，“十二五”期间全国城市基础设施建设投资中政府财政仅占20%左右，其余约80%的投资来自其他融资渠道。实践表明，社会资本在促进城镇产业发展、吸引农民就业迁徙、加快基础设施建设、保护环境、传承文化、承担社会责任等方面具有不可替代的作用。当前我国经济进入新常态，城镇化和市场化提速，地方政府性债务问题凸显，推进公共领域市场化改革，是我国经济新常态背景下的必然要求，有助于适应国家财政收入规模和结构的变化，有助于促进地方财政支出结构优化，有助于促进技术发展和提升公共服务品质。西部地区必须围绕城镇化发展需要，推进城镇投资体制改革，加快建立政府推动、社会参与、个人努力的多元化资金筹措机制，充分激活社会资本活力，把民间投资作为带动小城镇经济持续、快速发展和推进公共服务的强大动力。

6.3.1　我国社会资本投资能力研究

改革开放以来，我国经济保持平稳较快发展，持续快速增长的宏观经济成为社会资本存量扩张的主要驱动因素。一方面，随着经济快速发展和社会保障体系逐步完善，居民可支配收入的稳步增长，为社会资本提供了经济基础；另一方面，企业部门在我国经济结构大调整和产业升级的背景下，对资本运作的需求更加旺盛。我国民间资本规模庞大，丰富的社会资本能提高物质资本和人力资本的投资收益、推动区域经济发展。

6.3.1.1　从社会储蓄和人均可支配收入角度分析

2015年12月末，我国人民币存款余额135.70万亿元，同比增长12.4%，本外币存款余额139.78万亿元，同比增长12.4%，其中人民币存款增加14.97万亿元，外币存款增加167亿美元[①]。住户存款增加4.40万亿元，非金融企业存款增加5.28万亿元，非银行业金融机构存款增加4.08万亿元。与此同时，2015年全国人民生活进一步改善，居民人均可支配收入21966元，比上年增长8.9%，实际增长7.4%，快于经济增速。

① 数据来源于2015年金融统计数据报告。

6.3.1.2 从中小微企业发展角度分析

近几年我国商事制度改革与国家创业创新政策形成叠加效应，有力推动了大众创业、万众创新，市场主体快速增长。2015年，全国新登记市场主体1479.8万户，同比增长14.5%；注册资本（金）30.6万亿元，增长48.2%。截至2015年底，全国实有各类市场主体7746.9万户，比上年增长11.8%，注册资本（金）175.5万亿元，比上年增长35.8%。[①]其中，全国工商登记中小企业超过2000万家，个体工商户超过5400万户，中小企业利税贡献稳步提高[②]。以工业为例，截至2015年末，全国规模以上中小型工业企业36.5万家，占规模以上工业企业数量的97.4%；实现税金2.5万亿元，占规模以上工业企业税金总额的49.2%；完成利润4.1万亿元，占规模以上工业企业利润总额的64.5%。中小企业提供80%以上的城镇就业岗位，成为就业的主渠道[③]（见图6–4）。

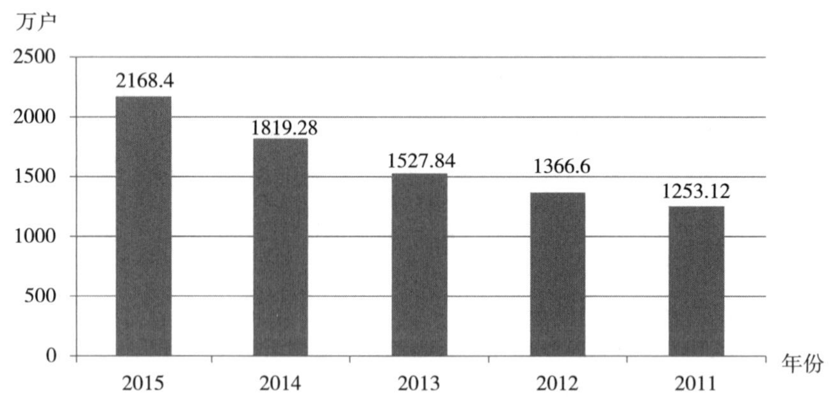

图6–4 我国企业法人单位户数对比

6.3.2 我国社会资本投资发展状况

实现规模庞大的民间资本合理、有序流动，是当前实现经济内生动力增长、加快实体经济发展的重大而迫切的要求。拓宽民间资本投资渠道，使之进入公共服务及一些垄断领域，不仅有利于突破经济体制瓶颈，更能激活民间投资的能量。改革开放以来，我国民间投资规模不断扩大，民间资本在全社会固定资产投资中所占比重逐年提高，已成为促进国民经济发展、创造社会就业岗位的重要力量。

① 数据来源于2015年金融统计数据报告。

② 数据来源于《促进中小企业发展规划（2016—2020年）》。

③ 同②.

6.3.2.1　固定资产投资与民间投资规模持续扩大

近年来，我国固定资产投资规模持续扩大，由2010年的13104.67亿元增加到2015年的30924.28亿元，5年翻了两番多。2010年至2015年，民间投资占全社会固定资产投资的比重从55.9%提高到64.2%①。其中，据国家统计局公布的数据，全国城镇固定资产投资2015年为573788.96亿元，是2006年的5.64倍，主要资金主要来源于财政资金、国内贷款、利用外资、自筹资金和其他资金五个方面。国家预算内资金30924.28亿元，占5.39%，国内贷款占比10.59%，社会资本（利用外资、自筹资金、其他资金）占比84.02%，占主体地位，相关资金来源见表6–3及图6–5。

表6–3　我国城镇固定资产投资资金来源②　　单位：亿元

项目	2015 年	2014 年	2013 年	2012 年	2011 年
合计	573788.96	532724.77	481065.85	399835.05	336895.10
国家预算内资金	30924.28	26745.42	22305.26	18958.66	14843.29
国内贷款	60756.64	64512.22	59056.31	51292.37	46034.83
利用外资	2854.45	4052.86	4319.44	4468.78	5061.99
自筹资金	405008.73	369964.69	324431.5	268560.22	220860.23
其他资金	74244.86	67449.58	70953.34	56555.02	50094.76
项目	2010 年	2009 年	2008 年	2007 年	2006 年
合计	273124.59	218786.68	158579.68	130743.45	101759.14
国家预算内资金	13104.67	11493.63	7377.01	5464.13	4438.74
国内贷款	45104.70	37634.14	25466.01	22136.08	18814.82
利用外资	4339.64	3983.55	4695.79	4549.02	3811.05
自筹资金	165751.97	127557.67	97846.45	74520.88	56547.51
其他资金	44823.61	38117.69	23194.42	24073.34	18147.02

① 数据来源于中央政府门户网站。

② 数据来源于国家统计局国家数据网，http://data.stats.gov.cn/.

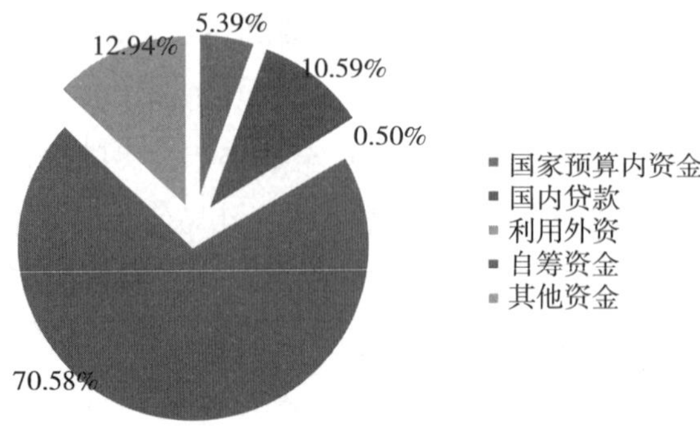

图6-5　2015年我国城镇固定资产投资资金来源分布

6.3.2.2　固定资产投资与民间投资增速逐渐放缓

从投资增速看，随着我国经济进入“新常态”，近年我国固定资产投资与民间投资增速均有不同程度回落，2011—2015年固定资产投资增速（名义）分别为33.50%、19.25%、22.69%、17.02%、10.09%。同期民间固定资产投资增速为23.76%、20.29%、19.11%、14.73%、7.73%，民间投资增速落后于整体投资增速，民间投资下降的幅度更大。2016年上半年，民间投资增速大幅放缓，民间固定资产投资158797亿元，同比名义增长2.8%（扣除价格因素实际增长4.7%），只有全国固定资产投资增速10.5%的一半。民间固定资产投资占全国固定资产投资（不含农户）的比重为61.5%，比2015年同期降低2.7个百分点（见表6-4、图6-6）。民间投资放缓受宏观环境影响，由于民间投资占全国固定资产投资2/3左右，民间投资增速下滑对总体投资增长造成拖累。

表6-4　民间投资占固定资产投资[①]比重　　单位：亿元

年度	固定资产投资（不含农户）	民间固定资产投资	民间固定资产投资占全国固定资产投资的比重（%）
2010	251684	140691	55.9
2011	311485	187825	60.3
2012	374695	223982	61.4
2013	446294	274794	63.0
2014	512021	321576	64.1
2015	551590	354007	64.2
2016 上半年	258360	158797	61.5

① 从2011年开始，固定资产投资统计的起点标准从计划总投资50万元提高到500万元，因此2011年全社会固定资产投资绝对数与2010年不可比，但比上年增速是按可比口径计算的。与此同时，月度投资统计制度将统计范围从城镇扩大到城镇和农村企事业组织，并定义为“固定资产投资（不含农户）”。

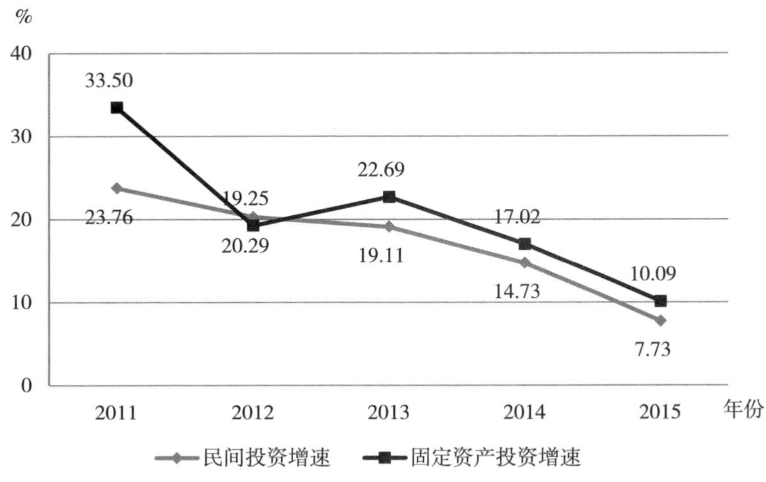

图6-6　我国固定资产投资与民间投资增速比较

6.3.2.3　投资对经济增长的贡献有所下降

根据国家统计局公布的数据，2006年至2015年，从投资、消费、净出口国民经济“三驾马车”对GDP增长的贡献率变动情况表明中国经济转型明显，投资对中国经济增长的贡献率先上升后下降，由2006年的42%上升至2009年的92.3%，之后数年也保持在50%以上的高位。2014年后，中国开始一定程度上去杠杆，投资占比迅速减小，以后逐年降低，至2015年降至31.7%。消费对经济增长的贡献率继续提升至71%，经济向消费驱动转轨，净出口贡献率为总体趋于负值，需求结构向好发展（见表6-5、图6-7）。

表6-5　2006年到2016年前三季度国民经济“三驾马车”对GDP增长的贡献率　　单位：%

年度	最终消费贡献率	投资贡献率	净出口贡献率
2006	38.7	42	19.3
2007	39.4	40.9	19.7
2008	45.7	55.2	9.1
2009	52.5	92.3	–44.8
2010	37.3	54.8	7.9
2011	51.6	54.2	–5.8
2012	51.8	50.4	–2.2
2013	50	54.4	–4.4
2014	50.2	48.5	1.3
2015	66.4	31.7	1.9

续表

年度	最终消费贡献率	投资贡献率	净出口贡献率
2016 前三季度	71	36.8	-7.8

数据来源：根据国家统计局数据整理。

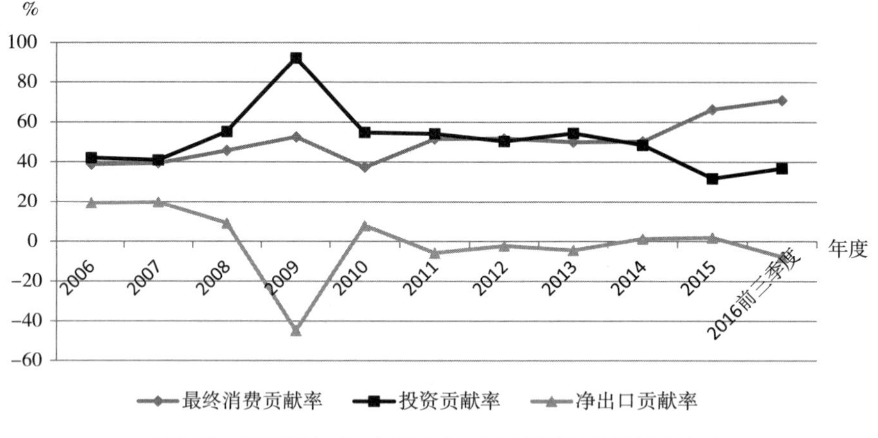

图6-7　国民经济“三驾马车”对GDP增长的贡献率比较

6.3.2.4　区域和行业分化逐步明显

分区域来看，绝大部分省区分项设施建设水平都有较大幅度提高，但全国各省区累计投资差异较大，建设水平大致呈现由东向中西部地区递减的趋势，东部省区各分项设施建设投资均远高于中西部省区。民生银行研究院发布的研究成果显示，东、中、西部地区固定资产投资增速均出现持续下滑，其中西部地区下滑程度最为严重，在2015年上半年基础呈“断崖式”下跌。由2014年末的20.3%下滑至2015年5月末的5.1%。与此同时，西部地区民间资本占整体投资的比重也出现下滑，由2014年末的53%下降至2015年11月的50.7%，而同时期东中部地区占比保持稳定。

分行业看，民间固定资产投资在制造业、房地产业、农林牧渔业投资比例较高，分别为88%、76%、76%；其次是采矿业，投资比例为55%。民间投资在基础设施建设和公共服务业中投资比例较低，分别为26%和37%。可见，虽然国家政策对基础设施建设、公共服务投资支持力度加大，但民间投资参与程度相对较小（见图6-8）。

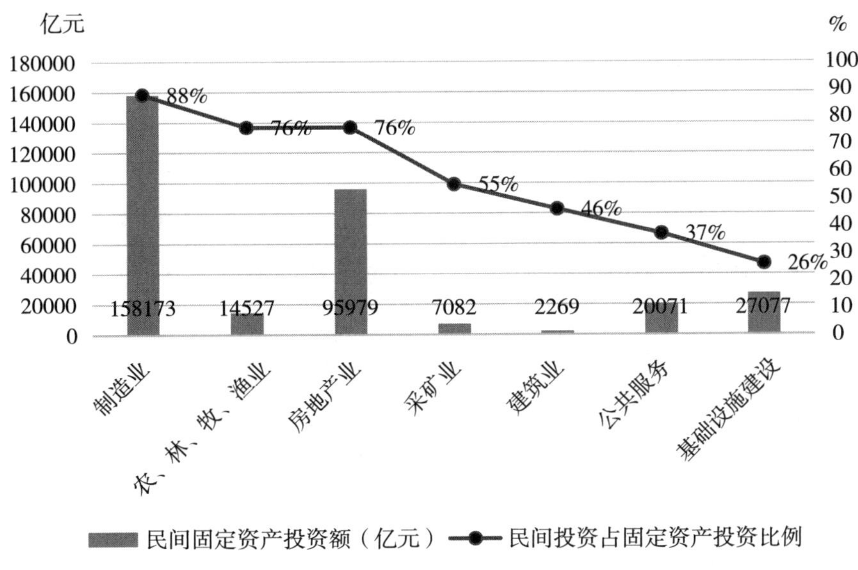

图6-8　2015年分行业民间固定资产投资①

6.3.3　西部地区小城镇社会资本投资发展状况

以西部8省区为例，西部地区社会资本投资规模持续扩大。从总量来看，西部8省区固定资产投资由2006年的11673亿元增加到2015年的68511亿元，投资规模10年增长5倍。2006年至2014年，民间投资占全社会固定资产投资的比重从56.95%提高到61.62%。

从增速上看，西部8省区2007—2014年全社会固定资产投资增速（名义）由28.47%升至2009年的38.23%最高值，后增速回落至16%左右，同期民间固定资产投资增速相对振幅较小，2014年民间投资出现快速回落，民间投资增速落后于整体投资增速。而2015年到2016年前三季度，随着经济下行压力不断加大，民间投资增速快速回落，目前已与整体投资增速持平。

从2016年上半年的表现看，西部的民间资金投资转向的迹象明显，即从此前投资房地产、传统能源到投向新兴技术行业，新经济受到民间资本青睐，成为民间投资的“新蓝海”。民间投资整体增速滑落和区域分化加剧，从西部地区已公布的较为详细的民间投资数据来看，西部8省区在2016年上半年表现不一。其中，新疆、云南、内蒙古和广西因为房地产和制造业的低迷，拖累了民间投资增速。但在一些地区民间投资表现却比较活跃，宁夏、贵州省增速超过20%，贵州省的民间投资也开始出现从传统工业向新兴产业转移的趋势，2016年上半年贵州省民间制造业投资增长22.9%，信息传输、

① 数据来源于国家统计局。

软件和信息技术服务业投资增长40.6%，在大数据、大旅游、大健康、智能制造等新兴产业投资中，民间投资占比均超过70%，大量民间投资投向实体经济，表明全省实体经济活力强劲。

2014年西部8省区建制镇总建设投入为5323531万元，占全国建制镇投入的7.42%，分别为东部地区的12.46%，中部地区的39.35%，西部地区的41.33%，在全国占比明显偏低。从资金来源看，2014年西部8省区建制镇社会资本投资为4478114万元，占西部8省区建制镇总建设投入的84.12%，与全国平均水平基本相当。从8省区建制镇社会资本投入分省区来看，西南地区广西、贵州、云南三省区占比76.11%，其中贵州占比44.51%，西北青海、宁夏、新疆占比12.06%，内蒙古占比11.82%。西南地区建制镇建设投入远远高于西北地区，表明近年来西南地区小城镇发展要快于西北地区，贵州城镇化建设进步尤其明显。从8省区建制镇社会资本投入占比来看，西南地区占比均在80%以上，西北地区为70%左右，西北地区财政投入占比更高，表明社会资本在西南民族地区小城镇建设中更为活跃。据此，一方面，西部地区小城镇建设社会资本投入与东部地区、中部地区、西部其他地区还存在明显差距；另一方面，8省区内部也存在明显分化，西南地区无论是投入总量还是社会资本占比均明显高于西北地区，其中西南的贵州表现最为突出。

以建制镇市政公用设施投入为例，2014年西部8省区投入1741506万元，占全国建制镇市政公用设施投入的10.47%，分别为东部地区的19.78%，中部地区的53.74%，西部地区的43.48%，在全国的占比偏低，与东部地区差异明显。从西部8省区内部来看，西南地区广西、贵州、云南三省区建制镇市政公用设施投入占总投入的近80%，其中，贵州省建制镇市政公用设施投入最大，为1113739万元，占西部8省区该项投资的63.95%；西北三省区建制镇市政公用设施投入占总投入比仅为10.57%；内蒙古为9.34%。以社会资本投入占总建设投入的一般比例（80%左右）来推测，社会资本投入在小城镇公共服务领域同样表现出明显的地区差异，即全国东中西差距、西南高于西北的区域差距，公共服务社会资本供给亦存在区域不平衡（详见表6-6）。

表6-6 各地区建制镇市政公用设施投入 单位：万元

	建制镇建设投入	建制镇市政公用设施										
		小计	供水	燃气	集中供热	道路桥梁	排水		园林绿化	环境卫生		其他
								污水处理			垃圾处理	
全国	71721740	16628921	1440263	597190	402808	6733842	2374073	1259950	1765345	1316548	602504	1999319
东部地区	42707937	8803348	686016	324476	241003	3089106	1469931	844291	1208662	810430	383828	973813

续表

	建制镇建设投入	建制镇市政公用设施										
		小计	供水	燃气	集中供热	道路桥梁	排水		园林绿化	环境卫生		其他
								污水处理			垃圾处理	
中部地区	13530207	3240803	390543	90432	30052	1314056	431702	192129	274813	247116	109584	462289
西部地区	12879552	4005353	306992	141681	61222	2128192	415021	203060	238532	219199	93076	494682
东北地区	2604044	579417	56712	40601	70531	202488	57419	20470	43338	39803	16016	68535
西部8省区	5323531	1741506	110571	12395	42293	1090413	153385	85612	91439	74814	34158	166275
内蒙古	565958	162716	14304	629	21435	65786	24959	14124	18212	7509	3396	9888
广西	786617	128542	13525	157		57889	15906	4300	8760	21300	11072	11025
贵州	2370408	1113739	42195	2737	4238	819259	74436	50011	33723	23652	11019	113527
云南	812226	152350	21083	287		75619	14933	8746	9593	8373	4532	22478
青海	111647	40619	4668	2237	239	13626	7005	3191	9773	2832	1777	244
宁夏	375502	70720	6392	2748	10302	24256	9891	2751	7231	8110	1520	1792
新疆	301173	72820	8404	3600	6079	33978	6255	2489	4147	3038	842	7321

注：数据根据《中国城乡建设统计年鉴（2014）》整理而得；其中数据不包括西藏数据。

6.3.4　社会资本参与小城镇公共服务存在的问题

西部地区小城镇社会资本对公共服务领域的投资仍存在总量较小、比重偏低、投资领域不宽、市场准入限制多、投资深度不足等问题。

6.3.4.1　社会资本的投资意愿低

西部地区小城镇公共服务的规模效应难以显示优势。多数西部地区小城镇规模尚未达到经济聚集的临界规模条件，由于小城镇公共服务规模较小、集中度不高、投资成本较大，难以达到投资和建设的规模经济要求，许多公共服务和基础设施产品价格高于城市，超出居民消费承受能力，同时企业难以获得社会平均利润，市场机制难以发挥作用，在此背景下单纯依靠市场优化配置资源来提供基础设施显得十分困难。尽管西部地区小城镇发展对于基础设施供给的需求强烈，但市场并不青睐和热衷于选择这类投资。

6.3.4.2 社会投资的领域窄、比重小

小城镇公共服务和城镇基础设施具有投入大、建设周期长、投资回报率低的特点，加之社会投资领域由于存在诸多不合理限制和隐性壁垒，在小城镇公共服务和基础设施建设领域民间投资项目比重低，投资领域不宽，规模较小。在西部地区大量民间投资只集中在短期市场中紧俏的制造业、房地产业等行业，采矿、化工、房地产行业的高速发展带动了整个投资增长，但同时导致了部分行业投资过热、生产能力过剩，重复投资也造成了大量的无效生产力。从绝对量上看，民间投资于西部地区小城镇道路运输业、水利、环境和公共设施管理业，教育、卫生和社会工作、文化、体育和娱乐业公共管理、社会保障和社会组织等公共服务仅相当于民间固定资产投资一成不到。

6.3.4.3 社会资本投资模式不合理

BT/BOT形式及其变形模式在我国近几十年被广泛应用，2014年以前，BT/BOT也是西部地区众多项目筹集建设的重要方式。但由于有关立法工作还处于探索阶段，BT/BOT产生了诸多问题，项目运作方式极其复杂，融资模式阻碍甚多，许多不可逆的风险带来了许多恶劣的影响。

一是工程性问题。西部地区小城镇公共服务的BT/BOT项目中，曾出现过工程质量问题，从而引发了其他问题。

二是经济稳定安全问题。在西部地区，一些地方政府为了快速推进小城镇公共服务发展进程，不顾自身条件和财政实力，短期内采取BT/BOT项目融资模式项目集堆上马，BT/BOT项目政府回购所需资金远远超出政府财政承受能力。

6.4 小　结

作为经济体制改革和政治体制改革的交会点，我国财税体制的每一次变革都是围绕资源配置展开，并在实施过程中紧密围绕中国经济社会的大环境留下了明显的时代烙印。每一次财税体制的重大变革都给西部地区基层财政带来了重大的影响。分税制改革形成了收入集权的同时却没有明确划分各级政府的责任，尤其是省以下各级政府的支出责任，沉重的公共服务供给责任与不充分的转移支付的结合，不仅造成了基层政府间公共服务水平的巨大差异，也导致了基层政府的财政困境。

如果说西部大开发“第一个十年”在同一地域内的大多数“乡”和“镇”的差距并不是特别明显和突出的话，那么在西部大开发“第二个十年”，随着工业化、城镇化的不断推进，“乡”和“镇”的差距还是逐步显现出来。西部地区，在当前公共服务

的社会资本投资乏力、市场占有不足、基层财政事权责任大于财权能力的现实困境中，针对小城镇公共服务发展的新的投资体制亟待形成，针对公共服务促进产业集成集聚、促进劳动力生产力提高和推动“人”的全面发展、平等参与现代化进程、共同分享现代化成果的新政策亟待推进。

第7章　西部地区小城镇公共服务供需矛盾的民族学研究

关于西部地区小城镇公共服务研究，考虑到西部地区语言文字、民族文化、风俗习惯、宗教信仰、地理环境等因素的特殊性，对西部地区小城镇公共服务供需矛盾进行民族学视域下的探究，尤显十分必要。民族及其文化是民族学研究的主要对象，与西部各少数民族有关的文化传统、语言文字、医疗卫生、风俗习惯等问题，是分析现阶段西部地区小城镇公共服务供需矛盾的重要参数和变量，正是由于西部地区小城镇公共服务供给和需求的诸多特殊性，使得这项工作变得更加复杂。

7.1　民族学视域下小城镇公共服务发展的影响因素

一般而言，小城镇公共服务供需的影响因素包括经济发展、人口及就业、教育状况、政府财政收支、社会保障、医疗卫生水平、公民参与、环境限制等方面。对于西部地区，其民族历史文化、地域环境、分布情况有其自身的特殊性，这些也是影响小城镇公共服务的重要因素。

7.1.1　多样化的民族语言

语言和文字不仅是人类交流的工具，而且是构成文化的重要组成部分，同时是群体认同的重要标志之一。著名人类学和社会学家吴文藻指出：“在进行一个地区的文化调查时重要的内容就是当地的语言。”[①]语言种类多、分布广构成中国少数民族语言的主要特征。

① 王恩涌，胡兆量，周尚意，等. 中国文化地理[M]，北京：科学出版社，2008：206.

7.1.1.1　少数民族语言呈多样性

西部地区民族数量多，区域跨度大，客观上有利于语言多样化形成。西部50多个少数民族中，除回族使用汉语外，其余少数民族多有自身语言，分属于汉藏、阿尔泰、南亚和印欧语系。大部分少数民族使用本民族语言，部分民族使用汉语。从整体分析，西南地区少数民族使用汉语程度高于西北各民族。语言多样性有利于中华民族文化的丰富与发展，同时对政府公共服务提出更高的要求。据不完全统计，中国境内少数民族语言有120余种，除少数语言如朝鲜语、回辉话等语言未列入语系外，其余语言分别纳入汉藏语系、印欧语系、南亚语系、阿尔泰语系之中，大多数语言有自己的文字。目前，中国少数民族人口约有6000万使用本民族语言，占少数民族总数的60%以上，约有3000万人使用本民族文字①。

汉藏语系主要分布于西南地区、青藏高原，下分苗瑶族、藏缅等语族。少数民族语言中属于汉藏语系藏缅语族的有“藏语、珞巴语、门巴语、土家语、彝语、嘉戎语、普米语、傈僳语、纳西语、哈尼语、景颇语、阿昌语、独龙语、尔苏语、基诺语、白语、拉祜语等”②，苗瑶语系包含苗语、畲语等，壮侗语系则包含侗语、壮语、布依语、仡佬语等语言，壮侗语系、苗瑶语系主要分布于中国西南地区云南、贵州、四川、湖南、广西等省区。

阿尔泰语系下分突厥语族、蒙古语族等分支。突厥语族分布于中国西北地区，新疆维吾尔自治区采用该语系民族较多。突厥语族包含语种为“维吾尔语、哈萨克语、柯尔克孜语、乌兹别克语等”。蒙古语族使用区域较大，横跨中西部大部分地区，内蒙古、东北、新疆、甘肃等省、自治区皆有分布。满-通古斯语族包括满语、鄂伦春语等语言，以黑龙江为主要使用省，新疆和内蒙古有少量民族采用。

南亚语系主要分布于云南省，包含德昂语、布朗语、瓦语，使用范围较小。另外少量分布的语系有印欧语系，此语系仅为塔吉克族和俄罗斯族使用。

中国少数民族人数少，但居住范围广，客观上增加了民族语言调查难度。1953年民族甄别后，中国政府对少数民族语言进行调查。1956年调查工作完成，基本确定少数民族语言使用情况，查清少数民族语言分布区内的详细状况。

大部分少数民族使用超过1种语言。相同民族使用不同语言具有一定历史渊源。当代少数民族大部分为多源民族，在历史长河中先后容纳不同民族，或多个民族不断融合而成。民族融合过程中语言变化速度慢于一般的生活习惯，造成新民族中语言使用的区别。与此同时，中国西部存在不同民族使用相同语言现象。西南民族中回族、满

① 周庆生. 语言生活与语言政策：中国少数民族研究[M]，北京：社会科学文献出版社，2015：262.

② 王恩涌，胡兆量，周尚意，赫维红，刘岩. 中国文化地理[M]，北京：科学出版社，2008：206.

族、仡佬族、土家族等民族基本采用汉语。蒙古、白、壮等民族汉语普及率逐步提高，本民族语言退居次要地位。俄罗斯、乌孜别克等民族中部分人学用维吾尔语。一般而言，不同民族使用相同语言是民族融合的结果。

7.1.1.2 使用人口较少，部分语种出现危机

少数民族语言中使用人数较多的是维吾尔语、藏语。部分少数民族人数虽相对较多，但汉化程度很高，造成本民族语言使用范围逐渐缩小。

满族人口超过1000万，是中国第三大民族。然则，中国大陆能听懂满语者大约100人，只有50位老人会说满语，使用率为0.0006%。赫哲族人口约4500人，能用赫哲语交流的仅10余人，使用率约0.07%。土家族拥有800多万人口，土家语使用人数和比例下降速度较快。20世纪80年代，土家语使用率为25%，目前下降到0.089%。畲族人口约70万，其中流利使用畲语者约1500人，使用率为0.13%。仡佬语使用率约1.36%，塔塔尔族人口约5000人，使用本民族语言人数为1000人左右，使用率为20%。鄂伦春族中青少年基本不会使用本民族语言，中老年中仅数百人采用鄂伦春语为母语①。

7.1.1.3 民族间语言融合度较高

中国西部省区中虽然少数民族比重较大，但大部分省区汉族人口依然占据优势。因汉族经济、文化相对发达，少数民族使用汉语作为通用语言。使用汉语比例因居住地、民族结构和文化教育等方面因素影响而略有不同。

少数民族中年轻人使用汉语的比例较高，中老年人多使用本民族语言。从空间角度分析，非边疆民族采用汉语比例较高，如满族、畲族基本使用汉语，本民族语言几近消亡。边疆民族如藏族、维吾尔族本民族语言使用率较高。民族内部文化素质较高者多兼用或使用汉语，教育水平偏低者以本民族语言为主要交流方式。少数民族中兼用或使用其他少数民族语言的现象普遍存在。在多民族杂居地区，部分少数民族处于绝对或相对优势，附近少数民族被其同化，采用该民族语言。

总体而言，杂居区少数民族采用汉语比例较高，聚居区则相对较低。文化水平较高的民族兼习汉语人数多。与此同时，因部分地区某个少数民族人口较多，其余少数民族兼用该民族语言现象突出，如新疆南部维吾尔族人口较多，部分柯尔克孜族、哈萨克族习用维吾尔语。因此，少数民族语言多样化对政府公共服务提出更高要求，特别是少数民族语言文字的保护、双语教学工作的开展，使基础教育成本增加。

---

① 周庆生. 语言生活与语言政策：中国少数民族研究[M]，北京：社会科学文献出版社，2015.

7.1.2　“大杂居小聚居”的民族分布

与语言分布类似，中国少数民族语言分区与民族分布基本相同。中国少数民族分布是大杂居、小聚居，除新疆、西藏外，几乎难以找到单一民族构成的村落。由于历史原因，中国少数民族除满族、赫哲族、高山族等少数几个民族主要分布在东中部外，绝大多数少数民族主体部分集中在西部。西部大部分省份设有民族自治县、自治州，5个少数民族自治区均在西部地区，8个民族省区青海、贵州、云南、新疆、西藏、内蒙古、广西、宁夏皆在西部。

7.1.2.1　大杂居小聚居现象突出

西部地区大杂居小聚居现象突出，西南地区较西北更加明显。西南地区因山川河谷分布，客观上有利于多民族混合居住。云南、贵州等西南省份民族数量众多，云南省民族数量突破50个，贵州拥有40多个民族，诸多民族集合在少数省区，杂居成为必然。当然，所谓的聚居、杂居并不排斥汉族。大多数民族省区中，汉族依然占据多数，甚至大多数，少数民族中亦有相当一部分为汉、少混血。在各个省区内，汉族、少数民族呈点状分布。“除了西藏、新疆外，找到一个纯粹是少数民族的聚居区是很不容易的，即使在乡一级的区域里也不是常见的。”①

7.1.2.2　少数民族人口密度低，散居特点突出

就人口密度比较而言，与东中部相比，西部呈现地广人稀的特征。中国西部包含新疆、西藏、陕西、云南、贵州、四川、重庆、甘肃，宁夏、广西、内蒙古、青海等十余个省、自治区、直辖市，总面积约占全国面积的70%，约680万平方千米。占据大部分国土面积的西部，人口却仅占总人口的30%左右，人口密度小于东中部地区。

西部少数民族中散居特点突出。据统计，仅云南、贵州等省民族乡镇散居少数民族达1000余万人。西部少数民族杂居具有“广、杂、散、多”四大特点。“广”是指少数民族杂居区分布广，居住地广阔；“杂”是指杂居区少数民族数量多；“散”是指散居少数民族就业分散，居住地分散；“多”是指散居区少数民族人数多。据统计，20世纪初西部8省区少数民族人口在各地区分布情况为“内蒙古占15.5%、贵州占26%、云南占31.7%、宁夏占31.9%、广西占38.3%、青海占39.4%、新疆占59.6%、西藏占95.1%”②，多数省区汉族仍占大多数。根据2016年国家统计局公布数据，本书主要研究的西部8省区少数民族人口比重均超过全国和西部地区水平，内蒙古、广西、贵州、云南、西藏、青海、宁夏、新疆少数民族占本地区总人口比重分别为21.95%、

---

① 陈育宁. 民族史学概论[M]. 银川：宁夏人民出版社，2006：70.

② 同①.

44.63%、29.74%、27.41%、93.84%、42.56%、36.88%、59.83%。

7.1.2.3 少数民族散居的影响因素较为复杂

西部少数民族居住区分散有其深刻的地理、历史和社会原因，其中，特殊的自然地理环境是其散居的重要原因。“人类是依赖于自然地理环境提供的空间和资源而得以生存和生活的，自然地理环境构成社会存在和发展的基础。”①西部地理面貌复杂多样，以高原、山地为主。将中国西部置于世界地理位置分析，我国西部地区处于亚洲中心地区向沿海地带过渡区。在地理因素作用下，西部地区地形阶梯状分布明显，呈现三级阶梯状况。在地理环境影响下，西部省份平原面积较小，如贵州省平原仅占全省土地面积的3%；新疆“山地占总面积的42.67%，盆地占57.32%”②；陕西则是“横跨黄河、长江两大水系，有高原、山地、平原三种地貌”；四川则是“高原面积占4.7%，丘陵占12.9%，山地占77.1%，平原5.3%”③；云南、西藏、青海则以高原为主；甘肃辖区内山地、高原、平原、沙漠、戈壁一应俱全，呈现“一个甘肃，五个世界”的分布特征。西部陇南山地、黄土高原、甘南高原、河西走廊、祁连山脉相间呈现，山地、高原构成主要地形。

地形复杂多样客观上有利于多民族大杂居小聚居现象的形成。在交通工具相对落后的古代，居民难以通过绵延的山脉，只好将生活范围限制在步行或畜力所能辐射的范围之内，形成生活、心理各异的民族。如西南各省中普遍存在的空间和立体分布规律。

从全国范围看，少数民族居住特点为大杂居、小聚居。以个别省区为对象进行研究表明，西部大部分省区内部民族居住特点呈现同样特点。贵州省是西部多民族省份之一，2000年全国第五次人口普查结果显示，该省居住40多个少数民族，其中世居民族18个。少数民族占总人口近40%。贵州省内9个地级市、自治州和87个县都有少数民族居住。

表7-1 2014年贵州省少数民族分布

民族	分布的主要地区
苗族	黔东南州、黔南州、黔西南州、松桃县、紫云县、务川县、水城县
布依族	黔南州、黔西南州、镇宁县、紫云县
侗族	黔东南州、玉屏县、碧江区、石阡县

① 路宪民. 社会文化变迁中的西部民族关系[M]. 北京：民族出版社，2012：57.

② 张清宇，秦玉才，田伟利. 西部地区生态文明指标体系研究[M]. 杭州：浙江大学出版社，2011：12.

③ 同②.

续表

民族	分布的主要地区
土家族	铜仁市
彝族	毕节市、六盘水市
仡佬族	遵义市、关岭县、石阡县
水族	三都县
回族	威宁县、兴仁县、平坝区、兴义市
白族	毕节市、盘县
瑶族	黔东南州、荔波县
壮族	从江县、独山县、荔波县、都匀市
畲族	凯里市、麻江县、都匀市、福泉市
毛南族	平塘县、独山县、惠水县
蒙古族	毕节市、石阡县、思南县
仫佬族	凯里市、麻江县、黄平县、云岩区
满族	黔西县、大方县、金沙县
羌族	石阡县、江口县

注：资料来源于《贵州统计年鉴（2015）》。

根据表7-1可知，贵州省各少数民族在全省大部分区县皆有分布，既有聚居地也有散居处。近年来，贵州省少数民族分布变动较明显，表明贵州少数民族人口流动呈加剧趋势。这些皆与贵州毗邻的云南省呈现同样特点（见表7-2）。

表7-2　2012年云南少数民族分布

民族	分布的主要地区
彝族	楚雄州、红河州、玉溪市、大理州、普洱市、昆明市
白族	大理州
哈尼族	红河州、西双版纳州、普洱市、玉溪市
壮族	文山州、红河州、曲靖市
傣族	西双版纳州、德宏州、普洱市、临沧市
苗族	文山州、红河州、昭通市
傈僳族	怒江州、迪庆州、丽江市、大理州
回族	昆明市、大理州、曲靖市、楚雄州、红河州、玉溪市
拉祜族	普洱市、临沧市、西双版纳州
佤族	临沧市、普洱市

续表

民族	分布的主要地区
纳西族	丽江市、迪庆州
瑶族	文山州、红河州
藏族	迪庆州
景颇族	德宏州
布朗族	西双版纳州、普洱市、临沧市
普米族	丽江市、怒江州、迪庆州
怒族	怒江州
阿昌族	德宏州、保山市
基诺族	西双版纳州
德昂族	德宏州、临沧市
蒙古族	玉溪市
布依族	曲靖市
独龙族	怒江州
水族	曲靖市

注：资料来源于《云南统计年鉴（2013）》。

从表7-1、表7-2中发现，贵州、云南两省少数民族分布表现出犬牙交错的局面。值得注意的是，部分自身设有自治区的民族在两省中依然有分布。如云南省有藏族、蒙古族、回族，贵州省有回族、蒙古族。有的民族在两省皆有居住，如水族、苗族、毛南族等。因此，现阶段西部地区少数民族数量多、人口居住分散、人口流动加剧等因素，均对西部地区小城镇公共服务产生特殊影响。

7.1.3 多样性的民族文化

文化是民族存在的基础，亦是各民族相互区别的重要标志。由于我国少数民族大多分布于西部地区，所以西部地区各民族呈现出文化的多样性。习俗是少数民族文化的主要表现形式，特别是西部8省区各少数民族风俗习惯也表现得丰富多彩，例如，许多民族都有各自的传统节日、特殊的居住习惯和各异的礼仪风俗。

7.1.3.1 少数民族文化的内涵

“民族文化是指与民族共同体一并产生、形成和发展的，由每一个民族在其群体生活中所传承、所奉行、所遵从、所热爱的所有由本民族创造，或虽非本民族创造，但被本民族所接受并融入本民族原本文化之中的一切文化因素和成分。”①由此可见，民族文化是各民族的血脉和精神家园，是一个民族在群体生活中所传承、所奉行、所遵从、所热爱的一切文化因素和成分。具体而言，少数民族文化是各个少数民族的人民群众出于生存、发展、自由、创新以及社会生活的需要创造出来的一切文明，是物质文化、精神文化以及制度文化的总和②。

7.1.3.2 西部地区少数民族文化多样性特征明显

这是由西部地区少数民族分布较多、地域特征复杂、语言多元化等原因决定的。如前文所述，我国60%以上的少数民族都分布在西部，全国55个少数民族，除赫哲族主要分布在黑龙江，畲族主要分布在福建、浙江、广东，高山族主要分布在中国台湾地区、福建，以及满族主要分布在辽宁、河北、黑龙江等地外，大多数少数民族均分布在西部地区，尤其是西部农村地区。按地域特征分，西部地区的少数民族文化可以分为高原文化、草原文化、农耕文化等形式；西部8省区中内蒙古、新疆、西藏、云南、广西均与外国接壤，其中许多少数民族是与国外同一民族毗邻而居的跨境民族，这些民族与国外民族长期交往，不但有着相同的生活方式，而且有着共同的文化认同和宗教信仰，例如新疆的维吾尔族多信奉伊斯兰教，西藏许多少数民族群众多信奉佛教。此外，西部地区少数民族语言的多元化也决定了其文化的多样性。

少数民族文化的多样性必然带来其习俗的多样性。调研发现，西部8省区各少数民族习俗亦丰富多彩。例如调研走访的西南某自治州以布依族、苗族为主体，包括汉、彝、回、仡佬、瑶等35个民族组成的民族自治地方。全州总人口318.5万、少数民族人口134.5万，少数民族人口占总人口的42.24%。各族人民在长期的历史发展中和谐相处，依靠自己的勤劳和智慧，各自承袭着自己的传统，同时又彼此接触、相互交融，形成了底蕴深厚、特色鲜明的民族文化和习俗。

此外，少数民族文化还表现有传承的特殊性，既包括有文字传承的，也有以口传心授来传承的。西部地区部分少数民族仅有语言但没有文字，所以其文化传承多通过师传面授、代代相传，但这种传承方式必然导致其文化的脆弱性，面临师传消亡的危险。西部地区少数民族文化的多样性、传承的脆弱性均对小城镇公共服务水平的提升产生了重要的影响。

综上，西部地区少数民族文化、语言、分布、居住的特殊性，使小城镇公共服务要兼顾少数民族文化的多样性、居住的分散性、地域的独特性等因素，自然会增加小城镇公共服务的成本压力和供给难度。在特殊的自然环境和社会因素影响下，西部地

① 杨建新. 中国少数民族通论[M]. 北京：民族出版社，2009：68.

② 李丽娜. 文化多样性视域下我国少数民族文化建设研究[D]. 沈阳：辽宁大学，2014.

区尤其是西部8省区小城镇公共服务供给和需求均具有一定的特殊性。

7.2 西部地区小城镇公共服务供给的特殊性

从经济层面看，西部地区开发晚、底子薄，基层财政历史欠债众多、资金严重缺乏，导致基层政府在提供公共服务上支撑力脆弱。从生态环境看，西部地区世居岩石裸露、土层瘦薄、缺肥少水的艰苦环境，加之人为的“圈水”“圈地”对资源的残酷掠夺和生态的严重破坏，导致基层政府在环境治理、生态恢复方面的工作困难重重。从历史、地理、人口学角度分析，西部地区许多地方远离中心城市、远离交通要道，人口密度大小不一、信息闭塞、地方割据和深居简出的生活习惯，给基层政府公共产品供给和公共信息传递带来众多不便。从社会学出发，西部各少数民族在漫长的历史发展中形成了以“血缘”为纽带的家族、氏族宗长制的社会结构，导致民族事务错综复杂，给基层政府在民主决议公共服务事项、保障居民人身安全、解决社会各方矛盾等方面造成压力。从宗教心理学剖析，历史遗留的落后观念长期禁锢人们思维方式的转变，市场经济发育不全、商品流通差、自给自足的生产方式，对刺激少数民族内源公共产品供给设置了障碍。上述诸方面因素造成西部地区小城镇公共服务供给具有一定特殊性。

7.2.1 地理区位引发的供给特殊性

由于西部地区多为内陆欠发达欠开发省份，地理区位优势不明显，公共交通相对不发达，所以西部地区小城镇接受大中城市公共服务辐射能力较差。另外，西部地区地域辽阔，行政区划面积较大，但小城镇数量相对较少且分布较为分散。因此，在西部地区小城镇公共服务供给成本过高，由此导致小城镇公共服务长期供给不足。

7.2.2 政治体制引发的供给特殊性

为繁荣民族地区经济，发展公共服务，中央政府以法律形式规定在少数民族聚集区实行民族自治。自治机关在一定范围内有文化、教育等方面自治权。自治权在一定程度上有利于西部地区发展，尤其是小城镇公共服务发展，因为自治官员比外来官员更加了解本地情况，对本地区具有较深的家乡情怀。然则，实践中受制于西部地区落后的经济社会发展现状，民族自治地方政治体制改革相对滞后，少数干部片面强调经济发展，对公共服务供给的重视程度不够。

7.2.3　思想观念引发的供给特殊性

自中华人民共和国成立，特别是西部大开发战略实施以来，中央政府对少数民族地区实行的一系列倾斜政策、扶持政策，使民族地区在经济发展、基础设施建设取得巨大成就的同时，也为少数民族地区公共服务供给提供了可靠的物质保障与政策支持。但是，国家和中央的扶持政策同时也滋长了少数地区“等、靠、要”的思想。在西部地区越是经济贫弱的小城镇，类似“等、靠、要”的思想就越严重，部分干部和群众对公共服务供给缺乏自主创新、自谋发展的精神。例如在西部某小城镇调研时看到，该镇部分居民长期饮水困难，原因是水源地势低，现有的抽水设施无法将水引到居住地势较高的居民家中。调研还进一步了解到，解决这一困难的资金仅需2万～3万元，当问及为什么这一问题长期没有解决时，政府人员和群众均表示等上级部门的专项资金到位才能解决。该镇论经济能力完全可以自己解决，但是已经形成的“等、靠、要”思想，使得政府不愿意主动谋发展、办实事、解民困；民众也只能寄希望于上级政府部门。此案例不难看出西部地区部分小城镇在公共服务供给的思想观念上过于僵硬、缺乏创新，是小城镇公共服务供给特殊性的重要表现。

7.2.4　运行机制引发的供给特殊性

西部地区经济社会发展落后，社会组织发育相对滞后，民间资本参与公共服务供给程度不高，市场机制在资源配置中作用相对较小。在各种因素共同作用下，西部地区民间力量、社会组织对公共服务供给能力有限。值得注意的是：西部地区普遍存在省会依赖症，省会往往集中全省绝大部分公共服务资源，包括公共服务供给中的社会力量。据有关研究，通过对27个省份（不含直辖市）的省会经济占比统计发现，有15个省会占比超过了1/4，有10个省会占比超过了30%。各省情况差异比较大，中西部省份对省会的依赖度明显要比东部沿海高出不少。中西部省份往往“省会独大”，沿海省份则多有“双子星”[①]。在西部地区经济社会发展整体落后的背景下，省会依赖症会进一步削弱西部地区小城镇民间资本和社会组织参与公共服务供给的积极性，最终造成小城镇公共服务供给主体相对单一，基本以政府为主要提供者。同时，政府出于民族团结和经济发展需要，西部地区小城镇政府应承担比非民族地区更大的社会责任。下文将结合具体案例对西部地区小城镇公共服务供给机制进行分析。

——案例：西部地区YQ县创新小城镇公共文化社会化管理模式

为建立覆盖城乡的公共文化服务体系，提高公共文化服务效能，YQ县委党校组织

① 舒圣祥. 省会独大是权力主导的结果[N]. 中国青年报，2014-11-13.

实施了“小城镇公共文化社会化服务管理理事会初探”的调查报告工作，主要研究目的在于通过引入公共文化服务理事会管理，鼓励社会力量、社会资本参与公共文化服务体系建设。报告共向调查人群发放1000份问卷，回收了1000份，其中有效问卷1000份。在调查1000人中，有男性467人，占47%，女性533人，占53%，相对来说男女比例比较平衡；调查对象的年龄多数集中在20~30岁；调查对象本地村民有375人，占37.5%，本地居民有589人，占58.9%，外来务工人员有36人，占3.6%，本地村民和居民较多，体现了统计数据的有效性。报告的调查统计发现，YQ县62.80%的村、社区都建有文化娱乐场所；43.40%的村、社区建有图书阅览室；41.10%的村、社区建有文化休闲广场健身设施；32.90%的村、社区建有运动场馆；32.60%的村、社区建有综合性多功能活动室；而现代公共文化服务设施还是较少，仅占29.30%。现有的公共文化服务设施基本能够满足村民、居民的需求，但是有32.00%的村民、居民对现有的设施不满意。

另外，调查统计数据还显示：68.20%的居民认为，目前YQ县小城镇公共文化设施由政府投资建设作为主导，主张鼓励社会力量、社会资源来完善公共文化设施的占调查对象的63.00%；认为公共服务设施由政府出资修建、公司捐赠修建、私人募捐修建的比重分别为78%、16%和6%；认为公共服务设施由行政人员或专业文化人员来管理占64%，由社会组织管理占27%。

最后，调查统计数据还显示：90%的人希望大的企业能捐助完善的文化基础设施或组织管理文化设施，其中近60%的更希望能捐助完善的文化基础设施；说明以政府为主导公共服务供给还不能完全满足公众需求，需要企业和社会的捐赠。YQ县乡镇文化服务多数被纳入财政预算，占55%；42%的基层文化服务由社会组织自行解决。1%的人认为公共文化社会化服务理事会管理是可行的，通过公共文化社会化理事会管理，可以减轻政府的负担，加上公共文化服务最终受益者是广大百姓，所以成立社会化服务理事会可以让受益人自己管理，管理的效果会更好。

根据YQ县的调查分析，笔者认为提供公共服务是政府的基本职责，但这并不意味着政府是公共服务唯一的、直接的提供者。政府包办公共服务，是公共服务供给方式单一、效率不高、活力不足的重要原因。调动社会力量参与公共服务建设，推动公共服务社会化发展，是创新公共服务体系建设的关键。要加快建立政府、非政府组织、企业以及公民等多元主体共同参与公共服务供给和管理的社会化模式。

然而，现实中西部地区许多小城镇公共服务的主要供给主体还是政府，社会组织、社会力量和民众参与的程度不高。其中，许多小城镇政府是公共服务供给的唯一主体，社会组织、社会力量根本不能也不愿意参与公共服务的供给，这主要是由于在市场机制不健全的西部地区，尤其是小城镇投入公共服务供给的成本收益较低，回报周期过长等原因造成的。实地调研时曾经遇到这样一个案例：西部地区某小城镇吸引社会资本建设客运车站，社会力量投资500万元，但在车站建好后政府给投资者约定的年成本收益是2万元。据测算，社会投资成本回报周期要250年，这不但是当地政府无视经济规律的反面案例，更是小城镇公共服务供给运行机制不合理的真实写照。

7.2.5　人力资源引发的供给特殊性

公共服务人力资源投入是指为提供居民公共服务需求而配置的服务人员，如教师、医生等。西部地区，特别是西部8省区小城镇分布区域广、数量少、人口少，服务半径大。按照服务人员与人口比，西部地区小城镇大于东部部分城市，似乎小城镇服务质量高于东部某些城市。其实，真实情况是西部小城镇居民点集中度低，人口基数较小等原因共同作用的结果，单纯的数据比较难以真实反映公共服务水平。另外，与其他地区不同，西部地区公共服务对人员素质提出特殊要求，如服务人员需要通晓少数民族语言，较为熟悉了解少数民族风俗，特别是民族文化与汉族文化差别较大的民族，公共服务的供给更要兼顾这些民族特殊的风俗习惯。

7.2.6　公共安全引发的供给特殊性

民族团结与民族稳定问题是西部地区各级政府公共服务的重要方面。西部地区民族结构复杂，尤其是西北地区。西北地区与中亚伊斯兰国家存在较长国境线，极端分子利用国境线过长的特点，长期对新疆部分民族进行渗透，在中国境内进行分离主义行为，严重危害国家安全。西南部分地区因距离“金三角”等贩毒区过近，缉毒、防毒问题日益严峻，特别是中缅边境成为走私毒品重灾区。为维护国家统一、反对民族分裂，增强边疆民族国家认同，保护各民族共同团结、共同繁荣发展，打击贩毒等违法行为，西部地区许多小城镇还必须担负起维护公共安全的重任。

7.2.7　生态环境引发的供给特殊性

在很长一段时间，特别是第一轮西部大开发中，西部地区经济发展与环境保护矛盾相对尖锐。城镇化快速发展阶段的小城镇经济增长与环境保护之间的矛盾尤为尖锐。同时，西部地区小城镇多处于生态涵养区、生态脆弱区、禁止或限制开发区的叠加地带，这为小城镇经济发展中的环境保护提出更高要求。西部地区环境保护具有全国意义，例如西北沙漠化日益加剧是京津地区沙尘暴加重的重要原因。西部地区小城镇环境保护压力远远大于东中部地区小城镇，如实际工作中小城镇必须切实落实中央防沙治沙、退耕还林等工程，做好封山育林等项目，把环境保护落到实处。因此，在自然、人文因素共同作用下，西部地区小城镇公共服务成本较之东中部地区成本较高。

综上，现阶段西部地区小城镇公共服务供给在地理区位、政治体制、思想观念、运行机制、人力资源、公共安全等方面表现有别于东中部地区的特殊性。这些特殊性均在一定程度上增加了西部地区小城镇公共服务供给的成本和难度。

7.3 西部地区小城镇公共服务需求的特殊性

关于小城镇公共服务的供给和需求的关系，必须辩证统一地看待。二者好比一个事物的两个方面，相互联系、相互影响、相互区别。所以，西部地区小城镇公共服务供给现状及特殊性，必然带来其公共服务需求也具有自身特殊性。

7.3.1 少数民族特需商品的公共服务需求

少数民族特需商品是“适应少数民族生产生活和风俗习惯特殊需要的各种商品的统称”①。一定时期内，少数民族特需商品在部分省区构成民族贸易的主要部分。大部分少数民族具有较深厚的文化传统、特殊的风俗习惯和生产生活方式，在历史发展中逐步形成自身生活习惯和特殊的食品、用品等物品。这些物品主要以清真食品、纺织品等构成，按用途分为“绸缎、针织品、服装鞋帽、日用器具、珠宝玉器、金银饰品、宗教用品、副食茶叶、生产资料等”②。除少数物品外，大部分用品存在需求量小、制造成本高、市场狭小等问题，且地区性强、消费群体单一。在市场经济条件下，普通企业不愿意或无力生产。

为满足少数民族群众特殊商品需求，中央政府采取一系列措施保障特殊物资供应。一是优先保证少数民族特需商品原材料供应。因部分民族商品生产原料特殊，政府专项专款采购特殊商品原料。二是根据特殊商品特点，合理布局。少数民族特殊商品具有批量小、规格复杂、弹性小等特点。据此，中央政府在民族聚集区就地设厂，减少生产成本，如当地无法满足生产需要，由沿海工厂加工。属于跨地区生产的，中央政府统一调配采取“定品种、定产地、定数量、定时间、订合同”③的方式保障特殊商品供给。中华人民共和国成立以来，为满足少数民族对特需商品的需要，政府先后在西宁、兰州、呼和浩特、乌鲁木齐、贵阳、成都、昆明、延边等少数民族聚集区设立少

① 青海百科全书编纂委员会. 青海百科全书[M]. 北京：中国大百科全书出版社，1998：679.

② 同①.

③ 陈虹，哈经雄. 当代中国经济大辞库（少数民族经济卷）. 北京：中国经济出版社，1993：517.

数民族特需商品生产基地，“共有生产少数民族特需商品的企业1800多个，生产品种1200余种”[①]。以贵州为例，“1989年，全省民族用品定点生产企业达55家，职工人数由1980年的3000多人增加到1989年的8000多人，总产值由1980年的1943万元增加到1986年的5687万元，年平均增长速度达到21.41%。到1991年，民族用品定点生产企业达95个，比1981年的31个增长3.06倍；职工人数由1981年的12300多人，增加到1991年的31900人，增长159.35%；完成总产值由1981年的1900多万元，增加到1990年的10230万元，增长5.38倍，实现利润500多万元，比1981年的100多万元增长4倍多”[②]。

7.3.2　少数民族医药的公共服务需求

民族医药是生活在我国境内的少数民族群众，通过在几千年的生活和生产中不断地经过实践检验和经验积累而形成的只属于少数民族自己独有的用医和用药的医术体系[③]。在西方高科技的压力下，民族医药适用范围逐渐缩小，技术传承岌岌可危。据不完全统计，“1980年开始，我国拥有的民族医师队伍人数接近百万人，但进入新世纪后已经只剩不到三万人；而且医师老龄化严重，其中的中青年医师比例只有不到百分之五”[④]。同时因医科考试需要西医，但是许多民族医药学大夫因缺乏必要的西医培养而难以获得行医资格。调查发现，民族医药传承问题堪忧，民族医药传承人以中下层医生为主，部分医生甚至未取得行医资格证，说明医疗技术传承身份尚未得到政府承认，其医疗行为处于游离于国家控制之外的社会空间，对民族医药传承起到消极作用。

从文化角度而言，民族医药是少数民族文化传承的重要组成部分。为有效保护少数民族医药文化，中央政府陆续颁布《中华人民共和国区域自治法》和《国务院实施〈中华人民共和国区域自治法〉若干规定》，要求各级政府对少数民族医药发展采取帮扶政策，在民族医学人才培养、医学院设立、民族医院建设、民族医药学研究等方面提供资金和政策扶持，确保在市场经济条件下民族医药学能够健康发展。

7.3.3　民族体育项目的公共服务需求

西部地区不同的少数民族在长期的历史发展中各自形成不同的体育项目，如蒙古族摔跤、苗族踩火龙、仡佬族较脚劲等传统体育项目。民族体育既来源于文化，又是文化的象征和体现，体现出某些地区人与自然的结合，是西部地区风俗的特点。在西

① 郭今吾，杨德颖. 当代中国商业[M]. 北京：中国社会科学出版社，1987：270.

② 贵州省民族事务委员会. 贵州民族工作五十年 1949—1999[M]. 贵阳：贵州民族出版社，1999：336.

③ 端志嘉.民族医药的知识产权保护研究[D].贵阳：贵州民族大学，2015.

④ 同③.

部地区，一些少数民族体育项目具有较悠久的历史。与汉族、西方体育竞技不同，民族体育多具有高度的技能且观赏性强，如蒙古族摔跤。西南地区民族体育则多与音乐、歌舞相伴，形成竞技、艺术的有机结合。

自1984年国家体委举办少数民族传统体育运动会，运动会分为竞技类与表演类项目。在各级政府努力下，少数民族运动会日益发展壮大，第八届少数民族运动会涵盖全国31个省、自治区、直辖市和港、澳、台地区以及解放军、新疆生产建设兵团等部门，共34个代表团，3个观摩团参加，总人数15000余人，成为截至当时最盛大的少数民族运动会。第九届少数民族传统体育运动会在贵阳举行，共55个少数民族6771名运动员参加。为淡化金牌意识，运动会将传统的金、银、铜牌转化为一等奖、二等奖、三等奖奖励方式，奖励人数有所增加。2009年，国家级非物质文化遗产名录中54项为体育项目。2011年，《中华人民共和国非物质文化遗产法》将非物质文化遗产分为六大类，传统体育与游艺名列其中。

由于城镇化的发展，西部地区越来越多的少数民族人口转移到小城镇安家落户，以及生态移民使某些少数民族集体搬迁到城镇居住，这些新转移到城镇的少数民族人口把原来的许多传统习俗也带到了城镇。所以，在西部地区一些少数民族人口较集中的小城镇，少数民族群众对体育项目的需求在不断增加。因此，西部地区小城镇在提供基本体育公共服务之外，还需大力开展少数民族传统体育项目，丰富少数民族群众的体育文化生活。

7.3.4 语言文字教育的公共服务需求

7.3.4.1 西部地区语言文字教育要求及现状

语言文字是民族文化传承的工具。中国境内除汉语外，尚存在少数民族语言120余种。改革开放后，伴随人口流动加快，少数民族语言生存面临严重危机，人口较少的民族语言首先面临消亡威胁。赫哲语、鄂伦春语等语种使用者日益减少，西南地区普米语、基诺语使用范围逐渐缩小。值得注意的是，越年轻的群体对本民族语言使用率越低。据统计，少数民族语言中使用者不足千人的达15种，濒临消亡的达20余种，部分少数民族语言已近事实消亡，如满语。抢救濒危状态少数民族语言成为刻不容缓的工作。为保障少数民族语言文字生命力，《中华人民共和国区域自治法》特别要求民族地区采用双语教学，在提高民族地区学生汉语水平的同时，维护其本民族语言使用能力。民族地区广播、电视等大众传媒工具应根据区域需要采用两种或多种语言。其他公共服务设施根据使用范围采用多种文字。

目前，我国少数民族双语普及程度存在差异。从全国整体情况看，西南地区比西北地区和青藏高原普及率高，小民族比大民族普及率高，内地民族比边疆地区普及率高。

7.3.4.2 双语教学成为西部地区小城镇基础教育的重要内容

我国作为一个多民族国家，现实国情决定少数民族既要学习汉语，又不可轻易放弃本民族语言，这就要民族教育中必须建立双语教学体制。按照西部8省区教育发展现状分析，少数民族学生多集中在农村乡镇，基础教育适龄儿童亦多集中在乡镇。所以，在西部地区少数民族群众对小城镇双语教学需求尤为突出。

我国的双语教学主要包括三种类型：少数民族语言—汉语（少数民族学习使用汉语）；少数民族语言—少数民族语言（少数民族使用另一个少数民族语言）；汉语—少数民族语言（汉族学习使用少数民族语言）。从目前来看，我国双语教学以第一种类型为主。例如西南地区的景颇族、傣族、侗族、苗族等少数民族语言只教授到小学三年级，此后则开始纯汉语授课。

7.3.4.3 西部地区小城镇开展双语教育的主要困难

少数民族“大杂居小聚居”的居住特点决定了在民族聚居区的地方较易开展双语教学，在杂居区开设民族学校相对困难。例如新疆维吾尔自治区，维吾尔族主要集中于四个自治州，其余民族多分散居住，且以杂居为主。在民族聚居区的地方政府通过开设民族学校（维吾尔族小学、中学，哈萨克族中小学等），基本保证民族学生基础教育，但是杂居区开设民族学校相对困难。乌孜别克族分散居住于新疆60余个县中，大部分县居住有维吾尔族、哈萨克族等民族，各民族分别使用不同语言和文字，生活习惯有所差异，造成散居少数民族教育困难，成本较高，当地政府只好以主要民族语言为对象，开设民族学校，同时设汉语课，教授汉语。

7.3.5 特殊农业生产的公共服务需求

在全面建成小康社会的宏观背景和战略要求下，不断提高西部地区小城镇居民生活水平，有效解决西部地区“三农”问题是关键，是重要环节。在西部，农牧民的收入主要来源于农牧业，农产品作为农村居民生活的基本保障，除大部分用于家庭消耗外，其余部分参与商品流通和交换来维持农业再生产，是农村居民生产的基本保障。但是，由于农产品附加值低，西部地区农牧民大多生活较贫困，农业生产水平长期徘徊不前。

7.3.5.1 西部地区特殊的农业生产条件

西部地区是中国沙漠、戈壁地形的重要分布区，是全国土地石漠化、土地沙化的主要地区，生态环境脆弱，自然环境相对恶劣，导致农业生产水平低下。“全国沙漠、戈壁128.24万平方千米，其中新疆、内蒙古、青海、甘肃、陕西、宁夏等省、自治区占127.45万平方千米，占全国沙漠、戈壁总面积的99.4%。”[①]所以，西部地区农业开发条件恶劣，开发成本较高，成为制约地方经济发展尤其是小城镇农业发展的主要瓶颈。

在西部，尤其是西北地区缺水成为不容忽视的事实，缺水成为制约社会经济发展和公共服务水平提升的绊脚石。西北各省区面积约占全国的25%，水资源总量仅占4%多一点，人均占有量低于全国平均水平，部分地区甚至存在无水开垦的严重形势。在缺水的情况下，西北地区可利用土地率普遍较低。据统计，西北地区能开发利用土地为该地区总面积的42%，其余多为荒漠、戈壁难以开发。可利用土地中，“农业利用率仅为30%，能够利用的耕地仅占土地面积的6%左右，林地占4.64%，草地占21.5%，其他类型的用地比重较小”[②]。

7.3.5.2 小城镇特殊的农业生产服务需求

西部广大少数民族农牧民聚居的小城镇要推动经济社会发展、提高居民生活水平，必须要转变农业发展方式，发展现代农业。但是，西部地区小城镇农业基本发展现状和特殊的自然生态条件，不利于农业现代化生产，现代农业生产的压力和成本较大。具体而言，西部地区小城镇发展现代农业需要更多的公共投入，改善基础设施提高生产技术；需要加强对农村农牧民现代农业生产技术和技能的培训；需要做好农牧民农业生产市场信息的指导等方方面面的工作和服务。此外，小城镇还要做好少数民族群众农业发展的供给服务，在发展高效农业、实现农业集约化经营、兴建水利、防止病虫害等方面提供资金、技术支持。在牧区除提供基本农业公共服务之外，还必须满足牧民生产资料方面的需求，以及满足兽医等特殊行业服务需求。

7.3.6 繁荣民族文化的公共服务需求

民族平等、民族团结、各民族共同繁荣，这是我国基本民族政策。西部地区特别是西部8省区小城镇文化公共服务有其自身特点，少数民族地区群众公民参与意识不强，不善于表达自身意愿。同时，西部地区民族成分复杂，文化各异，公共需求要求

---

① 张清宇，秦玉才，田伟利. 西部地区生态文明指标体系研究[M]. 杭州：浙江大学出版社，2011：73.

② 曾建平. 环境公正 中国视角[M]. 北京：社会科学文献出版社，2013：140.

各有不同。其中，部分地区，各民族间文化差异较大，对公共服务提出种类繁多的需求，要求公共服务提供适合民族特殊要求的用品，“主要包括民族特殊用品供应、民族语言文字使用和民族文化弘扬”①。例如在有穆斯林群体居住的小城镇需要建造清真寺，提供必要的公共文化场所，满足他们进行民族宗教文化活动的需求。

7.3.7　满足宗教文化的公共服务需求

宗教是社会发展到一定阶段的文化现象，是社会意识形态的特殊表现。世界主要宗教有基督教、伊斯兰教、道教、佛教、印度教等。中国西部宗教信仰纷繁复杂，宗教与民族呈现相互渗透的关系，民族问题与宗教问题交织在一起。“作为社会文化的深层结构，宗教虽然并不必然与民族边界重合，但宗教与民族有着密切的联系。尤其是宗教问题的复杂性和宗教感情的强烈性，使宗教与民族的关系显得尤为复杂敏感。”②

中国政府为保障信教群众权利，颁布《宗教事务章程》，政府依法保护正常宗教活动，维护宗教团体合法权益，提供合理宗教活动场所。

从文化方面讲，民族宗教是民族文化的重要组成部分，具有极高的文化价值。在西部地区，许多宗教场所具有一定历史、文化价值，数量众多的小城镇中古庙、古寺、教堂分布广泛。其中，部分古庙、教堂属于较有价值的古建筑，保存大量历史文物或古迹。因此，对西部地区小城镇宗教场所、文物的保护，古代典籍图书的抢救整理，是政府的职责，同时还是各民族信教民众的共同愿望和要求。

综上，西部地区小城镇公共服务需求浓缩和凝聚了我国贫困地区小城镇的基本特征和一般共性，但特殊的地理位置、民族构成和经济特征决定了其高于其他地区的为保持民族特色的生活日用品、加强与非民族地区往来所需的双重成本、维护边境安全、社会长治久安等方面的内容。西部地区少数民族特许商品的供应与满足、民族医药的继承与发展、传统体育项目的保护与开展、语言文字的抢救与保护、农业生产的扶持与开发、民族文化的传承与发扬、民族宗教的保护与引导，是现阶段小城镇公共服务的特殊性需求。

7.4　小　结

民族学主要的研究对象是民族及其文化，本书关于“西部地区小城镇公共服务供

① 孔金丽.民族地区公共服务供给问题研究：以广西大化瑶族自治县为例[D].广州：华南理工大学，2011.

② 路宪民.社会文化变迁中的西部民族关系[M].北京：民族出版社，2012：66.

需矛盾”的民族学研究紧紧围绕西部地区小城镇民族及其文化展开。少数民族文化是各个少数民族的人民群众在生存、发展及社会生活的需要创造出来的一切文明，是物质文化、精神文化以及制度文化的总和。少数民族文化是各民族的血脉和精神家园，是各民族的重要标志；少数民族文化是中华文明的重要补充，是维护国家统一的重要纽带。随着现代化大潮到来，为避免少数民族文化消失，保持中华民族文化多样性，政府理应担负起保护和弘扬少数民族文化的历史重任。

西部地区少数民族文化、语言、分布、居住的特殊性及其特殊的自然环境和社会因素的影响，使小城镇公共服务具有自身的特殊性。一是公共服务供给的特殊性。具体表现在地理区位、政治体制、思想观念、运行机制、人力资源、公共安全等方面，区别于东中部地区的公共服务供给。正因为这些特殊性，从一定程度上增加了西部地区小城镇公共服务供给的难度和成本。二是公共服务需求的特殊性。西部地区小城镇公共服务需求浓缩和凝聚了我国贫困地区小城镇的基本特征和一般共性，但特殊地理位置、民族构成和经济特征同样决定了其需求具有自身的特殊性。少数民族特许商品的供应与满足、民族医药的继承与发展、传统体育项目的保护与开展、语言文字的抢救与保护、农业生产的扶持与开发、民族文化的传承与弘扬、民族宗教的保护与引导等方面，构成了现阶段西部地区小城镇公共服务的特殊性需求。因此，西部地区小城镇需要在公共服务供给上既要有一般的方式，又要有特殊的方法，两者有机结合才能有效化解小城镇公共服务供需矛盾，才能切实提高小城镇公共服务能力和水平。

第8章　西部地区小城镇公共服务发展方略研究

理论来源于实践，理论的真正意义在于能够指导实践，理论研究的最终目的是要回到实践，对实践有指导性。因此，关于“西部地区小城镇公共服务研究”的最终目标是能够解决好西部民族地区小城镇“如何提升公共服务”这一重大实践，这是本书研究的落脚点，亦是研究的实践价值和现实意义所在。笔者认为，现阶段解决好“如何提升公共服务”这一重大实践：第一，必须树立正确的发展理念及战略目标；第二，必须从功能维度提高小城镇公共服务供给能力；第三，必须从路径维度创新小城镇公共服务供给机制；第四，从制度维度加强小城镇公共服务政策保障。

8.1　西部地区小城镇公共服务发展理念及要求

前文将现阶段西部地区小城镇发展概括为快速发展、转型发展、提质升级和特色发展的全面发展阶段。那么，如何实现西部地区小城镇的全面发展？解决这一问题需要树立正确的发展理念，作为发展行动的先导。处于全面发展阶段的西部地区小城镇“如何提升公共服务”，同样需要树立正确的发展理念作为行动的先导。有了发展理念就有了发展方向，接下来就是解决具体发展的问题。党的十八届五中全会“五大发展理念”的提出，明确了西部地区小城镇公共服务的发展理念；《国家新型城镇化规划（2014—2020年）》的制定实施，明确了西部地区小城镇公共服务的战略要求。

8.1.1　坚持新发展理念引领

发展理念是发展行动的先导。党的十八届五中全会强调，实现“十三五”时期发展目标，破解发展难题，厚植发展优势，必须牢固树立并切实贯彻创新、协调、绿色、开放、共享的发展理念。五大发展理念同样为西部地区小城镇发展指明了方向。

8.1.1.1 坚持创新、开放发展理念，驱动小城镇快速发展

在全国，西部地区小城镇整体经济社会发展水平较低，经济发展程度相对落后。原因主要是小城镇自主创新能力不强，推动城镇发展的动力不足；还有就是西部地区小城镇开放力度不够，支持城镇发展的生产要素不健全。因此，要推动西部地区小城镇快速发展，首先必须坚持创新、开放发展理念。

创新驱动小城镇快速发展。在五大发展理念中，创新发展居于首要位置，它是引领发展的第一动力。西部地区小城镇要培植后发优势实现快速发展，首先必须坚持创新发展。西部地区小城镇要在发展的体制机制上不断创新，要在发展的路径模式上不断创新，由此培育发展的新动力，拓展发展的新空间。只有不断创新，才能打破小城镇在生产要素、区位条件、资源禀赋、生态压力等诸多方面瓶颈限制，培植后发优势，实现创新驱动小城镇快速发展。

开放推动小城镇快速发展。从一定意义上讲，目前在西部地区开放比开发更重要，开放是开发的先决条件，因为城镇化本身就是资金、技术、人才、信息、管理等生产要素根据市场进行优化配置的过程。对于西部地区许多欠发达欠开发的资源富集型小城镇来说，只有开放市场，才能聚集城镇发展所需要的生产要素。调研时看到的一些资源富集型小城镇的确是通过扩大开放、招商引资，“筑巢引凤、借鸡生蛋”，破解了城镇发展的资金、技术、人才等难题，实现了小城镇的“后发赶超”。因此，现阶段西部地区小城镇要不断加强与其他地区及周边小城镇的合作，积极参与“一带一路”建设，通过扩大开放推动小城镇快速发展。

8.1.1.2 坚持协调发展理念，助推小城镇提质升级

小城镇的协调发展，就是指从总体谋划好小城镇发展布局，坚持以人的城镇化为核心，兼顾西部地区小城镇发展的一般性特征和特殊性特征，统筹经济发展、社会建设和民族进步等方面协调发展，实现小城镇城乡区域协调发展，实现小城镇“产城人”互动融合发展，进而推动小城镇提质升级。

“产城人”互动融合发展。小城镇发展应该是人、产业、城镇建设互动融合发展。其中，人的发展是核心，产业的发展是支撑，城镇建设是客观要求。目前，西部地区小城镇要加快产业结构优化，加快产业转型升级，加强承接东部产业转移的能力；同时要加强城镇建设，完善城镇功能；产业发展和城镇建设都要围绕“人”的发展这一核心展开。

统筹城乡，推进城乡一体化发展。城乡统筹发展是指逐步缩小城乡差距，消除城乡二元结构的体制机制障碍，推进城乡要素平等交换和公共资源均衡配置，促进城镇化和新农村建设协调推进。笔者认为，西部地区小城镇城乡一体化发展就是要学会

“两手抓”，即一手抓以人的城镇化为核心，加强小城镇建设；另一手抓城乡一体化发展，推进基础设施、公共交通、教育文化、医疗卫生、社会保障等公共服务向农村辐射和延伸。

区域协调，缩小区域发展差距。针对西部地区小城镇发展相对落后的基本现状，通过供给侧结构改革、经济发展方式转变、产业优化升级加快小城镇经济发展，逐步缩小区域差距，实现区域协调发展。

兼顾特殊性，加快小城镇提质升级。西部地区小城镇发展既具有全国小城镇发展的一般特性，又具有西部地区小城镇在经济发展、社会建设、民族进步等方面的特殊要求。只有同时兼顾西部地区小城镇发展的一般性特征和特殊性特征，统筹小城镇经济建设与生态环境保护、社会建设、少数民族文化弘扬等公共事务协调发展，才能有效加快小城镇提质升级。

8.1.1.3　坚持共享发展理念，推动小城镇转型发展

所谓共享发展是指发展是为了人民，发展的成果必须由人民共享。所谓转型发展是指小城镇由土地城镇化向人口城镇化转型，由外延式扩张向内涵式发展转型，小城镇更注重质量发展。

以人为核心。小城镇的发展要坚持以人为中心，以保障和改善民生为重点，加强社会建设，使发展成果更多更公平惠及全体人民。加强制度建设，保障小城镇发展成果从起点、过程和结果公平地由全体人民共享。做到城镇居民与农村居民、城镇居民与农业转移人口、非少数民族群众与少数民族群众、本地居民与流动人口平等公平共享发展成果。

提高资源共享。小城镇可以在区域间实现资源共享发展，例如在西部地区小城镇分布较为集中的区域，可以推进公共交通等基础设施的共享发展，这样既节约了小城镇公共服务的供给成本，又提高了公共服务的水平和效益。

适度控制规模。目前，西部地区小城镇要实现由外延式发展向内涵式发展转变，就是要加大小城镇的人口聚集能力，适度控制土地扩张的规模和速度，提高小城镇人口城镇化率。加强城镇基础设施建设，加大公共服务供给力度，提高公共服务水平，完善城镇功能，更加注重城镇发展的质量内涵，推进小城镇内涵式发展。

8.1.1.4　倡导绿色发展理念，推动小城镇特色发展

西部地区具有丰富的自然生态资源，是全国的生态屏障、生态涵养区；同时还是生态的脆弱区，西北地区土地沙化严重，西南地区石漠化问题突出。所以，西部地区小城镇多位于禁止开发、限制开发的区域，面临经济发展与环境保护双重压力。此种

背景下，小城镇必须另辟蹊径，坚持绿色发展理念，推动小城镇特色发展。小城镇坚持绿色发展，就是必须坚持低碳循环可持续发展道路，促进人与自然和谐共生，构建科学合理的城市化格局、农业发展格局、生态安全格局，推动建立绿色低碳循环发展产业体系，加大环境治理力度，筑牢生态安全屏障。

转变经济发展方式。即要求小城镇改变传统的以资源过度开发、能源极大浪费和生态环境破坏为代价的粗放式发展方式，坚持绿色低碳可持续发展道路，优化小城镇产业结构，建立绿色可持续发展产业体系，积极主动应对经济发展新常态。

加强小城镇的宜居性。关于小城镇的宜居性，笔者比较赞同有的学者提出的居住上的“易居、安居、逸居、康居”的说法，所以西部地区小城镇应该在居住环境、公共设施、基础设施、公共服务、社会保障等方面提升其宜居性。通过加强小城镇基础设施特别是交通基础设施建设，提升其可达性，此谓“易居”；通过加强小城镇社会建设、公共安全管理和社会保障，提升其安全性，此谓“安居”；通过加强小城镇公共设施和公共服务建设，提升其舒适性，此谓“逸居”；通过改善小城镇自然环境和社会福利体系，提升其幸福感指数，此谓“康居”。另外，加强小城镇的宜居性，还需合理控制其规模，通过控制人口规模、土地规模，达到城镇人口与城镇空间和谐统一。

提升小城镇民族文化特性。由于西部地区民族文化丰富多彩，小城镇发展必须紧紧抓住“文化”做文章，这是小城镇发展的灵魂，也是西部地区小城镇特色发展的主要优势和抓手。所以，西部地区小城镇应该根据不同地区的历史文化禀赋，体现区域差异性，提倡形态多样性，防止千城一面，发展有历史记忆、文化脉络、地域风貌、民族特点的美丽城镇，形成符合实际、各具特色的城镇化发展模式。

总之，小城镇“人”的发展是核心，五大理念为引领即是围绕“人”推进西部地区小城镇的快速发展、转型发展、提质升级和特色发展。

8.1.2 明确国家新型城镇化战略要求

《国家新型城镇化规划（2014—2020年）》的制定实施，明确了西部地区小城镇公共服务的战略要求。“四化同步”是全面提升西部地区小城镇公共服务的基础保障，“以人为本”是加强西部地区小城镇公共服务的基本原则，“因镇制宜”是提高西部地区小城镇公共服务的前提条件，“提升服务”是西部地区小城镇公共服务的内在要求，“公共服务均等化”是加强西部地区小城镇公共服务的重要目标。

8.1.2.1 “四化同步”是基础保障

新型城镇化战略要求“四化同步”推进。工业化、城镇化是现代化的两大引擎，工业化是现代化发展的主要动力，城镇化为现代化提供发展平台。根据前文对经济发展、城镇化是影响西部地区小城镇公共服务供需关键性因素的实证分析，以及西部地区小城镇工业化水平低和城镇化程度不高的基本发展现状判断，西部地区小城镇公共服务的提升，有赖于城镇化、工业化两大引擎的动力牵引，需要城镇化为其提供平台支撑，需要工业化为其提供动力支撑。

一方面，农业是国民经济的基础，亦是工业发展的基础。只有加快农业发展方式转变，建立现代农业产业体系，推进农业现代化进程，才能为西部地区小城镇加快工业化、城镇化发展奠定物质基础，进而为西部地区小城镇提升公共服务水平提供必要的经济支撑。

另一方面，信息化是工业化、城镇化、农业现代化发展的助推器。伴随现代信息化水平的提高，社会生产力将会发生质的飞跃，预示着传统的生产方式将会被打破和颠覆。信息化在推动新型工业化、新型城镇化、农业现代化发展的同时，必将带来西部地区小城镇公共服务供给和需求的重大变化。西部地区小城镇应该主动顺应信息化浪潮，充分利用大数据、“互联网+”等信息化技术，为人民提供更丰富、更直接、更有效的公共服务。

8.1.2.2　“以人为本”是基本原则

对于西部地区小城镇而言，推进新型城镇化必须坚持以人为本、公平共享原则，就是要以人的城镇化为核心，合理引导人口流动，有序推进农业转移人口市民化，稳步推进城镇基本公共服务常住人口全覆盖，不断提高人口素质，促进人的全面发展和社会公平正义，使全体居民共享现代化建设成果。

8.1.2.3　“因镇制宜”是前提条件

根据现阶段西部地区不同类型小城镇的经济社会发展水平、资源禀赋、产业基础制定不同的发展战略，“宜农则农、宜工则工、宜商则商、宜游则游”，挖掘好、利用好不同类型小城镇自身优势，这样才能促进西部地区各种类型小城镇协调发展，才能不断提升小城镇公共服务。按照《国家新型城镇化规划（2014—2020年）》要求，大城市周边的重点镇，要加强与城市发展的统筹规划与功能配套，逐步发展成为卫星城。具有特色资源、区位优势的小城镇，要通过规划引导、市场运作，培育成为文化旅游、商贸物流、资源加工、交通枢纽等专业特色镇。远离中心城市的小城镇要完善基础设施和公共服务，发展成为服务农村、带动周边的综合性小城镇。对吸纳人口多、经济实力强的镇，可赋予同人口和经济规模相适应的管理权。

8.1.2.4 “提升服务”是内在要求

针对目前西部地区许多小城镇镇区公共设施不完善的现状，加强小城镇燃气、道路、供水、便民超市、农贸市场等市政公用设施建设，是提升小城镇公共服务功能的必然要求。提升小城镇教育、就业、医疗卫生、社会保障、住房保障等基本公共服务水平，完善小城镇居民“学有所教、劳有所得、病有所医、老有所养、住有所居”的基本公共服务体系，是提升小城镇公共服务的核心内容。

8.1.2.5 “公共服务均等化”是重要目标

实现公共服务均等化是现阶段西部地区小城镇公共服务发展的重要目标。公共服务均等化作为西部地区小城镇提供公共服务的重要目标，是指小城镇要为社会公众提供基本的、在不同阶段具有不同标准的、最终大致均等的公共物品和公共服务，促进小城镇公共服务城乡统筹和区域协调发展。

一要消除阻力。西部地区小城镇公共服务均等化由于存在传统二元经济结构、公共财政投入体制、城乡行政体制壁垒、利益表达差异化、“三农”问题突出等方面的阻力，所以消除上述阻力是实现小城镇公共服务均等化的前提。具体通过土地制度、户籍制度改革，推进小城镇市民化进程，打破传统二元经济结构的束缚与羁绊；通过基层政治体制改革与政府职能转变，建设服务型政府、治理型政府，破除城乡行政体制壁垒；通过县乡财政体制改革，改变县乡财税收入结构，增加小城镇公共服务财政自给能力；通过加强保护和发扬少数民族优良文化传统，加快西部地区基层民主政治建设，不断提高少数民族群众的科学文化素质和公共服务参与意识；通过加大社会建设，建立健全小城镇社会治理的协调机制、社会冲突的化解机制、社会风险的抵御机制、社会公正的建立机制、社会福利的保障机制，推进西部地区小城镇公共服务良性运行和发展的体制机制构建。

二要提升能力。针对西部地区小城镇公共服务能力低的现状，提升小城镇公共服务能力必然成为关键。西部地区地方政府特别是县乡政府要树立公共服务理念，实现政府职能的根本转变，由全能政府向有限政府转变，由管制型政府向服务型、治理型政府转变，提高政府的公共服务意识。中央和省级政府应该加大对小城镇公共服务的财政投入力度，增强小城镇公共服务供给能力；小城镇通过公共服务体制机制创新，提高自身公共服务能力和水平。

三要创新机制。要提升西部地区小城镇公共服务能力，必须坚持创新的原则，开拓创新。通过运用现代信息技术，创新公共服务供给平台；通过提高公共服务供给的市场化、社会化程度，探索新形势下公共服务的供给方式、供给渠道、供给机制。

四要满足需求。公共服务的根本目的就是满足人民日益增长的生产、生活需求。

从公共服务的一般性需求和西部地区小城镇公共服务的特殊性需求两个方面，尽可能最大限度地满足民众公共服务需求。

新型城镇化明确了现阶段西部地区小城镇发展的战略要求，从基础保障、基本原则、前提条件、内在要求以及实现公共服务均等化目标要求等方面，对加强西部地区小城镇公共服务作出了具体部署。

8.2　功能维度下提高小城镇公共服务供给能力

按照本书的观点，公共服务包括提高劳动者生产力的软件公共服务与增加物质资本和土地生活力的硬件公共服务两个方面；那么，西部地区小城镇必须从软硬件两个方面加强公共服务功能，制定好分类、分步梯度推进、特色发展的路线图，整体提升小城镇的宜居性和宜产业性。

8.2.1　宜居性小城镇公共服务的对策研究

不同发展阶段下小城镇发挥的主体功能是不同的、公共服务的发展方向也是不同的。与马斯洛需求理论相一致，西部地区小城镇的发展应首先将环境劣势变为政策优势，在公共服务视域下梯度推进小城镇福利型社会的构建；进而将民族特殊性应用于发展特色化，在内涵式发展模式下提升小城镇的人文之魂。将“福利性”和“人文性”作为小城镇宜居属性的基本要义，使之成为西部地区小城镇的身份标签，让公共服务与小城镇的发展互促互动，最终实现产、城、人、魂融合发展。

8.2.1.1　梯度推进小城镇福利型社会的构建

在现阶段的西部地区，要将小城镇发展的环境劣势变为政策优势，建设宜居性小城镇必须整体提升公共服务的福利功能。这是西部地区小城镇公共服务从宜居视角梯度发展的第一步。

提高小城镇居民生活类公共服务能力。根据“木桶定律”分析，在西部地区小城镇公共服务供给中，这个“木桶”上最短的一块板就是小城镇居民生活类公共服务的供给。提高小城镇居民生活类公共服务能力，是西部地区各类小城镇提升公共服务能力的最基本需求。具体包括：①供水供热。创新供水服务机制，加强供水基础设施建设，推进饮水工程良性运行管理，提高水质净化处理技术和水源保护意识。解决西部地区尤其是内蒙古自治区、宁夏回族自治区和青海省的小城镇居民“吃水难、用水难”问题。在上级政府加大财政扶持力度的前提下，加快小城镇天然气管网、液化天然气站、集中供热等设施建设，因地制宜发展大中型沼气、生物质燃气和地热能，逐步提升小城镇天然气普及率和集中供暖水平。②道路交通。加大西部地区小城镇基础设施建设，特别是公共交通基础设施建设，化解西部地区小城镇空间分布劣势。③环境卫生。首先实现西部地区县城垃圾无害化处理能力，重点加大垃圾收集、转运设施建设，按照以城带乡模式逐步推进重点镇和其他小城镇的垃圾无害化处理。因地制宜建设集中污水处理厂或分散型生态处理设施，最先实现所有县城和重点镇具备污水处理能力，逐步提高其他小城镇污水处理能力。通过垃圾无害化处理和污水处理，提高小城镇环境卫生公共服务能力，提升小城镇的宜居性。④住房保障。通过建立市场配置和政府保障相结合的住房制度，推动形成房价与消费能力基本适应的住房供需格局，有效保障城镇常住人口的合理住房需求。通过加快构建以政府为主提供基本保障、以市场为主满足多层次需求的住房供应体系，同时加快建立各级财政保障性住房稳定投入机制，扩大保障性住房有效供给。

提高小城镇社会类公共服务能力。社会类公共服务主要包括教育、医疗、就业、社会保障、科技和文化服务等基本公共服务，是满足居民生存和发展的公共服务，属于更高层次的公共服务。具体包括：①教育。经研究表明，对于具体的不同阶段的教育而言，从小学、初中、高中、大学、研究生再到职业教育，教育的公共服务属性逐渐减小，而私人产品特征则逐渐增大。因此，对于西部地区小城镇来说，最为重要的教育服务就是要支持民族地区大力发展公办幼儿园，积极扶持普惠性民办幼儿园发展，构建“广覆盖、保基本”的学前教育公共服务体系。推进民族地区义务教育均衡发展，深化基础教育课程改革和教学改革，提高教育教学质量。推进民族地区义务教育学校标准化建设，改善办学条件，巩固义务教育普及成果。加快农牧区寄宿制学校建设，逐步提高生均公用经费基本标准和家庭经济困难寄宿生生活费补助标准，加大对西部地区实施农村义务教育学生营养改善计划的支持力度。支持西部地区加快普及高中阶段教育，推动普通高中多样化发展，提高普通高中办学质量。科学稳妥推进双语教育，加大双语人才培养力度。②医疗卫生。加强西部地区小城镇公共卫生服务体系建设。建立和完善农牧区传染病、慢性病、地方病、职业病防控体系，提高突发公共卫生事件处置能力。加强以县级医院为龙头、乡镇卫生院和村卫生室为基础的农村三级医疗卫生服务网络建设，完善以社区卫生服务为基础的城市医疗卫生服务体系。加强以全科医生为重点的乡镇医疗卫生队伍建设。加大民族医药的保护和抢救力度，实施民族医药保护与发展工程。推动民族医药学科和人才队伍建设，培养高层次民族医药人才。③社会保障。社会保障作为实现社会公平的一种必要手段，主要是强调社会成员参与的公平性，任何社会成员只要符合国家法律规定，不论其职业、地位、贫困与否，均应被纳入社会保障范畴。现阶段西部地区小城镇人们均等地享有城乡统一的社会保障更为重要。要以社会保险、社会救助、社会福利为基础，以基本养老、基本医疗和最低生活保障为重点，以慈善事业、商业保险为补充，在西部地区小城镇加快建立覆盖城乡居民的社会保障体系。④就业保障。加强面向少数民族和西部地区公共就业服务体系建设，加强职业技能培训，大力开发公益岗位，完善就业援助制度，着力解决少数民族农牧区农业转移人口、西部地区城镇困难人员等群体就业问题。⑤公共文化服务。加快构建西部地区小城镇公共文化服务体系，以城乡基层文化设施为重点，以流动文化设施和数字文化阵地建设为补充，基本建成覆盖城乡的公共文化设施网络。加大西部地区公共文化产品和服务的供给力度，保护和弘扬少数民族优秀传统文化。

提高小城镇安全类公共服务能力。安全类公共服务一般是指保障人民生产、生活正常进行的服务和产品的总称。本书所指的西部地区小城镇安全类公共服务主要包括生态环境安全、国防安全、公共卫生安全和安全生产等。主要通过公共安全立法，加强安全类公共服务制度保障，如安全生产方面的立法；通过建立健全社会风险预警和处理机制，提高公共安全的预防和处理能力；通过加强安全类公共服务的监督和管理，提高公共安全服务能力；通过加强小城镇社会建设和社会管理，充分保障小城镇的民族团结和社会稳定。

提高小城镇特殊类公共服务能力。特殊类公共服务主要是指针对特殊社会群体提供的公共服务。加大对西部地区小城镇特殊社会群体公共服务的供给力度，实现小城镇特殊类公共服务的精准化供给。在西部地区，随着西部大开发的深入推进，生态移民、水库移民、失地农民成为许多小城镇中的特殊群体；伴随城镇化进程的加快，在西部地区许多乡镇又出现了留守妇女、留守儿童、留守老人“三留”特殊社会群体。根据调查研究，这些特殊群体在现阶段均凸显出特殊的公共服务需求。对于生态移民、水库移民、失地农民等特殊群体，可以通过大力推进西部地区小城镇安居工程，使他们进城后“住有所居”；通过加大就业指导和培训及为其提供就业岗位等服务，使他们进城后“有业可就”；通过解决随迁子女入园就学等教育问题，使他们的子女“学有所教”。对于西部地区小城镇的农村“三留”群体，一方面应该提供必要的物质社会福利保障，解决他们的基本生活需求；另一方面还要重点兼顾精神社会福利保障，给他们提供必要的精神慰藉和情感保障。

8.2.1.2　内涵式发展模式下提升小城镇的人文之魂

西部地区小城镇特有的民族文化传统、历史文化底蕴，既是区分不同类型小城镇的重要文化标志，又是西部地区小城镇特色发展的独特优势。因此，建设宜居性小城镇必须在整体提升小城镇公共服务福利功能的基础上，重点提升小城镇公共服务的人文功能，更好满足人民群众的精神文化需求。这是建设宜居性小城镇的“魂”，亦是提高西部地区小城镇公共能力更高层次的要求。

加强少数民族文化保护与弘扬。西部地区小城镇加大公共文化服务投入力度的同时，应该加强少数民族文化保护与弘扬。因为民族文化是各民族的精神家园和重要标志，满足各民族文化需求是小城镇的一项特殊性公共服务。基本内容包括保护少数民族宗教信仰自由的权利，尊重少数民族生活和风俗习惯；大力扶持少数民族文化产品的创作生产，促进少数民族新闻出版、广播影视、文学艺术事业发展；加大少数民族语言文字的抢救、保护力度；依托少数民族重大节庆活动和民族民间文化资源，广泛开展群众性文化体育活动。为加强少数民族文化遗产的挖掘和保护，西部地区小城镇应该积极配合好国家有关部门民族文化保护工程的实施，对珍贵、濒危并具有历史、文化和科学价值的民族民间文化进行有效保护，并初步建立起比较完备的民族民间文化保护制度和保护体系，在全社会形成自觉保护民族民间文化的意识，加快实现民族民间文化保护工作的科学化、规范化、网络化和法制化。

加强小城镇历史文化挖掘、利用和保护。西部地区的许多城镇具有悠久的历史文化传统，深厚的历史文化底蕴，例如众多的历史文化名城、历史文化古镇。因此，加大西部地区历史文化古镇开发的同时，还必须加大对小城镇历史文化的保护。加强西部地区历史文化古镇基础设施建设的同时，保护小城镇历史文化古迹、遗址的完整性；加大西部地区小城镇历史文化挖掘的同时，还必须加大对历史文化的宣传、推广。具体通过加快有关历史文化古镇保护的法制建设，加紧制定小城镇历史文化保护的规划、管理办法、实施细则等规章制度。在保护小城镇历史文化特色完整性的前提下，在政府主导下鼓励社会、市场、民众多元参与小城镇基础设施和市政设施建设，以及房屋建筑的整治修复。优化小城镇空间布局，物质遗产和非物质遗产保护并重，小城镇中心城区重点加强物质文化遗产的保护，保护历史文化古迹的完整性、原真性；小城镇附近及周边区域可以拓展非物质文化遗产的载体建设，加大小城镇历史文化的宣传、推介力度，加大小城镇旅游开发。

加强小城镇民族教育发展。通过继续加大对小城镇少数民族学生的优惠政策和扶持力度，使少数民族学生特别是贫困学生能够“读得起书、上得起学、考得上学”，享受更多受教育的机会和权利。通过在西部地区小城镇大力开展双语教学，加强少数民族语言文字的使用和保护。通过加大对西部地区小城镇民族教育资源的配置力度，增加小城镇民族教育投入力度，加强小城镇民族教育设施建设，提高民族教师教育水平和能力。

加强小城镇文化设施建设。加快西部地区小城镇图书室、文化站、民俗博物馆、文化广场等公共文化设施建设，推进公共文化设施向社会免费开放。支持西部地区小城镇公共体育设施建设，加强少数民族传统体育训练基地建设，积极开展和保护少数民族体育文化事业。

因此，西部地区小城镇的民族文化和历史文化是小城镇的重要特色和优势，亦是西部地区小城镇快速发展、培植后发优势的重要抓手和着力点，并以小城镇人文社会的构建为契机，实现小城镇提质升级和转型发展。

8.2.2　宜产业性小城镇公共服务的发展思路

小城镇发展需要有产业支撑，这是小城镇可持续发展的基础保障。对于西部地区小城镇公共服务来讲，小城镇产业发展是公共服务提高的“源头活水”。反之，小城镇产业的发展同样需要良好的公共服务环境作为保障。因此，从功能维度讲西部地区小城镇需要不断加强产业发展的服务功能，增强小城镇的宜产业性。

根据前文对西部地区小城镇发展阶段的判断分析，笔者认为，可以按照梯度推进小城镇服务型社会的构建，内涵发展模式下促进小城镇产业提质升级，分类推进、实现公共服务精准化供给等步骤增强小城镇宜产业性。

8.2.2.1　梯度推进小城镇服务型社会的构建

对于小城镇产业发展来说，同样需要从软硬件两个方面增强公共服务功能，为产业发展提供完善的基础设施，这是产业发展所必需的硬件服务；为产业发展提供良好的发展环境，这是产业发展所必需的软件服务。总之，要增强西部地区小城镇的宜产业性，就必须从硬件服务功能和软件服务能力两个方面推进小城镇服务型社会的构建，为产业发展提供必要的公共服务。

一是加强小城镇产业发展的基础设施建设。基础设施建设是小城镇产业发展的基础条件，也是增强西部地区小城镇宜产业性的首要条件。针对现阶段西部地区小城镇的基础设施状况，产业发展需要不断完善基础设施建设，包括交通通信设施建设、产业园区建设、环境卫生及市政设施等方面建设。①交通通信设施建设。正如增强小城镇宜居性一样，小城镇的宜产业性也包含空间发展的可达性，即产业“能进来”。具体可以通过加大交通、通信等基础设施的投入，改善基础设施条件，加快信息化建设步伐，有效化解区位交通劣势，为小城镇产业发展具备必要的交通和信息化服务。②产业园区建设。小城镇要实现产业的集聚化、规模化、集约化发展，必然需要产业有地方“能落下”，主要是产业园区建设。具体可以通过中央、省级政府项目支持，与企业项目合作等方式加快县城和部分重点镇产业集聚区建设。例如调研中发现，目前许多西部地区小城镇已经建立了工业园区、现代产业园区、农业产业园区和经济开发区，吸引本地和外地企业到园区落户。③环境卫生及市政设施建设。产业的生产发展同样需要小城镇为其准备良好的环境卫生、用水、排水、污水处理、供电等设施条件，即产业"能发展"。具体可以通过争取中央和省级项目资金等方式加大对小城镇供水、供电、环境卫生设施的投入，加快市政设施建设，提升市政公用设施服务能力，为企业员工出行、居住、生活提供服务。

二是提升小城镇产业发展的软件服务能力。西部地区小城镇为产业发展加快基础设施建设的同时，还必须为产业发展提供良好的发展环境，包括政策环境、公共安全与社会管理、人才就业与技术服务等方面，即不断提升小城镇产业发展的软件服务能力，这是小城镇产业发展的必要条件。①政策环境。通过加快政府职能转变，推进政府治理体制机制创新，为产业发展和招商引资提供相对优惠的政策支持，使企业"愿意来"。例如对小城镇产业发展在土地、金融、税收等方面予以一定政策倾斜。②公共安全与社会管理。考虑到西部地区小城镇社会良性运行和民族文化的特殊性，为产业发展提供必要的公共安全与社会管理服务尤为重要。通过加强公共安全立法、安全生产监督、社会风险预防、社会治安管理、民族稳定团结，为企业生产和发展提供安全、稳定的良好环境，使企业"可以来"。③人才就业与技术服务。人才、技术是企业发展的核心要素。可以通过与专业培训机构、企业、技术部门合作等方式加强劳动力技能、技术培训，提高劳动力技术水平，搭建技术服务平台，为企业发展提供必要的人才就业和技术支撑服务，初步构建集聚区鼓励支持人才引进、培养的政策和制度体系，使企业"能够来"。总之，西部地区小城镇应该通过政府职能转变和治理体制创新，推进服务型社会的构建，进而不断增强小城镇的宜产业性。

8.2.2.2 内涵发展模式下促进小城镇产业提质升级

基于对现阶段西部地区小城镇转型发展、提质升级的基本判断，本书认为在小城镇服务型社会构建的过程中，软硬件公共服务功能得到整体提升的基础上，还必须从发展规划、宏观政策、产业创新、资源配置和企业文化等方面为企业发展提供相应服务，促进小城镇产业提质升级。

发展规划服务。小城镇发展需要有科学的规划作为引领，制定好小城镇发展的规划期限、规划目标、具体规划、保障措施等内容，为小城镇中长期发展指明方向。对于西部地区小城镇产业发展来说，同样需要相应的产业发展规划来谋篇布局、引领指导。为此，小城镇产业规划服务具体包括通过加强与科研院所、规划机构合作，充分调动社会力量，广泛争取民众意见等方式，做好镇域产业基础、产业结构和产业现状及产业发展的环境承载、资源禀赋、市场前景等前期调研分析工作；编制好第一产业、第二产业、第三产业的不同产业规划的目标、内容和指导原则；综合分析产业布局、产业竞争力、产业集群、高新技术产业、循环经济，制定好特色产业发展规划。

宏观政策服务。以《中共中央关于制定国民经济和社会发展第十四个五年规划和二〇三五年远景目标的建议》和国家、省的《国民经济和社会发展第十四个五年计划纲要》《新型城镇化规划（2014—2020年）》为指导，紧紧围绕县市、镇（乡）工作部署和战略布局，搞好镇域市场资源配置、经济发展方式转变、社会民生工作、财税金融和劳动就业等方面宏观调控服务。

产业创新服务。创新驱动发展，创新是第一发展动力。针对西部地区小城镇产业结构现状，具体通过小城镇政务服务、电子商务服务、物流仓储服务、农业生产技术服务的创新，大力发展现代农业产业，鼓励扶持二、三产业发展，加大产业结构优化、延伸产业发展链条，积极推动小城镇产业创新，主动应对经济发展新常态。

资源配置引导服务。西部地区小城镇产业发展需要资金、技术、管理、人才、土地、劳动力等生产要素的聚集。所以，小城镇可以通过加强政府部门与科研单位、金融机构、培训组织合作，建立产业发展服务平台，引导资金、人才、技术等要素资源向优势、特色产业集聚，进而淘汰落后的产能产业，实现产业的提质升级发展。

企业文化培育服务。企业文化是企业灵魂所在，也是社会主义文化建设的重要内容。良好的企业文化具有凝聚功能、导向功能、激励功能、约束功能、辐射功能和塑造形象的作用，能够增强员工对企业的忠诚度和认同感，促进员工和公司保持高度一致，并自觉遵守企业的各项制度，从而提升企业核心竞争力，推动企业的可持续发展。小城镇可以通过政府与企业建立思想文化培训计划，为企业干部、员工提供思想教育培训服务；通过文化部门、社会团体（如工会、文联等）与企业建立文化互助组织，为企业广大员工提供丰富多彩、积极健康的公共文化服务；通过搭建企业文化展示平台，为企业文化提供宣传、推介服务。

8.2.2.3　分类推进，实现小城镇公共服务精准化供给

本书认为，按照产业发展类型及功能可以将西部地区小城镇划分为综合发展型小城镇、农业发展型小城镇、工业发展型小城镇、工矿发展型小城镇、资源发展型小城镇、旅游发展型小城镇、文化发展型小城镇、商贸流通型小城镇等具体类型。我们拟对上述类型小城镇从功能视角分类提出小城镇的公共服务供给内容，实现小城镇公共服务精准化供给。

综合发展型小城镇。这类小城镇多为县城或重点镇或乡政府所在集镇，并作为一定区域的政治、经济、文化、交通中心，农业转移人口数量多且较集中，二、三产业相对发达。因此，西部地区该类型小城镇在基础设施方面需要特别加强城镇交通道路、

学校、医院等市政公用设施建设，增强城镇生产生活服务功能；在基本公共服务方面需要为企业从业人员、农业转移人口提供教育、医疗、住房、就业和社会保障等基本服务供给。

农业发展型小城镇。这类小城镇是指广义上的农业小城镇，以种植业、养殖业、渔业、林业、牧业等为主导产业，第一产业从业人口比重较大，二、三产业相对不发达。为了加快西部地区该类型小城镇农业的现代化、产业化步伐，需要加强小城镇农田水利、交通通信、产业园区、生活用水等基础设施建设；需要加大小城镇教育、农业技术推广、生态环境保护、医疗卫生、社会保障等基本公共服务供给。

工业发展型小城镇。这类小城镇一般工业基础较好，第二产业作为主导、支柱产业，并且城镇交通等基础设施比较完善。因此，该类型小城镇需要进一步加强交通、市政公用设施、工业产业园区等基础设施建设；需要进一步加大教育、环境保护、安全生产、社会治安等基本公共服务供给。

工矿发展型小城镇。这类小城镇一般是矿产资源丰富，例如表8-1提到的元宝山镇、郎岱镇均煤炭资源丰富，这些小城镇主要以矿产资源的开采、加工、销售为主导产业。根据调研，西部地区许多该类型小城镇市政环境卫生较差，生态环境破坏严重。因此，此类型小城镇需要加强交通、市政环境卫生、垃圾处理、园林绿化等基础设施建设；需要加大生态保护、环境卫生、安全生产、社会保障、保障性住房等基本公共服务供给。

资源发展型小城镇。此类小城镇自然资源禀赋条件较好，具有丰富的自然、生物物种资源，并且可以依托资源优势发展特色产业，例如木材加工、奶制品、茶叶等特色产业。因此，此类小城镇需要加强交通、通信等基础设施建设；需要加大生态保护、电子商务、人才技术（特别是现代信息技术）等基本公共服务供给。

旅游发展型小城镇。此类型小城镇多具有丰富的旅游资源，自然风光优美，例如表8-1提到的青海省河阴镇、贵州省玉舍镇、云南省勐仑镇、西藏自治区扎木镇、内蒙古自治区古多伦诺尔镇等，均依托丰富的旅游资源发展旅游产业，并且第三产业相对发达。因此，该类型小城镇需要加强交通、市政（包括酒店、商店、餐厅、停车场等）、环境卫生、园林绿化等基础设施建设；需要加大生态保护、环境卫生、社会治安等基本公共服务供给。

文化发展型小城镇。此类型小城镇多为文化名城或历史古镇，例如贵州省的青岩古镇、广西壮族自治区的中渡古镇等，这些小城镇均具有悠久的民族历史和深厚的文化底蕴，加大民族历史文化开发是小城镇特色发展的主要优势，亦是建立自身文化标识的重要途径。因此，该类型小城镇需要加强交通、市政设施、垃圾处理、文化体育场馆等基础设施建设；需要加大民族教育、文化保护、公共文化、社会治安、环境卫生、宣传推介等基本公共服务供给。

商贸流通型小城镇。此类型小城镇由于地理区位特殊，多为区域交通枢纽，故自古商贸流通较发达。现阶段，该类型小城镇可以依托区位优势，运用“大数据”“互联网+”等现代信息化技术，主动参与“一带一路”等经济建设，创新驱动发展。因此，该类型小城镇需要进一步加强交通、通信、集贸市场、物流产业园等基础设施建设；需要加大教育、市场管理、社会治安、信息技术、环境卫生等基本公共服务供给（见表8-1）。

表8-1 西部地区小城镇具体产业类型及公共服务供给

分类及典型	概况	公共服务供给
综合发展型小城镇（内蒙古经棚镇、云南龙泉镇、贵州玉溪镇、宁夏吉强镇等）	一定区域政治、经济、文化的中心，多为县城；二、三产业相对发达	加强市政公用设施建设；加大教育、医疗、住房、就业、社会保障等基本公共服务供给
农业发展型小城镇（宁夏平峰镇、贵州隆兴镇、内蒙古达来诺日镇、云南六街镇、青海尕海镇、广西和睦镇等）	以种植业、养殖业、渔业、林牧业为主导产业，第一产业比重较大，二、三产业相对不发达	加强农田水利、交通通信、农业产业园、生活用水等基础设施建设；加大教育、农业技术推广、生态环境保护、医疗卫生、社会保障等基本公共服务供给
工业发展型小城镇（贵州茅台镇、扎佐镇，新疆淖毛湖镇，内蒙古乌兰木伦镇等）	第二产业是支柱产业，工业基础较好，基础设施比较完善	交通、市政设施、工业产业园等基础设施建设需要进一步加强；加大教育、环境保护、安全生产、社会治安等基本公共服务供给
工矿发展型小城镇（内蒙古元宝山镇、贵州郎岱镇、云南绿汁镇、新疆焉耆镇等）	矿产资源丰富，主要以矿产资源开采、加工、销售为主导产业	加强交通、市政设施等基础设施建设；加大生态保护、环境卫生、安全生产、社会保障、保障性住房等基本公共服务供给
资源发展型小城镇（贵州清水河镇、广西怀宝镇、青海大柴旦镇等）	资源禀赋条件较好，依托资源优势发展特色产业	加强交通通信等基础设施建设；加大生态保护、电子商务、人才技术培训等公共服务供给
旅游发展型小城镇（青海河阴镇、贵州玉舍镇、云南勐仑镇、西藏扎木镇、内蒙古多伦诺尔镇）	旅游资源较丰富，第三产业得到相当程度发展	加强交通、市政设施、垃圾处理、园林绿化等基础设施建设；加大生态保护、环境卫生、社会治安、宣传推介等公共服务供给
文化发展型小城镇（青海威远镇，贵州青岩镇、岩脚镇，广西中渡镇等）	民族历史悠久、文化底蕴深厚，民族文化标志性强	加强交通、市政、垃圾处理、文化体育场馆等基础设施建设；加大民族教育、文化保护、公共文化、社会治安、环境卫生、宣传推介等基本公共服务供给
商贸流通型小城镇（贵州沙土镇，青海大通回族土族自治县城关镇、宁夏三营镇等）	地理区位特殊，多为区域交通枢纽，自古商贸经济发达	加强交通、通信、集贸市场、物流产业园等基础设施建设；加大教育、市场管理、社会治安、信息技术、环境卫生等基本公共服务供给

综合看来，针对目前西部地区不同产业类型小城镇需要加强基础设施建设，加大基本公共服务供给，才能有效实现小城镇公共服务的精准化供给，从功能维度切实增强小城镇的宜居性和宜产业性。

8.3 路径维度下创新小城镇公共服务供给机制

诺贝尔经济学奖获得者道格拉斯·诺斯曾指出："机制是一个社会的博弈规则，或者更规范一点说，它们是一些人为设计的、形塑人们互动关系的约束，并进而构建了人们在政治、社会以及经济领域中交换的激励。"[①]对于西部地区小城镇公共服务供给来说，同样需要构建良好的环境机制。只有良好的机制才能保证现阶段西部地区小城镇公共服务供给的良性运行和协调发展。综合已有关于公共服务供给机制的相关研究及西部地区小城镇公共服务供给现状，本书主张从路径维度创新小城镇公共服务供给机制，构建"一主多元"公共服务供给新机制。

8.3.1 五大理念引领西部地区小城镇公共服务供给机制创新

西部地区小城镇公共服务供给机制创新必须放在新的经济社会发展背景下考虑，以五大发展理念为引领，促进小城镇公共服务供给机制的良性运行和协调发展。

8.3.1.1 以开放理念助推小城镇公共服务供给要素集聚

开放对公共服务供给能力的影响主要体现在要素集聚方面。基本公共服务均等化意味着各地区基本公共服务提供能力要基本一致，但公共服务产出的能力与投入要素具有正相关关系，亦即要素的聚集程度与公共服务提供成本之间存在负相关关系。因此，适度的要素聚集不仅可以降低要素转移和交易成本、降低分工协作成本，而且可以发挥公共服务生产过程的外部经济性，发挥集中监督与治理的效应[②]。

对于西部地区小城镇来说，制约公共服务要素集聚的关键因素在于资本营利性的低效，抑制了社会资本投入的积极性。因此，为了扩大西部地区小城镇公共服务的有效供给，必须坚持开放的理念，通过政府购买、市场运作、培育社会组织等手段，动员社会力量参与公共服务供给。通过简化行政审批程序，降低企业税负，增加企业投资公共服务的盈利空间，才能有力推进西部地区小城镇公共服务供给机制创新。

---

① 唐兴霖. 诺思的国家与政府理论述评[J]. 中国矿业大学学报（社会科学版），2000(2).

② 周天勇，蒋震. 要素聚集程度对公共服务提供能力的影响[J]. 财政研究，2010(3).

8.3.1.2 以创新理念助推小城镇公共服务供给机制优化

坚持创新理念，不仅增强小城镇公共服务供给的可及性，而且有助于小城镇公共服务供给机制的优化。通过强化政府与市场合作机制，培育公共服务社会参与力量，构建公共服务供给主体“多元化”格局。通过创新公共服务流程，优化公共服务供给内部管理和丰富公共服务供给内容。这是因为公共服务供给具有明显的差异性特征，所以要创新公共服务流程，针对不同公共领域和不同供给主体，采取不同的方式优化其服务流程。例如距离中心城区较远的乡镇就需要简化服务流程，尽量建立“一站式”服务模式，让政府公共服务在一个特定地点就能全部解决。通过运用现代新兴技术创新公共服务供给方式，促进公共服务高效便捷供给。随着互联网、大数据技术的发展，公共服务效能的提升具有了重大的可能性和必要性。例如社会福利津贴发放、公共卫生宣传等公共服务供给就可以让“网络多跑路，群众少跑腿”。

8.3.1.3 以协调理念促进小城镇公共服务供给资源整合

“九龙治水”的情况在西部地区小城镇公共服务供给中比较突出，造成公共服务供给资源缺乏有效整合，部门分割、重复建设、扯皮推托等问题还比较严重。为此，要以协调理念促进公共服务供给资源的有效整合。

通过从省级层面理顺公共服务供给体系的条块关系，纵向明确不同层级政府、部门间公共服务供给职能及责任，横向理顺同级政府或部门间的公共服务关系，实现同级政府、部门间公共资源共建共享、互联互通。通过协调好政府与社会的关系，进一步提高社会闲置的公共服务资源的整合利用，特别是对于那些处于老工业基地的小城镇，有基础条件较好的企业、学校、医院等机构单位，并且这些机构单位掌握有大量公共服务资源。对于这些资源的利用和开发，需要各级政府发挥统筹协调的作用，运用行政力量将闲置的社会公共服务资源有效利用起来，可以成为提升西部地区小城镇公共服务供给的有效途径。通过加强乡镇间协调，推动公共服务供给的跨区域流动与融合。推动优质公共服务在一定区域内流动是降低公共服务成本的重要思路，尤其是要推动相邻乡镇公共服务的流动与融合。

8.3.1.4 以绿色理念降低小城镇公共服务供给成本

从成本角度讲，公共服务资源供给具有约束性，无法实现资源的无限供给。要实现公共服务资源供给的可持续性，必须以绿色理念为引导，通过运用现代信息技术节约公共服务资源供给成本。

通过加大西部地区小城镇公共服务信息化建设的投入，进一步提高信息化在公共服务供给中的应用层次和水平，推动公共服务从被动供给向主动介入转变，由模糊供给向精准供给转变，从粗放型供给到智能化供给转变。应该说，这种改革也是助力公共服务供给侧改革的重要路径。通过加大现代信息化技术的运用，激发公共服务供给中的“长尾效应”[①]。随着“互联网+”等先进技术手段的运用和发展，公共服务领域“长尾效应”也显现出来了。也就是说，公共服务供给中有来自“头部”的供给，这部分供给主体是政府和社会组织，但对于“尾部”的供给，需要借助渠道多样化的供给模式，例如可以运用互联网激发广大网民的众筹、众包等公共服务和社会治理模式，充分激发微观经济的主体潜力和活力。通过运用现代信息化技术，加强公共服务供给的监管。借助信息化手段实现公共服务供给的实时跟踪，创新监管模式，不断推进小城镇公共服务供给机制健全与完善。

8.3.1.5 以共享理念实现小城镇公共服务供给均等化发展

从本质讲，公共服务供给的均等化是要体现以人为本，弥补市场公共产品供给失灵的制度安排。然而，由于西部地区小城镇公共服务供给具有区域特殊性，公共服务供给的不平衡性、差异化特征较为明显。

以人为中心，构建需求导向的公共服务供给机制。西部地区小城镇应该建立公共服务需求调查制度。充分利用每次入户调查的机会，充分了解群众对公共服务的基本需求，合理化地确定公共服务的供给范围和供给数量，并将之作为公共服务均等化策略的基本依据。同时，还需要建立小城镇公共服务需求满意度调查制度。结合定期入户调查和专项调查，对公共服务设施建设项目及后续投入，要根据群众的满意程度进行评估，并在此基础上决定是否进一步进行投入。必要时，可以引入第三方评估，政府要予以必要的资金支持。坚持共享理念，努力实现小城镇公共服务的全覆盖。公共服务建设本质是改善民生、让改革成果惠及全体人民的基础性工程，必须对不同地域、不同群体进行全覆盖，保证基本公共服务的全覆盖。当前，西部地区小城镇公共服务均等化就是要进一步缩小常住居民与农业转移人口、城镇居民与农村居民之间的公共服务的供给差别。特别是对农业转移人口在就业、教育、公共文化、社会保障、医疗卫生、住房保障等方面满足其基本公共服务需求，确保他们对城镇的归属感。构建科学的公共服务供给评价机制，努力提高小城镇公共服务供给效能。供给效能事关民众能够共享改革发展成果，关系到民众对公共服务体系优劣的评价。一个低效能的供给模式长期存在，不仅影响了民众对公共服务体系的评价，也影响了民众的获得感和对

---

① 2004年10月，美国《连线》杂志主编克里斯·安德森（Chris Anderson）在他的文章中第一次提出长尾（Long Tail）理论，他告诉读者：商业和文化的未来不在热门产品，不在传统需求曲线的头部，而在于需求曲线中那条无穷长的尾巴。自2004年“长尾理论”问世以来，它已经跨越了新经济的疆界而进入传统经济：越来越多的行业注意到，长尾市场不是新经济的独家特权，而是在各个传统行业无所不在的现实。

政府的信任度。所以，坚持共享理念，以人为核心构建科学的公共服务供给评价机制，是提高小城镇公共服务供给效能的必然要求。

8.3.2　新阶段西部地区小城镇公共服务供给机制模型构建

本书主要从小城镇公共服务供给中政府、市场、社会角色界定和相互关系切入，客观描述现阶段西部地区小城镇公共服务供给机制模型及现实困境，进而创建和构想新阶段西部地区小城镇公共服务供给机制模型。

8.3.2.1　现阶段西部地区小城镇公共服务供给机制模型描述

基于前文分析，将现阶段西部地区小城镇公共服务供给模型描绘如图8–1所示，由于西部地区多属于内陆“欠发达欠开发”地区，经济社会发展的市场化和社会化程度不高，所以公共服务供给的市场组织、社会组织发育不成熟，必然造成政府扮演了公共服务供给的主要角色。在原有的公共行政管理体制下，政府行政层级越高拥有的公共权力越大，对公共服务供给的支配权力也越大。反之，政府行政层级较低的基层政府对公共服务供给的支配权力相对较小。同时，小城镇公共服务供给囿于原来复杂的行政审批程序，供给效率极其低下。因此，要提升西部地区小城镇公共服务供给能力、水平和质量，必须通过大力培育市场组织、社会组织，引入公共服务供给的市场参与机制和社会分担机制；通过简政放权，减少行政审批程序，提高基层政府公共服务供给效率。

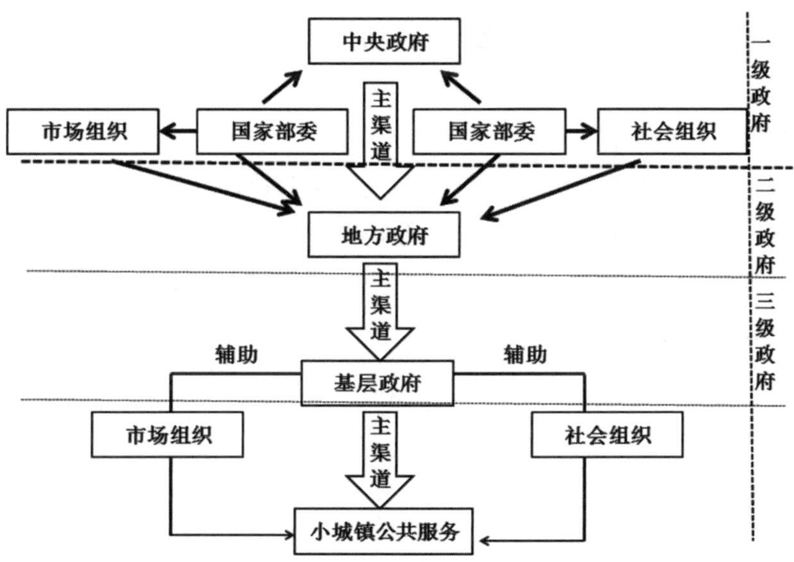

图8–1　现阶段西部民族地区小城镇公共服务供给机制模型示意

说明：根据研究分析形成。将我国现阶段政府层级划分为三级：第一层级是中央政府及政府各部委；第二层级是地方政府，主要指省级和市州政府；第三层级是基层政府，主要指县级和乡镇政府。

因此，现阶段西部地区小城镇公共服务供给的主渠道是政府，公共服务的生产、提供、出资等均由政府承担，市场组织和社会组织参与程度不高。这样的供给机制使基层政府（县级、乡镇）不堪重负，同时严重阻碍了小城镇公共服务能力、水平、质量的提升。为此，在经济社会发展新的历史时期，必须对现阶段西部地区小城镇公共服务供给机制进行创新。

8.3.2.2 新阶段西部地区小城镇公共服务供给机制模型构建

根据公共治理理论，按照党的十八届三中全会提出的“完善和发展中国特色社会主义制度，推进国家治理体系和治理能力现代化”的改革目标要求，需要重新划分中央政府与地方政府、基层政府权力边界。中央政府及各部委不再是公共服务的直接供给者，主要负责公共服务供给宏观政策的规划和制定、全国范围内跨区域公共服务供给协调统筹、公共服务供给监督等工作。地方政府（省级政府）主要做好小城镇公共服务供给的指导及相应支持工作。基层政府在公共服务供给机制中处于主导地位，承担公共服务供给的主体责任，与市场营利组织、社会非营利组织既平等参与又合作协同。通过对中央政府、地方政府和基层政府在小城镇公共服务供给中的职能、责任具体划分界定，实现三级联动，有效提高小城镇公共服务供给。

同时，通过重新界定政府与市场营利组织、社会非营利组织在小城镇公共服务供给中的角色及相互关系，充分发挥市场、社会参与小城镇公共服务供给优势，采取多种方式保证公共服务有效供给。新阶段，市场营利组织和社会非营利组织不再是公共服务供给的辅助角色，而成为公共服务供给的主体之一，与政府组织形成平等合作的伙伴关系（如图8–2所示）。

总之，现阶段西部地区小城镇公共服务供给机制存在供给结构不合理和供给主体单一等现实困境，影响了机制的良性运行与协调发展。因此，在新的发展阶段西部地区小城镇公共服务供给应在坚持多元共治的原则下，吸引和聚集市场、社会力量参与小城镇公共服务供给，形成“一主多元”供给新机制。

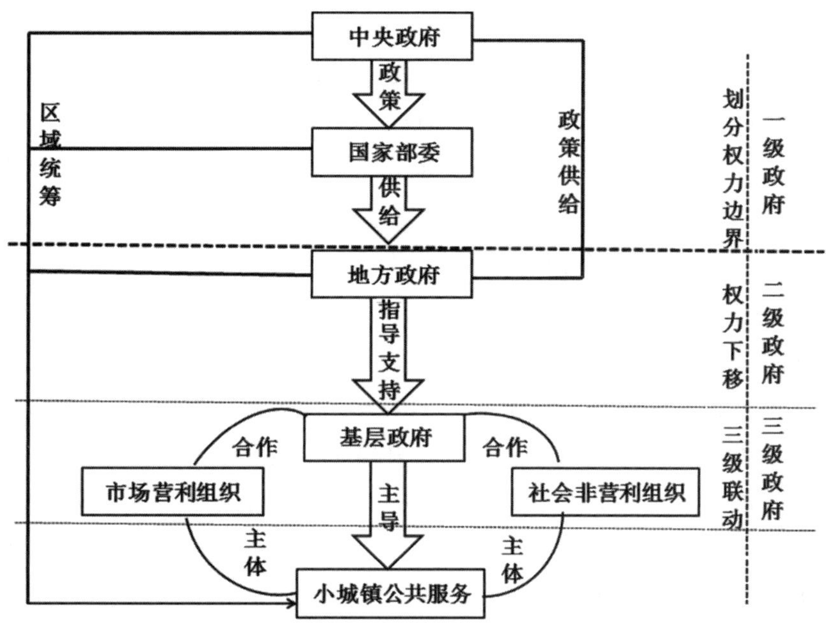

图8-2　新阶段西部地区小城镇公共服务供给机制模型示意

说明：根据研究分析形成。政府层级仍然划分为三级，只是对各级政府在小城镇公共服务供给中的职能、责任进行重新划分，并界定公共服务供给权力边界；重新界定市场组织、社会组织在小城镇公共服务供给中的角色及与政府组织的关系。

8.3.3　新阶段西部地区小城镇公共服务供给主体定位

本书认为，新阶段西部地区小城镇公共服务是“一主多元”的供给机制，合理划分政府组织、市场营利组织和社会非营利组织之间公共服务供给的权力和责任边界，是实现“一主多元”新供给机制良性运行、协调发展的前提。

8.3.3.1　确立政府在小城镇公共服务供给中的主导地位

小城镇公共服务供给中政府主导地位的界定。政府在小城镇公共服务供给中的主导地位，是指政府不再控制和直接供给公共服务，而是部分承担公共服务的生产、供给职能，同时担当起公共服务供给的筹划指导主体作用，对公共服务供给的发展进行规划、合理布局、科学指导，从国民经济和社会发展的全局出发，综合、全面、协调地处理好当前、今后与未来公共服务供给的各个层面、各个环节中存在的诸多矛盾以及可能出现的新问题、新情况[①]。这种局面下政府传统的全能垄断地位被打破，但在小

① 蒋牧宸. 地方政府公共服务供给机制改革研究：基于公共治理的视角[D]. 武汉：武汉大学，2014.

城镇公共服务供给中依然居于主导地位。

政府主导小城镇公共服务供给的主要职能及责任。今后，政府应该对小城镇公共服务供给主体加以管理、引导和调节。现阶段西部地区小城镇市场组织和社会组织发育还不成熟，决定了市场营利组织和社会非营利组织没有能力来独自承担公共服务供给的重任，政府需要对市场和社会的公共服务供给进行适度干预。政府还需要探索参与管理的方式，把部分公共服务权力、事项从政府转移到非政府组织，增加市场和社会公共服务供给的机会和能力。

政府应该加强对小城镇公共服务受众和提供者观念的引导职能。传统公共服务供给机制下，普遍认为公众只是公共服务的享用者，而不是公共服务的参与者；政府是公共服务供给的唯一主体，政府全面控制和直接供给公共服务；市场、私人部门和社会组织不能也无能力承担公共服务供给；等等，这些观念在新阶段小城镇公共服务供给中是错误的。所以，政府应该改变这些观念上的障碍，为公共服务供给主体的多元化发展扫除观念上的阻力和障碍。

政府应该制定一个符合小城镇较长时期内公共需要的公共服务供给发展规划或战略，包括小城镇公共服务供给的总的指导思想、原则和发展目标，明确公共服务供给阶段的重点和公共资源长期的布局等。

政府应该加强对小城镇公共服务供给问题和内容的引导。政府需要认清现阶段西部地区小城镇公共服务一般性需求和特殊性需求，合理调节公共服务的供给和需求，提供市场无法提供的公共物品和服务，如安全服务等；引导市场提供比政府更加优质的公共服务，如满足民族特殊商品的供给；防止资源垄断损害公众利益，保证托底和社会效应的最大化，维护社会公平、公正。

政府主导小城镇公共服务供给依然包括政府直接供给公共服务和政府间接供给公共服务两种方式，而且两种供给方式相互协调，互相补充。所谓政府直接供给公共服务是指政府机构及其雇员供给公共服务，或者是由政府雇用市场营利组织和社会非营利组织进行供给公共服务，并直接投放至受益对象。例如社会保障、基础教育、法律等纯公共服务是由政府进行供给，并向公众免费供应。此种供给方式，政府既是服务的安排者和资金的提供者，又是服务的生产者或雇用生产者，还是服务的提供者。

所谓政府间接供给公共服务是指政府并非直接供给公共服务，政府通过补助、支持市场营利组织和社会非营利组织进行服务的生产，然后通过采购，由企业或社会向公众供给服务的方式。此种供给方式，市场营利组织或社会非营利组织是公共服务的生产者和提供者，但是服务的内容、数量、价格和质量完全由政府决定。例如小城镇的交通基础设施建设、公共文化等服务项目就可以由政府出钱，向市场营利组织和社会非营利组织购买服务，由市场和社会供给主体向公众提供服务。

8.3.3.2 确立市场营利组织在小城镇公共服务供给中的主体地位

确立市场营利组织公共服务供给主体地位即市场营利组织不是作为小城镇公共服务供给的配角和辅助，而是作为主体出现，其参与公共服务供给的广度和深度都得到拓展。在市场营利组织作为公共服务供给主体定位下，凡是市场机制能够起作用的公共服务内容，都要通过合法的机制设计，让市场营利组织发挥作用。在市场的供给方式中，存在着利益问题。公共服务供给者是市场中的企业，它们都是以营利为目的，供给以可收费服务为主；消费者选择服务的供给者，拥有自主选择权和决定权。同时政府对公共服务供给过程介入较少，主要负责公共服务交易安全及标准制定。

市场营利组织的小城镇公共服务供给方式。目前，市场营利组织参与公共服务供给的主要方式包括合同外包、特许经营、用者付费和公私合营（PPP模式）等方式。笔者认为，可以将公私合营模式引入新阶段西部地区小城镇公共服务供给之中，作为市场营利组织参与小城镇公共服务供给的主要方式。这种供给方式正是基于现代公共治理理论的指导，以五大发展理念引领小城镇公共服务供给机制创新的有效尝试。因为小城镇公共服务市场供给方式，可以拓展公共服务建设资金来源，可以提高公共服务供给的竞争活力，可以减轻政府公共服务供给的财政压力，可以拉动经济发展。

公私合营（“PPP”模式）含义及原则。“PPP”模式，意为公私合作伙伴关系，指政府与市场资本合作，为提供公共产品或服务而建立的全过程合作关系，以授予特许经营权为基础，以利益共享和风险分担为特征，通过引入市场竞争和激励约束机制，发挥双方优势，提高公共产品或服务的质量和供给效率[①]。“PPP”模式坚持风险共担原则，即政府与投资人均承担相应的项目建设和运营风险，地方政府不得承担项目建设运营的兜底责任；坚持收益共享原则，政府既要充分调动社会资本参与的积极性，又要防止不合理让利或利益输送，要与投资人按合约分享项目的合理收益；坚持交易公平原则，除因国家安全、保密等有关规定外，资产或股权转让、出售等均进入相应交易场所进行，未经批准不得直接发包、转让、出售，确保交易规范、程序合法；坚持诚信守约。要规范制定合约，政府与投资人一旦签署合约都必须严格执行，无故违约必须依法赔偿。

“PPP”模式在小城镇公共服务供给中的具体适用。①交通领域。适用于包括高速公路、地方铁路、轨道交通等道路交通领域。地方政府通过公开招投标或邀约引入投资人，独资或合资成立项目公司。公司负责项目建设，承担项目负债，在特许经营期

---

① 蒋牧宸. 地方政府公共服务供给机制改革研究：基于公共治理的视角[D]. 武汉：武汉大学，2014.

内自主经营、自负盈亏。②市政公共设施领域。适用于包括城镇供水、污水处理、垃圾处理等项目。新建项目由政府通过公开招投标引入投资人，成立独资或合资公司。公司负责项目建设，承担项目负债，在特许经营期内开展运营、享受收益。对已建成的项目，由政府实行招投标，引入投资人实行购买、委托、租赁运营。③经营性社会事业设施领域。适用于包括非义务教育、非基本医疗卫生、健康、养老、体育、文化产业等项目。政府编制项目布局规划，明确项目规模及功能标准。新建项目，通过公开招投标或引入投资人，组建公司，以特许经营方式投资建设、接受监督、享受收益。已建成项目，通过公开招标或引入投资人参与或委托管理[①]。

8.3.3.3　确立社会非营利组织在小城镇公共服务供给中的主体地位

社会非营利组织公共服务供给的主体地位是指社会非营利组织作为公共服务供给的一个重要力量，与政府组织、市场营利组织平等参与公共服务供给，为社会公众免费提供公共服务。

社会非营利组织参与公共服务供给的方式。社会非营利组织是公共服务志愿供给的主要承担者，志愿供给包括无偿捐赠、志愿服务和公益性的收费服务等形式。其中，公益性的收费服务是指社会非营利组织在为特定领域特定对象提供服务时一般会收取组织运营的成本费用。

社会非营利组织在小城镇公共服务供给中的具体适用。新阶段，社会非营利组织在西部地区小城镇公共服务的志愿供给方式可以适用如教育、社会治安、文化娱乐、社区医疗卫生、垃圾收集、交通运输、生态保护等公共服务领域。目前，非营利组织在不同领域的服务提供上发挥着极其重要的作用，正逐步成为公共服务供给的重要方式。例如西部地区许多小城镇通过希望工程、志愿者组织、社区服务机构及慈善团体等社会非营利组织向如儿童、老人、妇女等特殊社会群体提供一定的社会保障服务。

8.3.4　新阶段创新西部地区小城镇公共服务供给机制的具体路径

对西部地区小城镇公共服务供给主体定位的基础上，需要进一步对构建新阶段公共服务供给机制具体路径进行探索与创新。

8.3.4.1　搭建小城镇公共服务供给平台

为实现公共服务均等化和便利化，要大力推进制度创新，建设乡镇公共服务平台。借鉴东部发达地区的改革经验，建议西部地区小城镇尝试成立以下一个或多个公共服务平台：

① 蒋牧宸. 地方政府公共服务供给机制改革研究：基于公共治理的视角[D]. 武汉：武汉大学，2014.

建立小城镇公共农业生产服务平台。乡镇政府主要面对农业、农村和农民问题，需要尽快整合现有的农业服务机构，以镇为中心设立职能多样、设施完备的“多功能、一体化”的农业公共服务中心，为农业生产提供一站式的多样化的公共服务。

建立小城镇居民生活公共服务平台。农村新社区是最新出现的一种城镇化形式，要构建以社区和中心村为基础的城乡基层社会管理和公共服务平台。实施社区服务体系建设工程，以居民需求为导向，加强基层公共服务资源整合，因地制宜建设社区综合公共服务设施，行政办公、就业和社会保障、卫生计生、文化体育、科普宣传等设施加大共建共享力度。在外出就业较为集中的农村地区，要重点解决好留守家属的关爱服务，充分利用布局调整后的闲置资源用于开展托老、托幼等服务。加快建设社会工作专业人才队伍，并建立专业人员引领志愿者服务的机制。

建立小城镇公共财政服务平台。发挥乡镇财政职能，整合乡镇行政事业服务资源，通过构建高效、便民、快捷的“一站式、一条龙、一卡通”式乡镇公共服务平台，使财政支付的乡镇民生服务事项能够实现“一个门进、一个平台办事、一卡通使用、一本册子明了”，切实打通公共财政管理“最后一公里”。浙江在这方面走在了全国的前列，试点的乡镇财政服务中心将基层财政管理与公共服务有效集于一身，既节约了政府资源，又方便了乡镇群众，已经走出了一条新型农村城镇化发展之路，建议将浙江经验纳入当前西部地区小城镇建设实践中，促进小城镇公共服务水平不断提高。

建立小城镇产业发展公共服务平台。坚持政府主导、市场运作、多方共建，发挥企业的主体作用，使企业成为平台建设投入主体、应用主体和技术创新活动的主体，积极引进高校院所，联合共建高层次的服务平台，引导行业协会参与平台建设。突出建设重点，着力建设企业孵化平台、信息服务平台、科技研发平台、知识产权平台、服务外包跟踪平台、网络电子交易平台等。着力完善平台软硬件条件，为企业提供专业化、公共化的高质量服务，深入挖掘集聚区企业的共性需求，扩大平台服务范围和服务能力，形成功能完善、企业需求基本得到满足的公共服务平台体系。

所有小城镇公共服务平台要着力提高基本公共服务信息化水平，加强农产品技术和销售、就业、社会保险、基本社会服务、医疗卫生、人口和计划生育、保障性住房、文化体育等信息系统建设，促进信息资源整合共享。积极利用信息技术提高公共服务平台的管理效率，创新服务模式和服务业态。

8.3.4.2　创新小城镇公共服务供给模式

公共产品供应和生产之间的可分离性理论，为确定公共服务供给的不同制度安排提供了理论基础。因此，本书认为新阶段西部地区小城镇公共服务可以通过确立市场营利组织、社会非营利组织的公共服务供给主体地位，扩大市场、社会的公共服务参与程度，在坚持政府主导地位的前提下，推动基本公共服务提供主体和提供方式多元化，加快建立“政府主导、社会参与、公办民办并举”的基本公共服务供给模式。

扩大公共服务购买的领域和范围。从实践来看，西部地区小城镇教育、公共卫生、养老服务、残障服务、社区服务、就业促进、保障性住宅、城市规划、科普教育、文化传承与保护等均可纳入政府公共服务购买范围。目前，西部地区小城镇可先从基本公共服务事项如城镇环境卫生、养老服务、社区服务、医疗服务等领域入手，引入市场供给方式和社会供给方式，然后可逐步扩展到公共卫生、文化服务、教育服务、城市基础设施等方面，把购买机制引入可以进行政府购买的各个领域中，实现基层政府购买公共服务的常态化。

建立公开、透明、规范的购买流程。一个公开、透明、规范的公共服务购买流程不仅能够提高购买的效率和质量，更重要的是它能明确规范政府购买公共服务行为，为监督主体提供一个明确的监督政府购买行为标的。现阶段西部地区小城镇公共服务的资金主要来自县、市等上级政府财政，因此要以县市政府为主体来制定公共服务的购买流程。县市政府建立公开、透明、规范的购买流程应该从以下方面着手：首先，要科学制定基层政府购买公共服务的预算，为保障公共服务购买的顺利进行提供财力支持；其次，应当建立健全购买公共服务信息发布平台，积极做好政府购买预算与购买项目内容、要求、招标流程等信息的公开工作，以吸引更多的社会组织参与竞争；最后，建立购买公共服务专家独立评审委员会，竞标结果须由专家综合评估后产生，而且专家评估委员会应该以相对独立的身份出现，以避免受政府或外界影响而造成的公正缺失。

实施形式多样的购买方式。要积极推行特许经营、合同委托、服务外包、土地出让协议配建等提供公共服务的方式，制定分领域、分行业具体政策，包括规范准入标准、资质认定、登记审批、招投标、服务监管、奖励惩罚及退出等操作规则和管理办法。鼓励扶持公共服务民办机构的建立，在设立条件、资质认定、职业资格与职称评定、税收政策和政府购买服务等方面，与事业单位享有平等待遇。

总之，新阶段创新西部地区小城镇公共服务供给机制，即要坚持五大理念引领，构建小城镇公共服务供给主体多元化、供给方式多样化的新型公共服务供给机制。

8.4 制度维度下完善小城镇公共服务政策保障

实地调研发现，目前西部地区小城镇建设存在的困难突出表现为资金、人才、土地等资源短缺和不足，小城镇公共服务供给依然存在城乡二元结构制度壁垒。因此，为了不断提高西部地区小城镇公共服务能力、水平和质量，实现公共服务供给机制良性运行和协调发展，需要以五大理念为引领，对公共服务供给从行政管理体制、人口户籍管理制度、土地管理制度、财税金融体制等方面予以政策配套。

8.4.1　深化西部地区基层行政管理体制改革

按照构建服务型社会的目标要求，加快政府职能转变，持续推进简政放权、优化服务，提高行政效能，激发市场活力和社会创造力。

8.4.1.1　简政放权

根据发展空间、区位条件、人口和产业基础等因素，选取一定数量的重点镇或经济强镇作为改革的试点，扩大这部分试点镇的权限，赋予其部分县级经济社会管理权限，涉及财政、规费、资金扶持、土地、户籍等各方面的权限。同时，强化试点镇政府对农村科技、信息、就业和社会保障、义务教育、公共医疗卫生等公共服务职能，理顺镇条块关系，垂直部门向试点镇派驻机构，探索试点镇行政执法监督改革。通过启动改革，有力提升西部地区小城镇公共服务供给能力，比如说审批权的下放，有利于提高办事效率；城镇规划权的下放，可以使城镇规划更加合理；部分财权的下放，有利于强化小城镇的基础设施建设，加大公共品供给力度，使城镇经济社会得到全面协调发展。

8.4.1.2　提高效能

借鉴目前西部地区部分小城镇“大部制”试点工作经验，通过合并职能相近部门，精简机构，提高办事效率和服务水平。对乡镇的“七站八所”进行“大部制”式的改革有利于解决“九龙治水”的管理难题，从而提高乡镇政府的管理效能，使得乡镇政府更好地为公众提供公共服务，建设服务型乡镇政府①。深化行政审批制度改革，制定科学有效的市场监管规则、流程和标准，健全监管责任制，推进监管现代化。创新监管机制和监管方式，推进综合执法和大数据监管，运用市场、信用、法治等手段协同监管。

8.4.1.3　优化服务

创新政府服务方式，提供公开透明、高效便捷、公平可及的政务服务和公共服务。加快推进行政审批标准化建设，优化直接面向企业和群众服务项目的办事流程和服务标准。加强部门间业务协同，推广“互联网+政务服务”，全面推进政务公开。

---

① 周金恋，陈亚蕾. 乡镇机构改革与乡镇治理转型[J]. 郑州大学学报(哲学社会版)，2011(6)：19–21.

8.4.1.4 创新管理

当前我国乡镇政府面临的多重转型客观上也要求全面推进乡镇政府管理创新，尤其是要加快乡镇政府管理制度创新，以适应乡镇政府管理所面对的新环境及其需要承担的新职能、新任务。通过引入多中心治理理念，实现乡镇机构改革从善政到善治的目标转换；重新定位乡镇政府职能，实现政府职能与政府机构之间的有机契合；扩大农民群众的有序参与，实现乡镇政府从官僚制行政到民主制行政的转变[①]。通过努力构建小城镇社会治理的协调机制、社会冲突的化解机制、社会风险的抵御机制、社会公正的建立机制、社会福利的健全机制，不断推进乡镇政府管理创新。

8.4.2 深化西部地区小城镇户籍制度改革

深化户籍制度改革，不仅事关我国新型城镇化的推进、城乡二元结构的破除，也影响着社会和谐稳定、经济社会转型发展。对人民群众来说，户籍改革也远非换个户口本那么简单，而是一件“牵一发而动全身”的大事，其涉及土地流转、子女教育、社会保障等一系列重大民生问题。新阶段新形势，要提高西部地区小城镇人口城镇化率和公共服务水平，必须按照《国务院关于进一步推进户籍制度改革的意见》和《国家新型城镇化规划（2014—2020年）》相关要求，全面放开小城镇落户限制，建立健全居住证制度，完善人口信息管理制度，充分保障农业转移人口合法权益。

8.4.2.1 全面放开小城镇落户限制

尽管《国务院关于进一步推进户籍制度改革的意见》已经明确提出全面放开小城市和建制镇落户限制，但是城乡二元结构的户籍壁垒依然在一定程度上存在。因此，西部地区应从省级、市州层面积极推进小城镇户籍制度改革，全面实施小城镇落户“零门槛”政策，只要有住房（含租赁）或有基本收入或有投靠对象，即可实现全家及直系亲属的“零门槛”迁入。县乡基层政府应该积极对接中央和上级政府关于户籍制度改革实施意见，不断跟进和创新小城镇户籍管理办法，破解流动人口（或暂住人口）因无房屋产权而无地落户的现实难题。小城镇应该着力优化户籍迁移登记制度，让户籍办理更便捷更惠民，充分利用互联网、新媒体等现代信息工具，实现“让群众少跑腿，让信息多跑路”。

8.4.2.2 积极探索人口管理制度创新

建立健全与居住年限等条件相挂钩的基本公共服务提供机制。积极推进居住证制

---

① 周金恋，陈亚蕾. 乡镇机构改革与乡镇治理转型[J]. 郑州大学学报(哲学社会版)，2011(06)：19-21.

度覆盖全部未落户城镇常住人口，加大对农业转移人口市民化的财政支持力度并建立动态调整机制，保障居住证持有人在居住地享有教育、就业、卫生等领域的基本公共服务。

建立健全实际居住人口登记制度，加强和完善人口统计调查，全面、准确掌握人口规模、人员结构、地区分布等情况。分类完善劳动就业、教育、收入、社保、房产、信用、卫生计生、税务、婚姻、民族等信息系统，逐步实现跨部门、跨地区信息整合和共享。

8.4.2.3　充分保障农业转移人口合法权益

按照《国务院关于进一步推进户籍制度改革的意见》要求，完善农村产权制度。加快推进农村土地确权、登记、颁证，依法保障农民的土地承包经营权、宅基地使用权。推进农村集体经济组织产权制度改革，探索集体经济组织成员资格认定办法和集体经济有效实现形式，保护成员的集体财产权和收益分配权。建立农村产权流转交易市场，推动农村产权流转交易公开、公正、规范运行。坚持依法、自愿、有偿的原则，引导农业转移人口有序流转土地承包经营权。现阶段，不得以退出土地承包经营权、宅基地使用权、集体收益分配权作为农民进城落户的条件。

扩大农业转移人口基本公共服务覆盖面。保障农业转移人口随迁子女平等享有受教育权利；将随迁子女义务教育纳入各级政府教育发展规划和财政保障范畴；逐步完善并落实随迁子女在流入地接受中等职业教育免学费和普惠性学前教育的政策以及接受义务教育后参加升学考试的实施办法。完善就业失业登记管理制度，面向农业转移人口全面提供政府补贴职业技能培训服务，加大创业扶持力度，促进农村转移劳动力就业。将农业转移人口纳入社区卫生和计划生育服务体系，提供基本医疗卫生服务。把进城落户农民完全纳入城镇社会保障体系，在农村参加的养老保险和医疗保险规范接入城镇社会保障体系，完善并落实医疗保险关系转移接续办法和异地就医结算办法，整合城乡居民基本医疗保险制度，加快实施统一的城乡医疗救助制度。提高统筹层次，实现基础养老金全国统筹，加快实施统一的城乡居民基本养老保险制度，落实城镇职工基本养老保险关系转移接续政策。加快建立覆盖城乡的社会养老服务体系，促进基本养老服务均等化。完善以低保制度为核心的社会救助体系，实现城乡社会救助统筹发展。把进城落户农民完全纳入城镇住房保障体系，采取多种方式保障农业转移人口基本住房需求①。

---

① 国务院关于进一步推进户籍制度改革的意见[EB/OL]. http://www.gov.cn/zhengce/content/2014-07/30/content_8944.htm.

8.4.3 深化西部地区小城镇土地制度改革

根据《国家新型城镇化规划（2014—2020年）》要求，实行最严格的耕地保护制度和集约节约用地制度，按照管住总量、严控增量、盘活存量的原则，创新土地管理制度，优化土地利用结构，提高土地利用效率，合理满足小城镇用地需求。

8.4.3.1 建立城镇用地规模结构调控机制

严格控制新增城镇建设用地规模，严格执行城市用地分类与规划建设用地标准，实行增量供给与存量挖潜相结合的供地、用地政策，提高城镇建设使用存量用地比例。探索实行城镇建设用地增加规模与吸纳农业转移人口落户数量挂钩政策。适度增加县城建设用地供给，适当控制工业用地，优先安排和增加住宅用地，合理安排生态用地，保护城郊菜地和水田，统筹安排基础设施和公共服务设施用地。

8.4.3.2 健全节约集约用地制度

完善各类建设用地标准体系，严格执行土地使用标准，适当提高工业项目容积率、土地产出率门槛，探索实行长期租赁、先租后让、租让结合的工业用地供应制度，加强工程建设项目用地标准控制。建立健全规划统筹、政府引导、市场运作、公众参与、利益共享的城镇低效用地再开发激励约束机制，盘活利用现有城镇存量建设用地，建立存量建设用地退出激励机制，推进老城区、旧厂房的改造和保护性开发，发挥政府土地储备对盘活城镇低效用地的作用。加强农村土地综合整治，健全运行机制，规范推进城乡建设用地增减挂钩，总结推广工矿废弃地复垦利用等做法。禁止未经评估和无害化治理的污染场地进行土地流转和开发利用。

8.4.3.3 推进农村土地管理制度改革

全面完成农村土地确权登记颁证工作，依法维护农民土地承包经营权。在坚持和完善最严格的耕地保护制度前提下，赋予农民对承包地占有、使用、收益、流转及承包经营权抵押、担保权能。保障农户宅基地用益物权，改革完善农村宅基地制度，在试点基础上慎重稳妥推进农民住房财产权抵押、担保、转让，严格执行宅基地使用标准，严格禁止一户多宅。在符合规划和用途管制前提下，允许农村集体经营性建设用地出让、租赁、入股，实行与国有土地同等入市、同权同价。建立农村产权流转交易市场，推动农村产权流转交易公开、公正、规范运行。

8.4.3.4 深化征地制度改革

缩小征地范围，规范征地程序，完善对被征地农民合理、规范、多元保障机制。建立兼顾国家、集体、个人的土地增值收益分配机制，合理提高个人收益，保障被征地农民长远发展生计。

8.4.3.5　强化耕地保护制度

严格土地用途管制，统筹耕地数量管控和质量、生态管护，完善耕地占补平衡制度，建立健全耕地保护激励约束机制。落实地方各级政府耕地保护责任目标考核制度，建立健全耕地保护共同责任机制；加强基本农田管理，完善基本农田永久保护长效机制，强化耕地占补平衡和土地整理复垦监管。

8.4.4　深化西部地区小城镇财税金融体制改革

加快财税体制和投融资机制改革，创新金融服务，放开市场准入，逐步建立多元化、可持续的小城镇公共服务资金保障机制。

8.4.4.1　完善财政转移支付制度

按照事权与支出责任相适应的原则，合理确定各级政府在教育、基本医疗、社会保障等公共服务方面的事权，建立健全小城镇基本公共服务支出分担机制。建立财政转移支付同农业转移人口市民化挂钩机制，中央和省级财政安排转移支付要考虑常住人口因素。依托信息化管理手段，逐步完善城镇基本公共服务补贴办法。

8.4.4.2　完善地方税体系

按照新阶段小城镇公共服务供给机制要求，增加县城和建制镇税收返还比例，增强小城镇公共服务供给财政能力。培育地方主体税种，增强地方政府提供基本公共服务能力。加快房地产税立法并适时推进改革。加快资源税改革，推动环境保护费改税，逐步将资源税征收范围扩展到各种自然生态空间。

8.4.4.3　建立规范透明的小城镇建设投融资机制

在完善法律法规和健全地方政府债务管理制度基础上，建立健全地方债券发行管理制度和评级制度，允许地方政府发行市政债券，拓宽小城镇建设融资渠道。在保证加大地方各级政府对小城镇公益性服务机构财政投入力度的前提下，创新财政支出方式，引导社会资本参与公共产品提供，使财政支出保持在合理水平，将财政赤字和政府债务控制在可承受范围内，确保财政的可持续性。创新金融服务和产品，多渠道推动股权融资，提高直接融资比重。发挥现有政策性金融机构的重要作用，研究制定政策性金融专项支持政策，研究建立小城镇基础设施、住宅政策性金融机构，为小城镇基础设施和保障性安居工程建设提供规范透明、成本合理、期限匹配的融资服务。理顺市政公用产品和服务价格形成机制，放宽准入，完善监管，制定非公有制企业进入特许经营领域的办法，鼓励社会资本参与城市公用设施投资运营。

8.5 小　结

加强西部地区小城镇公共服务建设是一项重大实践课题，也是一项重要系统工程。结合本书对目前西部地区小城镇发展现状、发展阶段的分析与判断，对目前西部地区小城镇公共服务供需矛盾多学科分领域的探究与总结，笔者认为，解决这项重大实践课题必须通过树立正确的发展理念及战略目标，明确西部地区小城镇公共服务发展方向；必须以供给侧结构改革为主线，通过不断增强小城镇的宜居性和宜产业性，努力打造人文型、福利型小城镇，整体提升西部地区小城镇公共服务功能；必须通过努力构建“一主多元”公共服务供给新机制，不断提高西部地区小城镇公共服务供给能力和水平；必须通过继续推进乡镇行政管理体制改革，继续推进小城镇人口户籍管理制度改革，继续推进小城镇土地管理制度改革，继续推进小城镇财税金融管理体制改革，加强小城镇公共服务政策保障。

后　记

本书是在2011年国家社会科学基金西部项目结项稿（2018年3月）的基础上进行整理修改完成的，系该项目的部分研究成果。经过一年多时间，几经调整修改，现在终于可以出版了。

“宝剑锋从磨砺出，梅花香自苦寒来。”项目历经七载有余的“磨炼和修行”，最终获得评审专家的认可，以良好等级通过结项验收。在此，特别感谢规划办的各位老师为本项目的立项、评审所付出的辛勤劳动，感谢各位评审专家为项目进一步完善提出的中肯而富有建设性的意见和建议。本书撰稿时，已经按照评审专家的意见对相应的部分进行了补充和完善。

同时，感谢中共贵州省委党校（贵州行政学院、贵州省委讲师团）对本书出版的大力资助，感谢校（院、团）领导及科研处的同志们对本书出版的关心和帮助，感谢罗以洪、刘洪、谢忠文、于开锋、邓小海、田牛等同志对项目完成给予的鼎力支持，感谢出版方对于本书出版付出的辛苦劳动。

最后，最应该感谢的就是我的家人！没有他们的付出，就不会有项目的立项，也就不会有本书的出版；没有他们的支持，就不会有项目的顺利完成和结项，同样也不会有本书的出版。

总之，借此诚挚感谢所有对于项目完成和本书出版给予过帮助的领导同事们、家人朋友们，谢谢你们！

陈海勇

2020年12月20日